A L L E C T O R

Este libro se presenta en su forma original y es parte de la literatura y las obras religiosas del fundador de Scientology®, L. Ronald Hubbard. Es un registro de las observaciones e investigaciones del Sr. Hubbard sobre la naturaleza del Hombre y las capacidades de cada individuo como ser espiritual, y no es una declaración de pretensiones hechas por el autor, la editorial ni cualquier Iglesia de Scientology.

Scientology se define como el estudio y manejo del espíritu en relación consigo mismo, los universos y otros seres vivos. Así, la misión de la Iglesia de Scientology es sencilla: ayudar al individuo a recuperar su verdadera naturaleza, como ser espiritual, y así conseguir una consciencia de su relación con sus semejantes y el universo. Ahí está el camino a la integridad personal, la confianza, la ilustración y la libertad espiritual en sí.

Scientology y su precursora y subestudio, Dianética, tal y como las practica la Iglesia, sólo se dirigen al "thetán" (espíritu), que es superior al cuerpo, y su relación y efectos sobre el cuerpo. Si bien la Iglesia, como todas las iglesias, es libre de dedicarse a la curación espiritual, su meta principal es aumentar la consciencia espiritual para todos. Por esta razón, ni Scientology ni Dianética se ofrecen ni se presentan como una curación física ni hacen ninguna afirmación a tal efecto. La Iglesia no acepta individuos que deseen tratamiento de enfermedades físicas o mentales, sino que, en su lugar, exige un examen médico competente en cuanto a condiciones físicas, realizado por especialistas cualificados, antes de abordar su causa espiritual.

El Electrómetro Hubbard, o E-Metro, es un aparato religioso utilizado en la Iglesia. El E-Metro, por sí mismo, no hace nada y sólo lo utilizan ministros y personas que se están preparando como ministros, capacitados en su uso, para ayudar a los feligreses a localizar la fuente de sus tribulaciones espirituales.

El logro de los beneficios y metas de la religión de Scientology exige la participación dedicada de cada individuo, ya que sólo puede lograrlos a través de sus propios esfuerzos.

Esperamos que la lectura de este libro sea sólo el primer paso de un viaje personal de descubrimiento en esta religión mundial nueva y vital.

ESTE LIBRO PERTENECE A

La Creación de la Habilidad Humana

Un Manual para Scientologists

La Creación de la Habilidad Humana

Un Manual para Scientologists

L. RONALD HUBBARD

Bridge
Publications, Inc.

UNA
PUBLICACIÓN
HUBBARD®

Publicado por
Bridge Publications, Inc.
4751 Fountain Avenue
Los Angeles, California 90029

ISBN 978-1-4031-4665-6

LATIN AMERICAN SPANISH – *THE CREATION OF HUMAN ABILITY*

Impreso en Estados Unidos

Nota Importante

Al leer este libro, asegúrate muy bien de no pasar nunca una palabra que no comprendas por completo. La única razón por la que una persona abandona un estudio, se siente confusa o se vuelve incapaz de aprender, es porque ha pasado una palabra que no comprendió.

La confusión o la incapacidad para captar o aprender viene DESPUÉS de una palabra que la persona no definió ni comprendió. Tal vez no sean sólo las palabras nuevas e inusuales las que tengas que consultar. Algunas palabras que se usan comúnmente, con frecuencia pueden estar definidas incorrectamente y por lo tanto causar confusión.

Este dato acerca de no pasar una palabra sin definir es el hecho más importante en todo el tema del estudio. Cada tema que hayas comenzado y abandonado contenía palabras que no definiste.

Por lo tanto, al estudiar este libro asegúrate muy, muy bien de no pasar nunca una palabra que no hayas comprendido totalmente. Si el material se vuelve confuso o parece que no puedes captarlo por completo, justo antes habrá una palabra que no has comprendido. No sigas adelante, sino regresa a ANTES de que tuvieras dificultades, encuentra la palabra malentendida y defínela.

Glosario

Para ayudar a la comprensión del lector, L. Ronald Hubbard dispuso que los editores proporcionaran un glosario. Este se incluye en el Apéndice, *Glosario Editorial de Palabras, Términos y Frases*. Las palabras a veces tienen varios significados. El *Glosario Editorial* sólo contiene las definiciones de las palabras como se usan en el texto. Se pueden encontrar otras definiciones en un diccionario normal del idioma o en un diccionario de Dianética y Scientology.

Si encuentras cualquier otra palabra que no comprendes, búscala en un buen diccionario.

¡Id! He aquí yo os envío
como corderos en medio de lobos.

No llevéis bolsa, ni alforjas, ni calzado;
ni saludéis a nadie por el camino.

En cualquier casa donde entréis, primeramente decid:
Paz sea a esta casa.

Si hay allí un hijo de paz,
vuestra paz reposará sobre él;
pero si no, volverá a vosotros.

Posad en aquella misma casa,
comiendo y bebiendo lo que os den;
porque el obrero es digno de su salario.
No andéis de casa en casa.

En cualquier ciudad donde
entréis y os reciban, comed lo que
os pongan delante.

Sanad a los enfermos que
haya allí y decidles: El reino de Dios
se ha acercado a vosotros.

———&———

Volviéndose a los
discípulos les dijo aparte:
Bienaventurados los ojos
que ven lo que vosotros veis.

Porque os digo que muchos profetas y reyes
desearon ver lo que vosotros veis,
y no lo vieron;
y oír lo que oís,
y no lo oyeron.

San Lucas 10: 3-9, 23-24

La Creación de la Habilidad Humana
C O N T E N I D O

Prefacio 1

Capítulo Uno
El Código del Auditor 5

Capítulo Dos
El Código de Honor 11

Capítulo Tres
El Código de un Scientologist 17

Capítulo Cuatro
Un Resumen de Scientology 23

Los Axiomas   27

Capítulo Cinco
Procedimiento Intensivo 37

Procedimiento Intensivo: Bosquejo   39

Órdenes de Auditación para el Procedimiento Intensivo   51

Procedimiento Intensivo: Ruta 1   57

R1-4	Ponte Un Metro Detrás de Tu Cabeza	57
R1-5	Copiar	58
R1-6	Puntos de Anclaje Posteriores	60
R1-7	Donde No Está	61
R1-8	Mirar Sin Riesgo	62
R1-9	Gran Tour	65
R1-10	Ocupar el Mismo Espacio	69
R1-11	Problemas y Soluciones en Havingness	71
R1-12	Un Remedio Completo de Havingness de Energía	72
R1-13	Puntos de Anclaje de la GE	73
R1-14	Máquinas del Thetán	75
R1-15	Copiar el Universo Físico	77

	Procedimiento Intensivo: Ruta 2	81
R2-16	Procedimiento de Apertura de 8-C	81
R2-17	Procedimiento de Apertura por Duplicación	86
R2-18	Localizar Puntos en el Espacio (y Remedio de Havingness)	88
R2-19	Localizar Puntos en la Sala	90
R2-20	Uso de Problemas y Soluciones	92
R2-21	Otorgar Beingness	95
R2-22	Extender la Atención	101
R2-23	Atención por Duplicación	104
R2-24	Exteriorización por Distancia	107
R2-25	Punto de Vista y ARC Línea Directa de Punto de Vista	111
R2-26	Remedio de la Risa	113
R2-27	Resolver la Peligrosidad del Entorno, Causa y Efecto	118
R2-28	Nada-Algo	120
R2-29	Tolerancia al Tiempo	121
R2-30	Posición por Seguridad (SOP 8-D)	123
R2-31	Procesamiento de Beingness	124
R2-32	Asignación de Atributos	130
R2-33	Duplicación Perfecta	133
R2-34	Procesamiento de Descripción	138
R2-35	Procesos de Ubicación	144
R2-36	Auto-determinismo	145
R2-37	Gritar	148
R2-38	Mantener Puntos de Anclaje	150
R2-39	Concebir Algo Interesante	152
R2-40	Concebir un Estático	162
R2-41	Vía	165
R2-42	Pan-determinismo	168
R2-43	Luchar	171
R2-44	Debe y No Debe Suceder	178
R2-45		179

R2-46	Otras Personas	180
R2-47	Diferenciación de Cuerpos	182
R2-48	Separateness	183
R2-49	Escala DEI	186
R2-50	Cambiar Opiniones	189
R2-51	Procesamiento de Escala Ascendente	191
R2-52	Desconocimientos	193
R2-53	Reparar	194
R2-54	Flujos	196
R2-55	Importancia	198
R2-56	Procesamiento de Juegos	204
R2-57	Procesos	209
R2-58	Pérdida	210
R2-59	Supervivencia	213
R2-60	La Comunicación Oculta	217
R2-61	El Bien y El Mal	222
R2-62	Actos Hostiles y Motivadores	225
R2-63	Aceptar-Rechazar	227
R2-64	Tocar	229
R2-65	Alteración	230
R2-66	Elegir Causa	232
R2-67	Objetos	233
R2-68	Incomprensibilidad	234
R2-69	Por Favor, Pasa el Objeto	235
R2-70	Nivel de Expectación	237
R2-71	Respuestas	238
R2-72	Procesamiento de Seguridad	239
R2-73	Hacer Algo para el Futuro	240
R2-74	Procesamiento (auto-auditación)	241
R2-75	Knowingness	242
R2-76	Procesamiento de Comunicación	243
R2-77	Juegos	245
Procedimiento Intensivo: L'Envoi		251

Capítulo Seis

PROCESAMIENTO DE GRUPO 255

Sesión 1	256
Sesión 2	257
Sesión 3	258
Sesión 4	259
Sesión 5	260
Sesión 6	261
Sesión 7	262
Sesión 8	264
Sesión 9	265
Sesión 10	266
Resumen	267

Referencias

ESTA ES SCIENTOLOGY, LA CIENCIA DE LA CERTEZA 273

Prólogo	275
Los Factores	277
Esta Es Scientology	283
Procedimiento Operativo Estándar 8	321
8 Corto	341

SOP 8-C: LA REHABILITACIÓN DEL ESPÍRITU HUMANO 345

La Rehabilitación del Espíritu Humano	347
El Uso de SOP 8-C	353
SOP 8-C Fórmulas y Pasos	355

SOP 8-O 373

Metas de Thetán Operante	375
Ejemplo de Auditación	377

CURSO AVANZADO DATOS Y PROCEDIMIENTO 387

Curso Avanzado: Hoja de Datos	389
Curso Avanzado: Procedimiento	397
Gran Tour	401

SOP 8-D 407

SCIENTOLOGY, SUS ANTECEDENTES GENERALES 413
(BOSQUEJO DE LAS CONFERENCIAS DEL CURSO PROFESIONAL)

APÉNDICE

Estudio Adicional	421
Guía de los Materiales	434
Direcciones	436
Glosario Editorial de Palabras, Términos y Frases	441
Índice Temático	485

"La meta del Procedimiento Intensivo es producir en el
preclear una tolerancia y comodidad total con
respecto al universo físico, su exteriorización y su
rehabilitación general".

PREFACIO

PREFACIO

Estimado Auditor,

He escrito este libro para ti, para ayudarte en tu procesamiento.

Combina todos los procedimientos de mayor funcionalidad que se han desarrollado y probado durante siete unidades de Cursos Clínicos Avanzados. A medida que se desarrollaban y probaban los procesos, descubrí que había más y más funcionalidad por descubrir sólo en la comunicación. De ahí que el Procedimiento Intensivo no se desarrollara directamente a partir de la teoría, sino que evolucionó a partir de la teoría cuando estaba de acuerdo con la funcionalidad.

Se enfatiza la certeza de la comunicación del preclear con objetos del universo físico. La Fórmula de la Comunicación en sí, en todas sus partes, se debe rehabilitar por completo en el preclear en el universo físico antes de que el preclear pueda comenzar con su propio universo.

La meta del Procedimiento Intensivo es producir en el preclear una tolerancia y comodidad total con respecto al universo físico, su exteriorización y su rehabilitación general.

Saludos Cordiales,

L. Ronald Hubbard

julio de 1954

c a p í t u l o

E L

"Un auditor debe observar el Código del Auditor
si tiene la intención de producir resultados
benéficos en un preclear".

CÓDIGO DEL
AUDITOR
1954

El
CÓDIGO DEL AUDITOR
1954

N AUDITOR DEBE observar el Código del Auditor si tiene la intención de producir resultados benéficos en un preclear.

Se le hacen notar enérgicamente al auditor las secciones 12 y 13. La sección 13 contiene la diferencia entre un mal auditor y un buen auditor. Aunque todo el Código es importante, la sección 13 es de vital importancia. Tanto es así, que un auditor que no la comprenda no producirá buenos resultados en un preclear. La sección 13 significa que un auditor no debe cambiar el proceso sólo porque la percepción o la comunicación del preclear estén cambiando. Un mal auditor cambiará el proceso cada vez que el preclear comience a cambiar. Este es el auditor que duplica obsesivamente al preclear. Un buen auditor recorrerá un proceso hasta que ya no produzca cambio en el preclear y sólo entonces pasará a un proceso nuevo. A un mal auditor siempre se le puede juzgar por la cantidad de procesos que utiliza en un preclear, ya que en los procedimientos modernos, cualquier proceso producirá cambio considerable, si se usa constantemente. Cuando el auditor cambia un proceso sólo porque el preclear comienza a cambiar, llamamos a esto un "Auditor que hace Q y A". Es una manifestación muy mala.

1 No evalúes por el preclear.

2 No invalides ni corrijas los datos del preclear.

3 Usa los procesos que mejoran el caso del preclear.

4 Cumple con todas las citas una vez que hayan sido acordadas.

5 No proceses a un preclear después de las 10:00 P.M.

6 No proceses a un preclear que se haya alimentado de forma inadecuada.

7 No permitas un cambio frecuente de auditores.

8 No te compadezcas del preclear.

9 Nunca permitas que el preclear finalice la sesión por su propia decisión independiente.

10 Nunca abandones al preclear durante una sesión.

11 Nunca te enojes con un preclear.

12 Reduce siempre todo retardo de comunicación que encuentres, mediante el uso continuado de la misma pregunta o proceso.

13 Continúa siempre un proceso mientras produzca cambio y no más.

14 Estate dispuesto a otorgar beingness al preclear.

15 Nunca mezcles los procesos de Scientology con los de otras prácticas diversas.

16 Mantén comunicación en dos direcciones con el preclear.

El Código del Auditor de 1954 se desarrolló después de cuatro años de observar el procesamiento. Es el código técnico de Scientology. Contiene los errores importantes que dañan a los casos. Se le podría llamar el código moral de Scientology.

EL CÓDIGO

"Nunca lamentes el ayer.
La vida está en ti hoy y tú creas
tu mañana".

Dos

DE HONOR

$\mathcal{E}$L CÓDIGO DE HONOR

ADIE ESPERA que el Código de Honor se siga precisa y estrictamente.

Un código ético no puede imponerse. Cualquier esfuerzo para imponer el Código de Honor lo pondría al nivel de un código moral. No puede imponerse sencillamente porque es un modo de vida que sólo puede existir como modo de vida mientras no se imponga. Cualquier otro uso del Código de Honor, excepto el auto-determinado, produciría, como cualquier scientologist podría notar de inmediato, un deterioro considerable en una persona. Por lo tanto su uso es un lujo, que sólo se utiliza únicamente bajo acción auto-determinada, siempre y cuando uno esté totalmente de acuerdo con el Código de Honor.

1 Nunca abandones a un compañero en necesidad, en peligro o en apuros.

2 Nunca retires tu lealtad una vez otorgada.

3 Nunca abandones a un grupo al que debas tu apoyo.

4 Nunca te menosprecies ni minimices tu fuerza o tu poder.

5 Nunca necesites elogio, aprobación o compasión.

6 Nunca comprometas tu propia realidad.

7 Nunca permitas que tu afinidad se desvirtúe.

8 No des ni recibas comunicación a menos que tú mismo lo desees.

9 Tu auto-determinismo y tu honor son más importantes que tu vida inmediata.

10 Tu integridad hacia ti mismo es más importante que tu cuerpo.

11 Nunca lamentes el ayer. La vida está en ti hoy y tú creas tu mañana.

12 Nunca temas dañar a otros por una causa justa.

13 No desees agradar ni ser admirado.

14 Sé tu propio consejero, sigue tus propios consejos y selecciona tus propias decisiones.

15 Sé fiel a tus propias metas.

Este es el código ético de Scientology, el código que uno usa no porque tenga que hacerlo, sino porque puede permitirse ese lujo.

EL CÓDIGO
DE UN

"Usar lo mejor que sé de Scientology, al máximo de mi capacidad, para mejorar a mis preclears, a los grupos y al mundo".

T r e s

SCIENTOLOGIST

1954

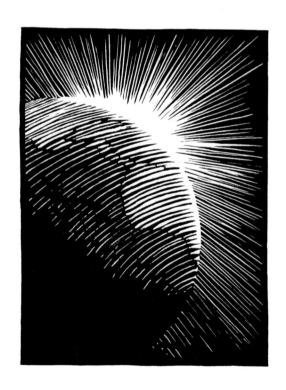

Capítulo Tres

El Código
de un Scientologist
1954

L CÓDIGO DE UN SCIENTOLOGIST se desarrolló para salvaguardar a los scientologists en general y los principales scientologists se adhieren a él.

Como scientologist, me comprometo con el Código de Scientology por el bien de todos.

1 No prestar oídos a palabras de desdén ni decirlas a la prensa, al público ni a los preclears acerca de ninguno de mis compañeros scientologists, nuestra organización profesional ni aquellos cuyos nombres están íntimamente relacionados con esta ciencia.

2 Usar lo mejor que sé de Scientology, al máximo de mi capacidad, para mejorar a mis preclears, a los grupos y al mundo.

3 Negarme a aceptar para procesamiento y negarme a aceptar dinero de cualquier preclear o grupo al que considere que honestamente no pueda ayudar.

4 Impedir con todas mis fuerzas que alguien use mal o degrade Scientology con fines dañinos.

5 Impedir que Scientology se use para anunciar otros productos.

6 Desalentar el agravio de Scientology en la prensa.

7 Emplear Scientology para el mayor bien del mayor número de dinámicas.

8 Entregar buen procesamiento, entrenamiento competente y buena disciplina a aquellos estudiantes o personas que hayan sido confiados a mi cuidado.

9 Negarme a divulgar los secretos personales de mis preclears.

10 No entablar disputas impropias con gente desinformada en el tema de mi profesión.

Un Resumen

"La libertad de un individuo depende de la libertad de ese individuo para alterar sus consideraciones de espacio, energía, tiempo y formas de vida, y los papeles que él desempeña en ello".

DE SCIENTOLOGY

Capítulo Cuatro

Un Resumen de Scientology

SCIENTOLOGY ES LA ciencia de saber cómo saber respuestas. Es una sabiduría que sigue la tradición de diez mil años de búsqueda en Asia y en la civilización occidental. Es la Ciencia de los Asuntos Humanos que se ocupa del livingness (condición o estado de vivir) y del beingness (condición o estado de ser) del Hombre y le demuestra un sendero hacia una mayor libertad.

Los temas que se consultaron durante la organización y desarrollo de Scientology incluyen los *Vedas*; el *Tao*, escrito por Lao-tzu; el *Dharma* y los *Discursos* de Gautama Buda; el conocimiento general sobre la vida que existe en las lamaserías de las Colinas Occidentales de China; las tecnologías y creencias de varias culturas primitivas; los diferentes textos del cristianismo, incluyendo a *San Lucas*; las metodologías matemáticas y técnicas de los antiguos griegos, romanos y árabes; las ciencias físicas, incluyendo lo que se conoce ahora como física nuclear; las diversas especulaciones de los filósofos occidentales como Kant, Nietzsche, Schopenhauer, Herbert Spencer y Dewey; y las diversas tecnologías existentes en las civilizaciones tanto de Oriente como de Occidente en la primera mitad del siglo veinte.

Scientology es una organización de los datos pertinentes que todos los hombres de todos los tiempos han considerado como ciertos, y el desarrollo de tecnologías que demuestran la existencia de nuevos fenómenos, no conocidos hasta ahora, que son útiles para crear estados de beingness que el Hombre considera más deseables.

Scientology se divide en dos partes bien definidas. La primera es filosófica, la segunda es técnica. En la parte filosófica se descubren los medios y maneras de formar nuevos modos de vida y evaluar o crear estándares de livingness y beingness. Únicamente con este knowingness, y sin procesamiento, debería comprenderse con claridad que podría crearse un nuevo modo de vida o que un modo de vida antiguo podría comprenderse y tolerarse mejor, o podría alterarse. En la sección técnica tenemos una larga serie de procesos desarrollados que, cuando se aplican inmediata y directamente a la vida o a un organismo de ella, producen cambios a voluntad del profesional.

Scientology llega a ciertas verdades y las demuestra. Podría considerarse que estas verdades son los denominadores comunes de más alto nivel de la existencia en sí.

El siguiente resumen de estas verdades tiene más el aspecto de observaciones de precisión que el de conjeturas filosóficas. Cuando se les trata como observaciones de precisión, ocurren muchos resultados. Cuando se les considera opiniones filosóficas, el resultado es sólo más filosofía.

LAS CONSIDERACIONES SON SUPERIORES A LOS FACTORES MECÁNICOS DE ESPACIO, ENERGÍA Y TIEMPO.

Con esto se quiere decir que una idea u opinión es, fundamentalmente, superior al espacio, a la energía y al tiempo, o a organizaciones de la forma, puesto que se concibe que el espacio, la energía y el tiempo son en sí consideraciones ampliamente acordadas. El que tantas mentes estén de acuerdo produce realidad en forma de espacio, energía y tiempo. Por lo tanto, estos factores mecánicos de espacio, energía y tiempo, son el producto de las consideraciones acordadas que la vida tiene en común.

Sin embargo, cuando este aspecto de la existencia se examina desde el nivel del Hombre, es lo contrario de la verdad superior antes expuesta. Pues el Hombre actúa según la opinión secundaria de que los factores mecánicos son reales y que sus propias consideraciones personales son menos importantes que el espacio, la energía y el tiempo. Esto es una inversión. Estos factores mecánicos de espacio, energía y tiempo, las formas, los objetos y sus combinaciones, han cobrado tal precedencia en el Hombre que han llegado a ser más importantes que las consideraciones en sí, y en esa forma su capacidad se ve apabullada, y él es incapaz de actuar libremente en el marco de los factores mecánicos. Por lo tanto, el Hombre tiene una visión invertida. En vista de que las consideraciones, como las que hace diariamente, son la verdadera fuente del espacio, la energía, el tiempo y las formas, el Hombre está actuando para no alterar sus consideraciones básicas. Por lo tanto, se invalida a sí mismo suponiendo que hay Otro-determinismo en relación con el espacio, la energía, el tiempo y la forma. Aunque el Hombre es parte de aquello que los creó, les concede tal fuerza y validez que a partir de entonces sus propias consideraciones deben quedar subordinadas al espacio, a la energía, al tiempo y a la forma, y debido a esto, no puede alterar el universo en el que habita.

La libertad de un individuo depende de la libertad de ese individuo para alterar sus consideraciones de espacio, energía, tiempo y formas de vida, y los papeles que él desempeña en ello. Si no puede cambiar de opinión sobre estos, entonces está inmovilizado y esclavizado entre barreras como las del universo físico y entre las barreras que él mismo ha creado. Así pues, el Hombre se ve esclavizado por barreras que él mismo ha creado. Él crea estas barreras por sí mismo o poniéndose de acuerdo con las cosas que consideran que estas barreras son reales.

Hay una serie fundamental de suposiciones en el procesamiento, suposiciones que no alteran la filosofía de Scientology. La primera de estas suposiciones es que el Hombre puede tener una libertad mayor. La segunda es que mientras siga estando relativamente cuerdo, desea una libertad mayor. Y la tercera suposición es que el auditor desea dar una libertad mayor a la persona con la que está trabajando.

Si no se llega a un acuerdo con respecto a estas suposiciones y no se usan, entonces la auditación degenera en "la observación del efecto", que es, desde luego, una ocupación sin propósito y mecánica y es, sin duda, una actividad que ha degradado lo que se denomina "ciencia moderna".

La meta del procesamiento es poner al individuo en una comunicación tan completa con el universo físico que pueda recuperar el poder y la capacidad de sus propias consideraciones (postulados).

Un scientologist es alguien que comprende la vida. Su destreza técnica está dedicada a la resolución de los problemas de la vida.

La información técnica del scientologist incluye los siguientes Axiomas, que son una lista de verdades útiles o evidentes por sí mismas revisadas a partir de Lógicas y Axiomas anteriores.

1   *La Vida es básicamente un Estático.*

Definición:

Un Estático de Vida no tiene masa, ni movimiento, ni longitud de onda, ni localización en el espacio ni en el tiempo. Tiene la capacidad de hacer postulados y de percibir.

2   *El Estático es capaz de consideraciones, postulados y opiniones.*

3   *El espacio, la energía, los objetos, la forma y el tiempo son el resultado de consideraciones hechas y/o acordadas o no por el Estático, y únicamente se perciben porque el Estático considera que puede percibirlos.*

4   *El espacio es un punto de vista de dimensión.*

5   *La energía consta de partículas postuladas en el espacio.*

6   *Los objetos constan de partículas agrupadas.*

7   *El tiempo es básicamente un postulado de que el espacio y las partículas persistirán.*

8   *La apariencia de tiempo es el cambio de posición de partículas en el espacio.*

9   *El cambio es la manifestación primaria del tiempo.*

10   *El propósito más elevado en el Universo es la creación de un efecto.*

11 *Las consideraciones que tienen como resultado las condiciones de la existencia son cuatro:*

> *a. AS-ISNESS es la condición de creación inmediata sin persistencia, y es la condición de existencia que hay en el momento de la creación y en el momento de la destrucción, y es diferente a otras consideraciones en el hecho de que no contiene supervivencia.*

> *b. ALTER-ISNESS es la consideración que introduce cambio, y por lo tanto, tiempo y persistencia, en un As-isness, para lograr persistencia.*

> *c. ISNESS es una apariencia de existencia producida por la alteración continua de un As-isness. A esto se llama Realidad cuando se ha acordado.*

> *d. NOT-ISNESS es el esfuerzo para manejar Isness reduciendo su condición mediante el uso de la fuerza. Es una apariencia y no puede vencer totalmente a un Isness.*

12 *La condición primaria de cualquier universo es que dos espacios, energías u objetos no deben ocupar el mismo espacio. Cuando se viola esta condición (un duplicado perfecto) se anula la apariencia de cualquier universo o cualquier parte de él.*

13 *El Ciclo-de-Acción del universo físico es: Creación, Supervivencia, Destrucción.*

14 *La supervivencia se logra mediante Alter-isness y Not-isness, con lo que se logra la persistencia conocida como tiempo.*

15 *La creación se logra mediante la postulación de un As-isness.*

16   *La destrucción completa se logra mediante la postulación del As-isness de cualquier existencia y de las partes de esta.*

17   *El Estático, habiendo postulado As-isness, practica entonces Alter-isness, y así logra la apariencia de Isness, y así obtiene Realidad.*

18   *El Estático, al practicar Not-isness, provoca la persistencia de existencias indeseadas, y así provoca irrealidad, que incluye olvido, inconsciencia y otros estados indeseados.*

19   *Inducir al Estático a ver As-is cualquier condición devalúa esa condición.*

20   *Inducir al Estático a crear un duplicado perfecto causa el desvanecimiento de cualquier existencia o parte de ella.*

Un duplicado perfecto es una creación adicional del objeto, su energía y espacio, en su propio espacio, en su propio tiempo, usando su propia energía. Esto viola la condición de que dos objetos no deben ocupar el mismo espacio, y causa el desvanecimiento del objeto.

21   *La Comprensión está compuesta de Afinidad, Realidad y Comunicación.*

22   *La práctica de Not-isness reduce la Comprensión.*

23   *El Estático tiene la capacidad de Knowingness total. Knowingness total consistiría en ARC total.*

24   *ARC total produciría el desvanecimiento de todas las condiciones mecánicas de la existencia.*

25 *La afinidad es una escala de actitudes que desciende desde la co-existencia del Estático, a través de interposiciones de distancia y energía, para crear identidad, hacia abajo hasta una estrecha proximidad que, sin embargo, es misterio.*

Mediante la práctica de Isness (Beingness) y de Not-isness (negarse a Ser), la individualización avanza desde el Knowingness de la identificación completa, bajando a través de la introducción de más y más distancia y menos y menos duplicación, a través de Lookingness (Condición de Mirar), Emotingness (Condición de Expresar Emociones), Effortingness (Condición de Esforzarse), Thinkingness (Condición de Pensar), Symbolizingness (Condición de Simbolizar), Eatingness (Condición de Comer), Sexingness (Condición de Sexo), y así sucesivamente hasta Not-Knowingness (Misterio). Hasta que se alcanza el punto de Misterio, es posible alguna comunicación; pero aun en el Misterio continúa un intento de comunicar. Tenemos aquí, en el caso de un individuo, un declive gradual desde la creencia de que uno puede asumir una Afinidad completa hasta la convicción de que todo es un completo Misterio. Cualquier individuo está en alguna parte de esta Escala de Saber a Misterio. La Tabla de Evaluación Humana original era la sección de Emoción de esta escala.

26 *Realidad es la apariencia acordada de la existencia.*

27 *Para alguien individualmente puede existir una Autenticidad, pero cuando los demás están de acuerdo con ella, puede decirse entonces que es una Realidad.*

La anatomía de la Realidad está contenida en Isness, que está compuesto de As-isness y Alter-isness. Isness es una apariencia, no una Autenticidad. La Autenticidad es As-isness alterado para obtener una persistencia.

La irrealidad es la consecuencia y apariencia de la práctica de Not-isness.

28 *La comunicación es la consideración y acción de impeler un impulso o partícula desde el punto-fuente a través de una distancia hasta el punto-receptor, con la intención de traer a la existencia en el punto-receptor una duplicación de lo que emanó del punto-fuente.*

La Fórmula de la Comunicación es: Causa, Distancia, Efecto, con Atención y Duplicación.

Las partes que componen la Comunicación son: Consideración, Intención, Atención, Causa, punto-Fuente, Distancia, Efecto, punto-Receptor, Duplicación, la Velocidad del impulso o partícula, Nothingness (Condición de Nada) o Somethingness (Condición de Algo). Una no-Comunicación consta de Barreras. Las Barreras constan de Espacio, Interposiciones (como paredes y pantallas de partículas en movimiento rápido) y Tiempo. Una comunicación, por definición, no necesita ser en-dos-direcciones. Cuando se devuelve una comunicación, se repite la Fórmula, con el punto-Receptor convirtiéndose ahora en el punto-Fuente, y el que antes era el punto-Fuente convirtiéndose ahora en punto-Receptor.

29 *Para hacer que un As-isness persista, se debe asignar a la creación una autoría diferente a la propia. De otra manera, el que uno la viera, causaría su desaparición.*

Cualquier condición de espacio, energía, forma, objeto, individuo o condición del universo físico, sólo puede existir cuando ha ocurrido una alteración del As-isness original para impedir que una mirada casual la haga desvanecerse. En otras palabras, cualquier cosa que esté persistiendo debe contener una "mentira" para que la consideración original no se duplique por completo.

30 La regla general de auditación es que cualquier cosa que sea indeseada y que todavía persista, debe verse en su totalidad, en cuyo momento se desvanecerá.

Si sólo se ve parcialmente, su intensidad al menos disminuirá.

31 La Bondad y la Maldad, la Belleza y la Fealdad son consideraciones por igual y no tienen otra base que la opinión.

32 Cualquier cosa que no se observe directamente tiende a persistir.

33 Cualquier As-isness que se altere mediante Not-isness (mediante la fuerza) tiende a persistir.

34 Cualquier Isness, cuando se altera mediante la fuerza, tiende a persistir.

35 La Verdad Máxima es un Estático.

Un Estático no tiene masa, significado, movilidad, ni longitud de onda, ni tiempo, ni localización en el espacio, ni espacio.

Este tiene el nombre técnico de "Verdad Básica".

36 Una mentira es un segundo postulado, afirmación o condición diseñadas para enmascarar a un postulado primario al que se le permite permanecer.

Ejemplos:

Ni una verdad ni una mentira son un movimiento o alteración de una partícula de una posición a otra.

Una mentira es una afirmación de que una partícula que se ha movido no se movió, o una afirmación de que una partícula que no se ha movido se movió.

La mentira básica es que una consideración que se hizo, no se hizo, o que era diferente.

37 *Cuando se altera una consideración primaria, pero todavía existe, se logra la persistencia de la consideración que altera.*

Toda persistencia depende de la Verdad Básica, pero la persistencia es de la consideración que altera, pues la Verdad Básica no tiene persistencia ni falta de persistencia.

38 1: *La estupidez es el desconocimiento de la consideración.*

2: Definición Mecánica: *la estupidez es el desconocimiento de tiempo, lugar, forma y evento.*

1: La Verdad es la consideración exacta.

2: La Verdad es el tiempo, lugar, forma y evento exactos.

Así, vemos que el fallar en descubrir la Verdad produce estupidez.

Así, por experimentación real, vemos que el descubrimiento de la Verdad produciría As-isness.

Así, vemos que una Verdad Máxima no tendría tiempo, lugar, forma ni evento.

Así, percibimos entonces que podemos lograr persistencia sólo cuando enmascaramos una verdad.

Mentir es una alteración de tiempo, lugar, evento o forma.

Mentir se convierte en Alter-isness, y se convierte en estupidez.

(La negrura de los casos es una acumulación de las mentiras del propio caso o de otros).

Cualquier cosa que persiste debe evitar As-isness. Por lo tanto, cualquier cosa, para persistir, debe contener una mentira.

39 *La vida plantea problemas para que ella misma los solucione.*

40 *Cualquier problema, para que sea un problema, debe contener una mentira. Si fuera verdad, desaparecería.*

Un "problema irresoluble" tendría la máxima persistencia. También contendría el mayor número de hechos alterados.

Para crear un problema, se debe introducir Alter-isness.

41 *Aquello en lo que se introduce Alter-isness se convierte en un problema.*

42 *MEST (Materia, Energía, Espacio, Tiempo) persiste porque es un problema.*

Es un problema porque contiene Alter-isness.

43 *El tiempo es la fuente primaria de falsedad.*

El tiempo manifiesta la falsedad de consideraciones consecutivas.

44 *Theta (el Estático) no tiene ubicación en la Materia, la Energía, el Espacio o el Tiempo. Es capaz de consideración.*

45 *Theta puede considerar que ella misma está en un lugar, en cuyo momento llega a estarlo, y en ese grado se vuelve un problema.*

46 *Theta puede volverse un problema mediante sus consideraciones pero entonces se vuelve MEST.*

Un problema es, en cierta medida, MEST. MEST es un problema.

47 *Theta puede resolver problemas.*

---

48 *La vida es un juego en el que Theta como el Estático soluciona los problemas de Theta como Mest.*

49 *Para solucionar cualquier problema sólo es necesario volverse theta el solucionador, más que theta el problema.*

50 *Theta como Mest debe contener consideraciones que son mentiras.*

51 *Los postulados y la comunicación viva al no ser Mest y ser superiores a Mest pueden lograr un cambio en Mest, sin crear una persistencia de Mest. En esa forma, la auditación puede ocurrir.*

Lo anterior es un resumen de los estados de ser que pueden usarse para crear, hacer persistir o destruir.

HABIENDO ACORDADO CON LOS FACTORES MECÁNICOS Y RETENIENDO LOS ACUERDOS, EL THETÁN PUEDE, NO OBSTANTE, HACER INNUMERABLES POSTULADOS QUE, POR SU CONTRADICCIÓN Y COMPLEJIDAD, CREAN, HACEN QUE PERSISTA Y DESTRUYEN EL COMPORTAMIENTO HUMANO.

PROCEDIMIENTO

"El único criterio del caso es si se le puede
exteriorizar o no".

INTENSIVO

Capítulo Cinco

PROCEDIMIENTO INTENSIVO

Bosquejo

EL PROCEDIMIENTO INTENSIVO consiste en una serie especial de procesos que, cuando los usa un auditor diestro, tal como están diseñados, producen resultados óptimos en los preclears a la fecha de esta publicación.

Al usar este procedimiento, sólo se consideran dos tipos de casos, y el procedimiento se adapta a estos dos tipos. El único criterio del caso es si se le puede exteriorizar o no. Esto se establece con prontitud mediante el uso de ARC Línea Directa. Cuando no haya ningún retardo de comunicación perceptible, se emplea entonces la Ruta 1 en este procedimiento. Cuando haya cualquier retardo de comunicación perceptible, se emplea la Ruta 2.

Todas las sesiones comienzan con los mismos tres primeros pasos idénticos. Luego, si el auditor ha establecido con ARC Línea Directa que no hay ningún retardo de comunicación perceptible (el tercer paso), pasa a la Ruta 1. Sin embargo, si existe un retardo de comunicación perceptible cuando se use ARC Línea Directa, el auditor (habiendo agotado de momento el retardo) pasa a la Ruta 2. El criterio no es la cantidad de oclusión que haya en el caso.

1: Ponte en comunicación en-dos-direcciones con el preclear.

2: Trata con él el problema de tiempo presente, si es que hay alguno.

3: Pon al preclear en sesión con ARC Línea Directa.

Ruta 1:

R1-4:   Ponte un Metro Detrás de Tu Cabeza

R1-5:   Copiar

Sin importar lo que el preclear resulte estar mirando (no dirijas
su atención a nada) haz que lo copie de uno en uno, muchas,
muchas veces. Luego haz que localice un nothingness y lo
copie muchas, muchas veces.

R1-6:   Puntos de Anclaje Posteriores

Haz que el preclear sostenga los dos puntos de anclaje
superiores de la parte de atrás de la sala durante al menos
dos minutos medidos con un reloj.

R1-7:   Donde No Está

Haz que el preclear suelte y encuentre muchos lugares en los
que no está.

R1-8:   Mirar Sin Riesgo

Haz que el preclear descubra muchas cosas, una tras otra, a
las que considere que puede mirar sin riesgo.

R1-9:   Gran Tour

R1-10: Ocupar el Mismo Espacio

Haz que el preclear descubra cosas que no le molestaría que
ocuparan el mismo espacio que él.

R1-11: Problemas y Soluciones en Havingness

Haz que el preclear sea problemas y soluciones en cuanto a havingness.

R1-12: Un Remedio Completo de Havingness de Energía

Haz que el preclear haga mock-up de generadores, centrales eléctricas y soles para que le den energía, en esa escala de gradiente, hasta que esté totalmente convencido de que no tiene que recibir energía de una fuente externa (un remedio completo de havingness).

R1-13: Puntos de Anclaje de la GE (Entidad Genética)

Haz que el preclear ajuste los puntos de anclaje de la GE.

R1-14: Máquinas del Thetán

Haz que el preclear cree y destruya diversas clases de máquinas del thetán.

R1-15: Copiar el Universo Físico

Repara la capacidad del preclear para comunicarse, haciendo que copie muchas escenas en el universo físico.

Ahora haz que el preclear recorra todos y cada uno de los pasos de la Ruta 2, hasta que el auditor esté convencido de que los puede hacer con facilidad y destreza.

Ruta 2:

Si el preclear tuviera cualquier retardo de comunicación perceptible, tal como se haya establecido en el tercer paso antes mencionado (ARC Línea Directa), se omiten todos los pasos de la Ruta 1, y se introduce al caso en la Ruta 2; el primer paso de la cual es R2-16.

R2-16: Procedimiento de Apertura de 8-C

Recórrele al preclear las Partes (a) (b) (c), del Procedimiento de Apertura de 8-C de principio a fin, cada una hasta que se estabilice el retardo de comunicación físico.

R2-17: Procedimiento de Apertura por Duplicación

Procedimiento de Apertura por Duplicación hasta que el preclear se sienta bien al respecto.

R2-18: Localizar Puntos en el Espacio (y Remedio de Havingness)

Haz que el preclear localice puntos en el espacio hasta que lo pueda hacer fácilmente, mientras remedias su havingness.

R2-19: Localizar Puntos en la Sala

Haz que el preclear localice puntos en la sala y mueva el cuerpo adentro de ellos, y saque el cuerpo metiéndolo en nuevos puntos.

R2-20: Uso de Problemas y Soluciones

R2-21: Otorgar Beingness

Otorgar Beingness (vida) a algo.

R2-22: Extender la Atención

R2-23: Atención por Duplicación

R2-24: Exteriorización por Distancia,
extrovertido e introvertido alternativamente

R2-25: Punto de Vista y ARC Línea Directa de Punto de Vista

R2-26: Remedio de la Risa

R2-27: Resolver la Peligrosidad del Entorno,
Causa y Efecto

R2-28: Nada–Algo

R2-29: Tolerancia al Tiempo

R2-30: Posición por Seguridad (SOP 8-D)

R2-31: Procesamiento de Beingness

R2-32: Asignación de Atributos

R2-33: Duplicación Perfecta

R2-34: Procesamiento de Descripción

R2-35: Procesos de Ubicación

R2-36: Auto-determinismo

R2-37: Gritar

R2-38: Mantener Puntos de Anclaje

R2-39: Concebir Algo Interesante

R2-40: Concebir un Estático

R2-41: Vía

R2-42: Pan-determinismo

R2-43: Luchar

R2-44: Debe y No Debe Suceder

R2-45

R2-46: Otras Personas

R2-47: Diferenciación de Cuerpos

R2-48: Separateness

R2-49: Escala DEI

R2-50: Cambiar de Opiniones

R2-51: Procesamiento de Escala Ascendente

R2-52: Desconocimientos

R2-53: Reparar

R2-54: Flujos

R2-55: Importancia

R2-56: Procesamiento de Juegos

R2-57: Procesos

R2-58: Pérdida

R2-59: Supervivencia

R2-60: La Comunicación Oculta

R2-61: El Bien y El Mal

R2-62: Actos Hostiles y Motivadores

R2-63: Aceptar-Rechazar

R2-64: Tocar

R2-65: Alteración

R2-66: Elegir Causa

R2-67: Objetos

R2-68: Incomprensibilidad

R2-69: Por Favor, Pasa el Objeto

R2-70: Nivel de Expectación

R2-71: Respuestas

R2-72: Procesamiento de Seguridad

R2-73: Hacer Algo para el Futuro

R2-74: Procesamiento (auto-auditación)

R2-75: Knowingness

R2-76: Procesamiento de Comunicación

R2-77: Juegos

Ahora lleva a un preclear de Ruta 2 a través de la Ruta 1.

Tabla de Procesos

Dónde están en la Escala Tonal de ARC.

Exteriorizado

Localizar Puntos en el Espacio	4.0
Localizar Puntos en el Espacio	3.6
Remedio de Havingness	3.5
Remedio de Havingness	3.1
Procedimiento de Apertura por Duplicación	3.0
Procedimiento de Apertura por Duplicación	2.6
Procedimiento de Apertura de 8-C	2.5
Procedimiento de Apertura de 8-C	
Línea Directa Elemental	1.8
Línea Directa Elemental	1.1
Comunicación en-Dos-Direcciones	1.0
Comunicación en-Dos-Direcciones	–8.0

Precauciones

Sigue el Código del Auditor.

El procedimiento que activa una condición la desactivará.

Recorre un procedimiento mientras produzca cambios en la comunicación (percepción, cambios al alterar el retardo de comunicación).

Se ha encontrado, mediante la práctica de muchos años, que las únicas cosas que enloquecen a un preclear son:

1. Demasiados auditores;

2. No comer lo suficiente; y

3. Recibir procesamiento entre las 10:00 P.M. y las 8:00 A.M.

Cuando tengas duda, remedia el havingness.

Cuando elijas entre dos procedimientos, usa el más simple.

En todos los casos que tienen enfermedades psicosomáticas, o que son neuróticos o psicóticos, usa sólo R2–16 de diez a cien horas o hasta que la persona ya no esté enferma, neurótica o psicótica.

PROCEDIMIENTO INTENSIVO: Órdenes de Auditación

"Uno puede estar cómodo al comunicar sólo cuando está dispuesto a ser Causa y está dispuesto a ser Efecto".

Órdenes de Auditación para el Procedimiento Intensivo

1: *Entra en comunicación en-dos-direcciones con el preclear.*

Axioma 28: *La comunicación es la consideración y acción de impeler un impulso o partícula desde el punto-fuente a través de una distancia hasta el punto-receptor, con la intención de hacer que exista en el punto-receptor una duplicación de lo que emanó del punto-fuente.*

La Fórmula de la Comunicación es: Causa, Distancia, Efecto, con Atención y Duplicación.

Las partes que componen la Comunicación son: Consideración, Intención, Atención, Causa, punto-Fuente, Distancia, Efecto, punto-Receptor, Duplicación, la Velocidad del impulso o partícula y el Nothingness o el Somethingness. Una no-Comunicación consta de Barreras. Las Barreras constan de Espacio, Interposiciones (como paredes y pantallas de partículas en rápido movimiento) y Tiempo. Por definición, no es necesario que una comunicación sea en-dos-direcciones. Cuando se devuelve una comunicación, se repite la Fórmula, y el punto-Receptor se convierte ahora en el punto-Fuente, y el que antes era el punto-Fuente ahora se convierte en un punto-Receptor.

Uno puede estar cómodo al comunicar sólo cuando está dispuesto a ser Causa y está dispuesto a ser Efecto. A medida que decrece el factor distancia en la comunicación o a medida que la masa se agranda en la partícula, uno observa la manifestación de condensación de la Escala de Saber a Sexo y un deterioro de la afinidad. A medida que la comunicación se duplica de manera cada vez menos voluntaria, se observa el deterioro del factor de realidad del Triángulo ARC. Para mejorar la comunicación, uno debe reducir la masa, incrementar la velocidad, incrementar el factor distancia, mejorar la calidad de la duplicación, remediar la atención y producir en Causa una disposición para ser Efecto y en Efecto una disposición para ser Causa. Para tratar de alcanzar la perfección teórica en la comunicación, uno debería estar dispuesto a tolerar, en cualquier forma, cualquiera de las partes componentes de la comunicación en sí, comprendiendo que estas incluyen afinidad y realidad. Al establecer una comunicación en-dos-direcciones, se puede utilizar cualquier percéptico sensorial en la comunicación.

El retardo de comunicación es el intervalo de tiempo que interviene entre el planteamiento de una pregunta y la respuesta real y precisa a esa pregunta. El retardo de comunicación es una manifestación de la comunicación en-dos-direcciones. Ya sea que el intervalo se llene hablando o se deje en silencio, la definición de retardo de comunicación aún sigue siendo cierta. El auditor debe seguir la regla de que todas las preguntas que se hacen deben recibir respuesta y por lo tanto, debe tener cuidado de hacer preguntas que pueda contestar una persona que está en la condición del preclear.

Este es el paso más importante de cualquier sesión de auditación, y su logro, mediante cualquier percepción, con afinidad y realidad, es una meta concreta del auditor. Si un preclear, por cualquier razón, empieza a ir a rastras en el procesamiento, es porque el auditor no se aseguró de que el preclear estuviera en comunicación con nada y en realidad no estaba en comunicación con las cosas a las cuales el auditor dirigió su atención.

2: Habla sobre el problema de tiempo presente, si es que lo hay.

En cada sesión es necesario tratar el problema de tiempo presente, con el fin de descubrir si el preclear tuvo o no algún trastorno entre sesiones que mantenga tan fija su atención que sea incapaz de estar totalmente presente en la auditación.

3: Pon al preclear en sesión con ARC Línea Directa.

ARC Línea Directa se usa para determinar el retardo de comunicación del preclear.

Los pasos de ARC Línea Directa son:

"¿Puedes recordar algo que sea bastante real para ti?".

"¿Puedes recordar una ocasión en la que estabas en buena comunicación con alguien?".

"¿Puedes recordar una ocasión en la que alguien estaba en buena comunicación contigo?".

"¿Puedes recordar una ocasión en la que sentiste algo de afinidad por alguien?".

"¿Puedes recordar una ocasión en la que alguien sintió algo de afinidad por ti?".

En la práctica real, para establecer el retardo de comunicación, sólo es necesario usar la primera pregunta: *"¿Puedes recordar algo que sea bastante real para ti?"*, y luego usas esta pregunta suficientes veces como para hacer que el retardo de comunicación se vuelva constante antes de seguir con pasos adicionales.

Procedimiento Intensivo: Ruta 1

"Un thetán ubicado en un espacio es menos que theta en sí, pero un thetán ubicado es mucho mayor que un Homo sapiens".

Ruta 1

R1-4:
Ponte Un Metro Detrás de Tu Cabeza

La orden *"Ponte un metro detrás de tu cabeza"* se debería dar de forma casual. Y si se obedece inmediatamente, entonces el auditor debería pasar sin mayor discusión a R1-5. Si hay cualquier argumento después de que se da la orden, o si el preclear no puede entender muy bien lo que está ocurriendo y no la lleva a cabo, entonces lo indicado es que el auditor cambie de Ruta y, sin mayor discusión sobre el tema de la exteriorización, continúe la sesión con R2-16.

Nota

Un thetán ubicado en un espacio es menos que theta en sí, pero un thetán ubicado es mucho mayor que un *Homo sapiens*.

R1-5:
Copiar

Sin importar lo que el preclear esté mirando (no dirijas su atención a nada), haz que lo copie de uno en uno, muchas, muchas veces. Luego haz que localice un nothingness y lo copie muchas, muchas veces.

Sin dirigir la atención del preclear a nada, pregúntale:

"¿Qué es lo que (él está) *mirando?".*

Y luego haz que haga en mock-up una copia de cualquier cosa que vea, sea la sala, un cuadro o negrura. Entonces haz que haga otra copia de lo que vio, y luego otra, y otra, y otra, y otra. Estas copias son iguales a la vista original que percibió cuando se le preguntó qué estaba mirando.

Familiariza al preclear con la palabra "copia", pidiéndole primero:

"Haz otro igual que ese", y luego la palabra *"copia"* en lugar de esa frase.

Cuando el preclear haya hecho unas dos docenas de copias, haz que haga algo, cualquier cosa, con esas copias para deshacerse de ellas. Se pueden usar para complementar el havingness, en cuyo caso se le pediría que las juntara y tirara de ellas hacia dentro de sí. De cualquier manera, no lo dejes con estas copias.

Cuando el preclear se haya deshecho de las copias, haz que localice un nothingness diciendo:

"¿Puedes encontrar un nothingness en algún lugar a tu alrededor?".

Y luego haz que lo copie diciendo:

"Ahora haz otro igual a ese",
"Haz otro igual a ese",
"Ahora copia ese primer nothingness otra vez", y así sucesivamente, hasta que lo haya copiado un par de docenas de veces.

Luego haz que se deshaga de esos nothingnesses.

R1-6:
Puntos de Anclaje Posteriores

Haz que el preclear sostenga los dos puntos de anclaje superiores de atrás de la sala durante al menos dos minutos medidos con un reloj.

"Localiza las dos esquinas superiores de atrás de la sala (las que están detrás del cuerpo del preclear), *aférrate a ellas y no pienses*".

Haz esto durante al menos dos minutos.

Al preclear se le puede pedir alternativamente:

"*Encuentra dos nothingnesses y aférrate a ellos* (durante dos minutos) *sin pensar*".

La cantidad de tiempo no se le menciona al preclear.

Cuando esto se haya hecho, no olvides decirle al preclear que las suelte. No recorras el siguiente paso con el preclear aferrándose a las dos esquinas de atrás de la sala.

R1-7:
Donde No Está

Haz que el preclear suelte y encuentre muchos lugares donde no está.

"Ahora encuentra un lugar en el que no estás".

Repite esta orden muchas veces hasta lograr que cualquier retardo de comunicación producido por la pregunta se vuelva constante.

Repite el Copiar (R1-5), Puntos de Anclaje Posteriores (R1-6) y Donde No Está (R1-7), uno tras otro, muchas veces.

R1-8:
Mirar Sin Riesgo

Haz que el preclear descubra muchas cosas, una tras otra, que considere que se puedan mirar sin riesgo.

Este paso es la teoría básica que respalda a R2-25, Línea Directa de Punto de Vista. Su intención es hacer que el preclear esté cómodo mientras mira cualquier cosa. La idea básica aquí es usar la meta de Línea Directa de Punto de Vista directamente. Uno está interesado en hacer que mire cosas reales en el universo MEST, desde el nivel de Mirar hasta el de Sexo en la Escala de Saber a Sexo. En particular, uno debería incluir masas turbulentas y misterios.

La parte más importante de este proceso, y la que se debe enfatizar mientras otras se desatienden, es lograr que el preclear realmente mire cosas reales. Luego, hacer que mire Emociones reales. Y finalmente, asegurarse de que pueda estar muy cómodo mirando a toda clase de Esfuerzos. Para hacer esto, uno envía al preclear, como thetán, afuera al mundo, y hace que realmente encuentre cosas que le resulte cómodo mirar, en las bandas del simple Lookingness (Condición de Mirar), luego de la Emoción y luego del Esfuerzo.

Uno comienza con la orden:

"¿Qué estaría bien que miraras aquí, en esta sala?".

Esto se hace con los ojos del cuerpo cerrados. Se le pide al preclear que diga tantas cosas en la sala, que estaría bien que él mirara, como sean necesarias para hacer que cualquier retardo de comunicación implicado sea constante. Recorre la orden:

"Ahora encuentra algo que sea seguro mirar fuera de esta sala".

Cuando se ha establecido que el preclear se encuentra deambulando bastante lejos con cierta confianza en este ejercicio de descubrir cosas que está bien que mire, el auditor debería decirle:

"Ahora ve y encuentra algunos estados emocionales que estaría bien que miraras".

El preclear va realmente a diversas partes del mundo, y ve gente y animales en diversos estados de Emoción hasta que descubre que puede estar totalmente cómodo viendo todas las emociones de la Escala Tonal en acción: Apatía, Pesar, Miedo, Resentimiento, Enojo, Antagonismo, Aburrimiento, Entusiasmo y Serenidad.

Cuando se haya logrado esto, haz que el preclear encuentre algunos Esfuerzos que algo esté haciendo, en cualquier parte, y que sería cómodo que el preclear los viera. Puede requerirse un poco de tiempo para que descubra algo en el ámbito del Esfuerzo que en realidad pueda percibir cómodamente. Él encuentra diversos Esfuerzos que pueda ver y el proceso se debe continuar hasta que pueda mirar cómodamente un movimiento salvaje y turbulento.

La idea básica de este proceso es lograr que el preclear esté completamente seguro de que puede ver, con aplomo, cualquier cosa en el universo, especialmente Emoción y Esfuerzo. El proceso se puede continuar, aunque con menos beneficio, con el resto de la Escala de Saber a Sexo más Misterio:

Saber
Mirar
Expresar Emoción
Esfuerzo
Pensar
Símbolos
Comer
Sexo
Misterio

Si hay dudas, el auditor debería recorrer toda la banda desde Saber hasta Sexo incluyendo Misterio.

El auditor debe comprender con claridad que el preclear no simplemente piensa acerca de estas cosas o hace mock-ups de ellas y las ve. El auditor quiere que el preclear, estando exteriorizado, vaya a diversas partes del universo físico real y *mire* cosas, y en esa forma aumente su tolerancia del universo físico.

ES IMPORTANTE QUE PUEDA SER NECESARIO REMEDIAR EL HAVINGNESS DEL PRECLEAR A INTERVALOS MIENTRAS ESTE PASO ESTÁ EN PROGRESO.

R1-9:
Gran Tour

Las órdenes del Gran Tour son las siguientes:

"Ponte cerca de la Tierra",
"Ponte cerca de la Luna",
"Ponte cerca del Sol".

"Ponte cerca de la Tierra",
"Ponte cerca de la Luna",
"Ponte cerca del Sol".

"De la Tierra",
"De la Luna",
"Del Sol", dando estas tres últimas órdenes muchas veces.

En cada ocasión, el auditor debe esperar hasta que el preclear manifieste que ha completado la orden. Se supone que el preclear se mueve cerca de estos cuerpos o simplemente está cerca de ellos, no importa cual.

El Gran Tour continúa con:

"Ahora encuentra una roca".

"Ponte dentro de ella",
"Ponte fuera de ella".

"Dentro",
"Fuera".

"Dentro",
"Fuera".

"Ponte en el centro de la Tierra",
"Ponte fuera de la Tierra".

"Dentro",

"Fuera", y alternándolas, hasta que el preclear sea capaz de hacer esto muy rápidamente.

Luego el Gran Tour continúa:

"Ponte cerca de Marte",
"Ponte en el centro de Marte".

"Fuera de Marte",
"En el centro".

"Fuera",
"Ahora desciende lentamente hacia la superficie".

El preclear probablemente cuestionará esto porque ha chocado con una pantalla de fuerza o cree que lo ha hecho.

"Está bien entonces, ponte en la superficie de Marte",
"Ponte por encima de Marte".

"Ponte en la superficie",
"Ponte por encima de Marte".

"Desciende a la superficie de Marte".

Se le mueve a diversas posiciones en las cercanías de Marte hasta que esté totalmente acostumbrado a ese planeta.

Cuando el preclear esté totalmente cómodo en el sistema solar por haber recorrido el Gran Tour, haz con él Cambio de Espacio (como se describe más adelante): primero, respecto a todas las ubicaciones donde ha recibido auditación, terapia o tratamiento de cualquier clase aquí en la Tierra. A continuación, haz todas las ubicaciones claves mencionadas en *Una Historia del Hombre*, como el punto de entrada del universo MEST, el lugar donde hizo su primer facsímil, etc.

Esto se recorre de esta manera:

"Sitúate en el punto donde entraste al universo MEST",
"Sitúate en el centro de esta sala".

"Sitúate en el punto donde entraste al universo MEST",
"En el centro de esta sala".

"En el punto de entrada",
"En la sala".

"En el punto de entrada",
"En la sala", y así sucesivamente, hasta que el punto de entrada esté en tiempo presente.

Se debe hacer que el preclear recorra Cambio de Espacio en relación con cualquier área hasta que esa área esté en tiempo presente. Originalmente se podía concebir que sólo el lugar donde está el preclear, es el que *está* en tiempo presente, que todos los demás lugares están en el pasado en la medida en que están lejos del preclear. El objetivo es lograr que todas las áreas estén en tiempo presente.

PRECAUCIÓN: Cambio de Espacio nunca se recorre con las órdenes *"Sitúate aquí", "Sitúate allá".* Porque cuando el preclear está "allá", eso se ha convertido en "aquí" para él. Por lo tanto, la verdadera designación, en resumen, debería dársele en cada ocasión.

IMPORTANTE: MIENTRAS SE ESTÁ RECORRIENDO CAMBIO DE ESPACIO O CUALQUIER PARTE DEL GRAN TOUR, PUEDE SER NECESARIO REMEDIAR EL HAVINGNESS DEL PRECLEAR.

Esto se hace con las siguientes órdenes:

"Establece ocho puntos de anclaje como si fueran las esquinas de un cubo en torno a ti",
"Ahora tira de ellos adentro de ti".

"Establece ocho más",
"Tira de ellos adentro de ti".

Cualquier atontamiento, tristeza creciente, o sentimiento de degradación del preclear, provienen de la falta de havingness. En el Gran Tour, es más importante para el preclear localizar y ocupar ubicaciones exactas en el espacio y en objetos de lo que es examinar el área circundante.

R1-10:
Ocupar el Mismo Espacio

Haz que el preclear descubra cosas que no le molestaría que ocuparan el mismo espacio que él.

EL ACUERDO CON EL UNIVERSO FÍSICO PRODUCE EN EL PRECLEAR LA CONSIDERACIÓN DE QUE DOS COSAS NO PUEDEN OCUPAR EL MISMO ESPACIO.

Esta regla básica es lo que mantiene "desplegado" al universo físico.

Sin embargo, no es verdad que dos cosas no puedan ocupar el mismo espacio. Y es particularmente falso cuando esas dos "cosas" son un objeto y un thetán, ya que un thetán puede ocupar el espacio que esté ocupando cualquier objeto.

El proceso se recorre con la pregunta:

"Ahora dime algo que no te molestaría que ocupara el mismo espacio en el que estás",

o

"Dime algo que no te molestaría que ocupara tu espacio".

A cualquier respuesta que dé el preclear, el auditor debe confirmar si el preclear está o no totalmente seguro de que no pondría objeciones a esta ocupación mutua del mismo espacio. Se hace que el preclear obtenga cosa tras cosa, hasta que reconozca una gran realidad en esto, y entonces se le hace ocupar el mismo espacio que ocupan muchas cosas. (Esto es comparable a los procesos del Paso I de SOP anteriores, donde se hacía que el preclear estuviera en muchas cosas).

Cuando se ha establecido claramente que el preclear, con certeza absoluta, es totalmente capaz de tolerar que cualquier cosa ocupe su mismo espacio, el auditor va al siguiente paso.

R1-11:
Problemas y Soluciones en Havingness

Haz que el preclear sea problemas y soluciones en cuanto a havingness.

Pregúntale al preclear:

"¿Qué tipo de problema puedes ser tú en cuanto al havingness?".

"¿Qué tipo de problema puedes ser tú en cuanto al no-havingness?", muchas veces, hasta que haya aislado muchos Problemas para mucha gente.

"¿Qué tipo de problema pueden ser otros para ti en cuanto al havingness?".

"¿Qué tipo de problema pueden ser otros para ti en cuanto al no-havingness?".

Después de que se ha trabajado bien con esto, pasas a Soluciones con:

"¿Qué tipo de solución puedes ser tú para el havingness?".

"¿Qué tipo de solución puedes ser tú para el no-havingness?" y así sucesivamente.

Puede ser necesario explicar qué se quiere decir con "havingness", pero en mi experiencia no ha sido necesario.

R1-12:
Un Remedio Completo de Havingness de Energía

Haz que el preclear haga mock-up de generadores, centrales eléctricas y soles para que le den energía, en esa escala de gradiente, hasta que esté totalmente convencido de que no tiene que recibir energía de una fuente externa (un remedio completo de havingness).

Después de recorrer R1-10 y R1-11, el preclear debería ser capaz de tener buenos mock-ups. El objetivo principal de este paso, se haga como se haga, es lograr que el preclear reconozca que él mismo crea la energía que usa. Uno de los métodos para hacer esto es pedirle que haga mock-up de generadores (de diversos tamaños, en una escala de gradiente), luego de generadores más grandes, luego de centrales eléctricas, de rayos y, finalmente, de soles que le proporcionen energía.

En este paso, se debería lograr un remedio del havingness completo. Si no se logra adecuadamente con este paso, el auditor debería regresar a R1-10, hacerlo y luego R1-11 y luego repetir R1-12.

R1-13:
Puntos de Anclaje de la GE

Haz que el preclear ajuste los puntos de anclaje de la GE.

Al principio del procesamiento, nunca dirijas la atención del preclear hacia su cuerpo. Si sucede que está mirando su cuerpo, está bien. Pero no le digas que mire a su cuerpo.

Para comenzar R1-13, haz que el preclear copie su cuerpo muchas, muchas veces y empuje los mock-ups dentro del cuerpo. Por medio de mock-ups, haz que finja que él se está exteriorizando de diversas clases de cuerpos. Haz que se interiorice y se exteriorice muchas veces de su cuerpo actual. Luego haz que haga un mock-up de la estructura electrónica de su cuerpo hasta que la pueda ver fácilmente.

Ahora pregúntale:

"¿Ves algunas esferas doradas dentro de tu cabeza?".

Si no las ve, haz que haga mock-up de esferas doradas hasta que aparezcan las esferas doradas de su cabeza. Ahora haz que mueva cualquier esfera dorada que encuentre que esté fuera de sitio dentro de su cabeza hasta que estén en la posición adecuada. Cuando un punto de anclaje (esfera dorada) no regrese a su posición, haz que el preclear haga mock-up de muchos puntos de anclaje en esa área; es decir, remedia el havingness del cuerpo en esa área. Entonces, y sólo entonces, se encontrará que el punto de anclaje del cuerpo en sí volverá a esa posición.

PRECAUCIÓN: nunca permitas que el preclear haga mock-up de un punto de anclaje por su cuenta y lo coloque en su sitio en el cuerpo. La GE puede tolerar únicamente sus propios puntos de anclaje.

Pregúntale al preclear:

"*¿Puedes encontrar más de estas esferas doradas que estén fuera de posición?*" y haz que las ponga de nuevo en su sitio, las reúna o las remedie, hasta que todos los puntos de anclaje del cuerpo estén en un estado excelente y estén en la posición apropiada.

R1-14:
Máquinas del Thetán

Haz que el preclear cree y destruya diversas clases de máquinas del thetán.

Un thetán siempre está equipado con diversas clases de maquinaria. Remediar el havingness debería hacer que fuera muy fácil para él prescindir de maquinaria o de crear nueva.

Tiene máquinas que lo mandan a sitios, tiene máquinas que ocultan cosas y tiene máquinas que lo fulminan. Existen dos tipos de máquinas: las que hacen mock-up de cosas y las que hacen unmock de cosas. Pero puede haber una gran variedad de consideraciones en esta maquinaria. Las máquinas realmente son máquinas. Las hace con tubos y otras clases de equipo electrónico. A veces parecen teletipos inmensos. El hecho de simplemente duplicar una máquina muchas veces la reducirá finalmente a un nothingness. Un thetán cuyo havingness se ha remediado, tiene relativamente pocas dificultades con la maquinaria ya que no la está manteniendo cerca para que le suministre energía. Ha montado maquinaria que lo "fulminará" cuando entre a ciertas ubicaciones. Esto, en la vida, como *Homo sapiens*, se manifiesta mediante un temor a la auto-invalidación. Esto proviene de la máquina, ya que en el nivel superior la invalidación se hace mediante fuerza.

Haz que cree maquinaria que realmente funcione, haz que la maquinaria funcione, y destruye la maquinaria, hasta que tenga confianza total en su capacidad para crear y destruir todos y cada uno de los tipos de máquinas. Es importante que la maquinaria de la que haga mock-up realmente funcione. El proceso de hacer una máquina es hacer un postulado, encajarlo en una máquina, ocultar la máquina y olvidarlo. La máquina se conecta por algo que el thetán podría pensar. Cuando el thetán piensa en algo, la máquina entra en acción.

Ten mucho cuidado de no destruir toda la maquinaria del thetán. Ten también mucho cuidado de no dejar al thetán sin masa, ya que se siente muy desdichado de ser únicamente un pensamiento.

R1-15:
Copiar el Universo Físico

Repara la capacidad del preclear para comunicarse, haciendo que copie muchas escenas del universo físico.

Este paso es en realidad el mismo que el paso R1-5, pero se recorre de una forma más amplia. Al thetán se le envía a diversas partes del mundo y del universo, y se le pide que copie cosas. Copia cada una, muchas veces, hasta que está satisfecho de que su copia es exacta en todos los aspectos al original del universo físico. Cuando el thetán haya logrado esto, será capaz de hacer las cosas con densidad y masa suficientes.

Ahora haz que el preclear recorra todos y cada uno de los pasos de la Ruta 2, hasta que el auditor esté convencido de que los puede hacer fácil y hábilmente.

Procedimiento Intensivo: Ruta 2

"Si el preclear tuviera cualquier retardo de comunicación perceptible, tal como se haya establecido en el tercer paso antes mencionado (ARC Línea Directa), se omiten todos los pasos de la Ruta 1, y se introduce al caso en la Ruta 2; el primer paso de la cual es R2–16".

Ruta 2

R2-16:
Procedimiento de Apertura de 8-C

Recórrele al preclear las Partes (a) (b) (c), del Procedimiento de Apertura de 8-C de principio a fin, cada una hasta que el retardo de comunicación físico se estabilice.

El auditor debería asegurarse al principio, mientras recorre el Paso (a), de que los puntos que indique sean altamente generalizados y que no sean áreas pequeñas, hasta que al preclear se le pueda dirigir a puntos pequeños y precisos.

Todo el *modus operandi* del Procedimiento de Apertura de 8-C consiste en hacer que el preclear mueva su cuerpo por la sala bajo las instrucciones del auditor, hasta que:

a. Se dé cuenta de que se encuentra en verdadera comunicación con muchos puntos de la superficie de cosas en la sala;

b. Pueda seleccionar puntos en la sala, sepa que los está seleccionando y se pueda comunicar con ellos; y

c. Pueda seleccionar puntos, moverse hacia ellos, decidir cuándo tocarlos y cuándo dejarlos.

Se hace cada uno de estos pasos hasta que el auditor esté bien seguro de que el preclear no tiene retardo de comunicación.

Las órdenes de auditación son las siguientes:

"¿Ves esa silla?",
"Camina hacia ella y pon tu mano en ella".

"Ahora mira esa lámpara",
"Ahora camina hacia ella y pon tu mano en ella".

Esto se hace con diversos objetos (sin designar específicamente puntos que sean de una naturaleza más específica que un objeto) hasta que el preclear esté muy seguro de que está en buena comunicación con estos objetos, paredes y demás partes de la sala. El auditor puede decir cualquier cosa que crea conveniente, o aparentemente introducir cualquier significación que desee, siempre y cuando se atenga muy de cerca a aquello que hace que funcione este método; es decir: percibir el universo físico y establecer contacto con él.

La parte (a) se ha ampliado con la selección de puntos exactos por parte del auditor:

"¿Ves esa marca negra en el brazo izquierdo de esa silla?".
"Muy bien. Ve hasta ella y pon tu dedo en ella",
"Ahora retira el dedo de ella".

"¿Ves el tornillo inferior en ese interruptor de la luz?".
"Muy bien. Ve hasta él y pon tu dedo en él",
"Retira el dedo de él", y así sucesivamente, hasta que el preclear tenga una *percepción uniforme* de todos y cada uno de los objetos de la sala, incluyendo las paredes, el suelo y el techo.

Se puede continuar con este paso durante un largo periodo. Tiene una infinidad de variaciones. Pero no son las variaciones lo que funciona, sino el establecer y suspender la comunicación con los puntos reales designados.

SI EN CUALQUIER MOMENTO HAY CUALQUIER DUDA SOBRE EL CASO DEL PRECLEAR, HAZ ESTE PASO, PARTE (A) HASTA QUE ESTÉS SATISFECHO DE QUE LA COMUNICACIÓN ES BUENA.

UN CASO QUE NO OBEDEZCA LAS ÓRDENES DEL PROCEDI-
MIENTO DE APERTURA DE 8-C (a) SIEMPRE FALSEARÁ O ALTERARÁ
LAS ÓRDENES QUE TENGA QUE LLEVAR A CABO CON MENOS
SUPERVISIÓN QUE LA DE LA PERCEPCIÓN DE SU CUERPO.

La parte (b) tiene estas órdenes de auditación:

"Encuentra un punto en esta sala".

No se necesita mayor designación para este punto. El procedimiento
de encontrar puntos le da al preclear el determinismo de la selección.

Cuando el preclear lo hace, el auditor le dice:

"Ve hasta él y pon tu dedo en él".

Cuando el preclear lo hace, el auditor dice:

"Ahora suéltalo".

Se debe enfatizar el hecho de que el preclear no debe ejecutar una
orden hasta que se le haya dado. Y no debe soltar el punto hasta que se
le diga que lo haga. Se le permite al preclear seleccionar puntos hasta
el momento en que se haya agotado todo retardo de comunicación y
hasta que seleccione con libertad puntos en las paredes, los objetos,
las sillas, etc., sin especializarse en nada en particular; lo que significa
que su percepción de la sala se ha vuelto uniforme. Al recorrer este
procedimiento, salen a relucir muchas cosas, como el hecho de que el
preclear no puede mirar las paredes, etc.

La parte (c) de este procedimiento se recorre con estas órdenes de
auditación:

"Encuentra un punto en la sala",
"Decide cuándo lo vas a tocar y luego tócalo",
"Decide cuándo lo vas a soltar y suéltalo".

Una variación de este proceso es hacer que el preclear se decida
sobre un punto y luego hacer que cambie de opinión y que seleccione
otro punto.

Regla

La dificultad que se presenta en la mayoría de los casos, y la dificultad que existe en cualquier caso que esté suspendido y no esté progresando, radica en el hecho de que el auditor no ha empleado lo suficiente el Procedimiento de Apertura de 8-C. Se ha encontrado que esta es una regla invariable.

Los preclears aparentarán recorrer órdenes de índole subjetiva, pero no las recorrerán en absoluto. En otras palabras, el auditor le está diciendo que haga una cosa y el preclear estará haciendo otra muy diferente. Por lo tanto, en realidad no se está usando el proceso en el preclear. En este caso la dificultad radica en una dificultad específica en la comunicación, en la que el preclear no puede duplicar. Pero algo aún más importante que eso, es el hecho de que cualquier preclear cuyo caso esté suspendido, no está en contacto con la realidad ni con el entorno hasta el punto en que ha empezado a hacer procesos con mock-ups en vez de con el universo físico real. Se descubrirá que el hacer procesos con mock-ups, como encontrar puntos en ellos, averiguar distancias hasta ellos y cosas por el estilo, no produce ganancias e incluso da ganancias negativas. Se ha encontrado que sólo los procesos que abordan directamente el universo físico suben el tono del preclear. Tiene que llegar a una tolerancia total del universo físico antes de poder salir de él. Por lo tanto, a cualquier caso que se esté atascando en algún punto de procedimientos más complicados, se le puede aliviar y se le puede traer a tiempo presente por medio de 8-C.

Precaución

La única precaución que debe tener el auditor es que debe ser muy preciso al dar sus órdenes (y debe insistir en que el preclear esté muy *seguro* de que realmente está viendo puntos y tocándolos) y no debe permitir que el preclear ejecute las órdenes antes de que se hayan dado.

Importante

EN EL PROCESAMIENTO DE PSICÓTICOS Y NEURÓTICOS DE CUALQUIER GRADO, USA SÓLO R2-16, PROCEDIMIENTO DE APERTURA DE 8-C, HACIENDO CADA PARTE HASTA QUE LA PERSONA ESTÉ SEGURA DE QUIÉN LA ESTÁ HACIENDO. USA SÓLO R2-16 HASTA QUE EL CASO ESTÉ COMPLETAMENTE CUERDO. NO USES NINGÚN OTRO PROCESO DE TIPO ALGUNO.

R 2-17:
Procedimiento de Apertura por Duplicación

Procedimiento de Apertura por Duplicación hasta que el preclear se sienta bien al respecto.

El Procedimiento de Apertura por Duplicación se comienza sólo después de que el preclear tenga algo de realidad sobre su entorno. El Procedimiento de Apertura por Duplicación no debería hacerse hasta que la realidad del preclear sobre su entorno sea buena; pues el preclear simplemente activa un circuito de irrealidad y pasa por él en forma mecánica.

La primera parte del Procedimiento de Apertura por Duplicación es hacer que el preclear examine y se comunique con dos objetos diferentes y los posea (un poco como en el Procedimiento de Apertura de 8-C).

Después, estos objetos se colocan a varios metros de distancia y a un nivel en que el preclear pueda tomarlos sin inclinarse, pero de tal manera que tenga que caminar entre ellos. Una vez que el auditor está completamente satisfecho de que el preclear tiene realidad de estos objetos y puede poseerlos, comienza entonces el Procedimiento de Apertura por Duplicación con las siguientes órdenes (suponiendo que uno de los objetos fuera un libro y el otro fuera un cenicero):

"Ve a donde está el libro",
"Míralo",
"Tómalo",
"¿Cuál es su color?".

En este punto el preclear debe dar una respuesta.

"¿Cuál es su temperatura?".

Aquí el preclear debe contestar nuevamente.

"¿Cuál es su peso?".

Aquí nuevamente el preclear debe contestar.

"Déjalo exactamente en el mismo lugar".

Cuando el preclear lo haya hecho:

"Ve a donde está el cenicero",
"Míralo",
"Tómalo",
"¿Cuál es su color?".

El preclear da una respuesta.

"¿Cuál es su temperatura?".

El preclear da su respuesta.

"¿Cuál es su peso?".

El preclear da su respuesta.

"Déjalo exactamente en el mismo lugar".

Cuando el preclear lo haya hecho:

"Ve adonde está el libro".

Y las mismas palabras y la misma fórmula se usan una y otra vez, hasta que el preclear haya tenido una cantidad suficiente de horas de Procedimiento de Apertura por Duplicación para que pueda hacerlo sin retardo de comunicación, sin protesta, sin Apatía, sino sólo con Alegría, viendo cada vez los artículos de una manera nueva. Este es un proceso que se hace durante horas. El proceso es mejor cuando se hace consecutivamente durante cierta cantidad de horas, en lugar de hacerse una hora al día durante varios días.

Este procedimiento es el primer paso del Procedimiento 30.

R2-18:
Localizar Puntos en el Espacio (y Remedio de Havingness)

Haz que el preclear localice puntos en el espacio hasta que pueda hacerlo fácilmente, mientras remedias su havingness.

A pesar de que Localizar Puntos en el Espacio y Remediar Havingness se pueden expresar brevemente, este es uno de los procesos clave de Scientology y tiene una infinidad de variantes.

De hecho son dos procesos que provienen de uno: Localizar Puntos y Remediar Havingness se hace mientras el preclear aún está interiorizado, permaneciendo el preclear donde está y simplemente indicando (señalando) dónde está el punto que está designando. Cuando se hace con el preclear exteriorizado, se convierte en Cambio de Espacio (R1-9).

Este proceso tiene una infinidad de usos y es uno de los mejores procesos para dar una ayuda. Aquí, en el Procedimiento Intensivo, lo usamos en su forma más simple.

El auditor dice:

"Localiza un punto en el espacio de esta sala".

El preclear lo hace.

El auditor determina si el punto tiene o no color y masa, o si sólo es una ubicación en el espacio. Un punto debería ser simplemente una ubicación en el espacio, no debería tener color ni masa.

Se le pide al preclear que localice varios de estos puntos en la sala. Es importante que camine hasta ellos y ponga el dedo en ellos.

Después de que haya hecho esto durante un tiempo muy breve, se descubrirá que su havingness se ha reducido considerablemente. El auditor hace que haga mock-up de algo que sea aceptable para él y hace que tire de ello adentro de su cuerpo hasta que se haya remediado toda náusea o malestar físico.

Tan pronto como se haya logrado esto, el auditor hace que localice más puntos en el espacio de la sala.

R2-19:
Localizar Puntos en la Sala

Haz que el preclear localice puntos en la sala, que mueva el cuerpo adentro de ellos y saque el cuerpo metiéndolo en nuevos puntos.

Sólo cuando el preclear pueda hacer R2-18 cómodamente y localizar realmente ubicaciones independientes de los objetos de la sala en sí, el auditor pasa a la siguiente fase de este proceso que es:

"Localiza un punto en la sala que puedas entonces mover adentro de tu cuerpo".

Cuando el preclear lo hace, el auditor le dice:

"Mueve tu cuerpo sobre el punto".

Cuando el preclear lo hace:

"Mueve tu cuerpo afuera de ese punto".

Se descubrirá que el preclear podría encontrar que el punto se mueve junto con su cuerpo. Uno simplemente quiere la ubicación en el espacio y este, por supuesto, no se mueve. Sólo el cuerpo se mueve.

Esto se hace muchas veces, hasta que el preclear sea diestro en mover su cuerpo entre estos puntos y mover su cuerpo afuera de ellos. Se entiende, desde luego, que la ubicación simplemente se mete en el cuerpo cuando el cuerpo se pone en ella y que la ubicación se mueve fuera del cuerpo cuando el cuerpo se aleja de ella. En otras palabras, la ubicación es estable, el cuerpo se está moviendo. Esto se hace hasta que el preclear esté absolutamente seguro de que él es el que está moviendo su cuerpo en esos puntos. Tal vez sea necesario remediar el havingness mientras se hace este paso.

La tercera parte de este paso se hace así:

"Localiza un punto en el espacio de esta sala",
"Ahora mueve tu cuerpo alrededor de él",
"Fija tu cuerpo en ese punto",
"Ahora cambia de opinión acerca de quedarte ahí".

Y sin que el preclear se mueva fuera del punto:

"Escoge un punto nuevo",
"Ahora mueve tu cuerpo alrededor del nuevo punto".

Este proceso tiene muchas variantes. Se puede hacer que un preclear mueva un somático crónico alrededor de tales puntos, que lo fije ahí y que lo deje de fijar. Uno puede hacer que un preclear encuentre un punto, que luego aparezca ahí, y que luego desaparezca de ahí, que encuentre un nuevo punto, que aparezca ahí y que desaparezca de ahí. Lo principal es hacer que el preclear localice puntos, mueva su cuerpo alrededor de ellos y luego aleje su cuerpo del punto.

R2-20:
Uso de Problemas y Soluciones

El uso de Problemas y Soluciones es el segundo paso del Procedimiento 30, e incluye los pasos que ya se dieron en R1-11 (Problemas y Soluciones en Havingness). El auditor le pregunta al preclear:

"¿Qué tipo de problema podrías ser tú para tu madre?".

Y cuando el preclear haya encontrado uno:

"Muy bien. ¿Puedes ser tú ese problema?".

Y cuando el preclear se haya convertido en ello:

"¿Puedes ver a tu madre cavilando al respecto?".

Y ya sea que el preclear pueda hacerlo o no:

"Dime otro problema que podrías ser para tu madre",

"¿Puedes ser tú ese problema?", etc., hasta que se agote el retardo de comunicación.

Luego uno hace la misma pregunta acerca del padre (y acerca de otras personas en la vida del preclear), pidiéndole el problema cada vez, pidiéndole luego que sea el problema, y luego preguntándole si el problema hace que otras personas se preocupen y piensen al respecto. Finalmente, uno pregunta:

"Ahora ¿qué tipo de problema puedes ser para _____ (nombre del preclear)?".

Y cuando esto finalmente se ha agotado hasta tener un retardo de comunicación constante, se puede suponer que él más o menos ha manejado esta situación por el momento y se usa exactamente el mismo proceso respecto a las soluciones. Se usa el mismo fraseo anterior, excepto que se dice "solución" en lugar de "problema".

Cuando el preclear no puede ser un problema, el auditor debería encontrar algunas cosas que el preclear *pueda* ser con gran certeza, hacer que el preclear sea esas cosas, luego hacer que el preclear sea un problema.

Cuando estés procesando a un auditor, haz que sea un auditor y un preclear alternativamente (asumiendo físicamente la posición correcta para cada uno) hasta que se haya recorrido por completo toda auditación y el preclear ya no esté esperando a averiguar qué es lo que va a ocurrir.

El auditor debería recordar el hecho de que un preclear puede ser una "no-solución", así como que el preclear puede ser un "no-problema", y también que el preclear puede ser una "solución que necesita problemas". Ocurren muchas manifestaciones diversas y extrañas, pero este proceso estrictamente usa sólo las órdenes anteriores. El proceso se podría y se debería continuar con las órdenes de R1-11 que tratan de problemas con respecto a havingness.

Si el preclear es un místico o se interesa en las ciencias ocultas, puede ocurrir que presente un problema peculiar en cuanto a problemas. Tal preclear puede estar buscando la solución a todos los problemas, suponiendo que sólo es posible una única solución para todos ellos. Si descubriera esta solución, por supuesto se encontraría completamente sin problemas. Por lo tanto, su havingness en cuanto a problemas se reduciría tan enormemente que se encontraría sin ningún interés de ninguna clase. Pero incluso si el preclear no está en esta categoría, el proceso que se da en el siguiente párrafo está claramente indicado en el campo de los problemas. De hecho, es una combinación de recorrer significaciones y manejar problemas y es útil para cualquier estado de caso, con excepción por supuesto para aquellos en quienes sólo se puede recorrer el Procedimiento de Apertura de 8-C.

El remedio total de problemas, por supuesto, tiene lugar cuando el preclear está convencido de que puede crear problemas a voluntad. Mientras no esté convencido de ello, se va a aferrar a antiguos problemas.

La manera de convencerlo de que puede crear problemas es hacer que escoja o seleccione un objeto, hacer que examine este objeto hasta que esté seguro de que es real, luego hacerle la pregunta:

"¿Qué problemas podría ser este objeto para ti?".

Haz que comience a nombrar diversos problemas. Se descubrirá al principio, como siempre que se manejan significaciones, que comienza a drenar del objeto en sí los problemas que son inherentes al objeto. Y luego, finalmente comenzará a inventar problemas. El problema debería recorrerse hasta que el preclear esté convencido de que puede crear problemas a voluntad. Si se descubre que la atención del preclear se está fijando demasiado en el objeto, se pueden usar muchos objetos, en lugar de sólo uno.

R2-21:
Otorgar Beingness
(Referencia: Axioma 28)

Otorgar Beingness (vida) a algo.

El preclear está bien en la medida en que pueda otorgar vida a las cosas, una acción que implica la creación de energía. La acción básica de otorgar beingness es el thetán duplicándose a sí mismo como otro ser pensante.

En los factores mecánicos del Otorgar Beingness, tenemos el "punto-de-orientación" y el "símbolo".

Un "punto-de-orientación" es ese punto en relación con el cual otros tienen ubicación. Es también ese punto desde donde se está creando el espacio que contiene las ubicaciones. En el punto-de-orientación tenemos nuestra definición básica de espacio: "El espacio es un punto de vista de dimensión".

El "símbolo" depende del punto-de-orientación para ubicarse, y hasta cierto punto para su vida. Un símbolo es un objeto que tiene masa, significado y movilidad. Un símbolo se ubica, si es que lo hace, por el punto-de-orientación. Considera al punto-de-orientación como un punto-fuente *continuo* y a sí mismo como un punto-de-recepción *continuo* de ese punto-fuente.

Mientras uno pueda crear vida, se considera más o menos un punto-de-orientación. Y tan pronto como esté convencido de que no puede crear vida en grado alguno, se convierte, en esa medida, en un símbolo.

El Otorgar Beingness es una complejidad de la Fórmula de la Comunicación. En el sentido de que le hemos agregado *espacio* ampliamente, más que *distancia* lineal, y que hemos introducido la idea de un punto-de-orientación *continuo* y de un símbolo *continuo*, la *velocidad* de la Fórmula de la Comunicación se expande a *velocidades continuas* y hemos entrado directamente desde la Fórmula de la Comunicación a nuestra primera comprensión del *tiempo* y, por lo tanto, de la *Supervivencia*. El símbolo es lo que está sobreviviendo en gradientes diminutos de tiempo y el punto-de-orientación es lo que es intemporal, pero determina el marco temporal de ese espacio.

Como ejemplo práctico, la mayoría de los preclears consideran la casa de la infancia como un punto-de-orientación y a sí mismos como símbolo de ese punto-de-orientación. Cuando un preclear ha perdido demasiados puntos-de-orientación sucesivamente, comienza a considerarse un símbolo de un símbolo. El concepto de algunas religiones de que Dios está en todas partes y en todo lugar al mismo tiempo es un esfuerzo franco y manifiesto por desestabilizar a quien le rinde culto quitándole una posición finita como su propio punto-de-orientación.

El procesamiento de Otorgar Beingness es más complejo y, por lo tanto, menos eficaz que usar la Fórmula de la Comunicación en su forma más simple. Esto le atañe mucho a un auditor y los problemas involucrados deberían hasta cierto punto resolverse con el preclear. El preclear muchas veces ha tratado de darle vida a algo, como a un aliado que se está muriendo, a una mascota o a una empresa, y no ha logrado traerlo a la vida. Por consiguiente, se ha convencido de que no puede otorgar vida. Pero por encima de este otorgar vida está el asunto mecánico del punto-de-orientación y del símbolo. A este tema pueden aplicarse con provecho una multitud de procesos.

Uno de los más simples sería preguntarle al preclear:

"¿De dónde eres tú?".

Y luego, continuar repitiendo esta pregunta una, otra y otra vez, sin importar qué respuesta dé el preclear, hasta que el preclear responda que él proviene precisamente de donde está.

Momento en el cual, el auditor cambia la pregunta a:

"¿Dónde está eso?".

Y después de cualquier respuesta que el preclear dé, pregunta de nuevo:

"¿Dónde está eso?", hasta que el preclear deje de localizarse mediante su entorno, y luego deje de localizarse mediante su cuerpo y mediante sí mismo, y llegue a darse cuenta de que está justamente donde él dice que está y en ningún otro lugar. El paso de Otro-determinismo a Auto-determinismo está marcado por el hecho de que al principio él no está en ninguna parte, luego está donde los puntos-de-orientación antiguos y las ubicaciones presentes le dicen que está, luego donde su cuerpo le dice que está, y luego donde parece estar porque puede ver ciertas cosas, hasta que tenga la comprensión final de que está donde está por postulado y sólo por eso. Esto exteriorizará a un preclear si se continúa durante suficiente tiempo.

Todos los demás procesos son sólo un nivel encubierto de este proceso. Se puede hacer que localice puntos que ha considerado puntos-de-orientación, tales como la casa de la infancia, y luego se remedia havingness. Se le puede preguntar, *"¿Por qué* (el entorno) *está ahí?"*, y a cada respuesta, simplemente preguntar de nuevo, *"¿Por qué* (lo que él está mirando) *está ahí?"*. O puede recorrerse como el tercer paso del Procedimiento 30, que es lo que es.

Como tercer paso del Procedimiento 30, Otorgar Beingness se recorre de esta manera:

"¿Quién le otorgaría beingness a _____?", y en el espacio en blanco se pueden poner psicosomáticos, cartas, gatos, perros, reyes y carboneros, o cualquier cosa que se le ocurra al auditor, en cada ocasión hasta que el preclear responda sin retardo de comunicación.

La pregunta clave sería:

"¿A quién estaría bien hacerle otorgar algo de beingness?".

La persona que el preclear nombre será la persona de quien más recientemente ha dependido por completo el preclear como un símbolo en lugar de un punto-de-orientación.

Esto se continúa con:

"*¿A qué más estaría bien que* _____ (la persona que ha nombrado) *le otorgue beingness?*".

Con esta última pregunta estamos resolviendo el complejo de "el único". Ordinariamente, el preclear ha entrado en un estado en que él es el único que puede otorgar beingness. Pero ha impedido que otras personas otorguen vida a las cosas durante tanto tiempo que él mismo ya no les otorgará vida a las cosas. El preclear está involucrado en cierta competencia alocada en la que nadie *más* puede otorgarle beingness a las cosas pero él *les* puede otorgar beingness. La resolución de esto representará un avance considerable en el caso.

Hay una pregunta adicional:

"*¿Para quién estás comiendo?*", y

"*¿Para quién estás* (haciendo otras cosas)*?*", ítem por ítem, que cuando se procesan continuamente conducirán finalmente al preclear a ciertos cambios en cuanto a consideración.

(Esta última técnica es parte de una técnica llamada "Palito de Cóctel").

Un proceso adicional es simplemente hacer que el preclear se diga:

"*Estoy aquí*", y cada vez establezca para sí el hecho de que lo está.

Esto se hace una y otra vez sin más variación.

Una parte de Otorgar Beingness es tener símbolos "*allá fuera moviéndose por ahí para ti*". Un individuo que no puede ser un punto-de-orientación y que, por lo tanto, no puede otorgar beingness, no tiene símbolos. Por lo tanto, no puede predecir objetos ni siquiera en el entorno inmediato. Una variación es hacer que mire diversos objetos y las paredes de la sala y *"predecir que estarán ahí en diez segundos"*, luego se le pide que cuente los diez segundos y averigüe si están ahí o no.

Notas

Una dificultad básica en la auditación y en el caso de cualquier preclear radica en su renuencia a permitir que alguien más otorgue beingness, especialmente el auditor. Cuando un preclear no esté progresando, está demostrando que *"ellos* sólo podrían otorgar muerte"*. Esto está muy por debajo incluso de *"yo* otorgo muerte". Esta condición puede remediarse en R2-21 mejorando las consideraciones del preclear acerca de dar vida y muerte, como sigue:

"Nombra algunos seres a los que les permitirías otorgar vida",
"Nombra algunos seres a los que les permitirías otorgar muerte".

"Nombra algunas cosas a las que les podrías otorgar vida",
"Nombra algunas cosas a las que les podrías otorgar muerte".

Esto debería recorrerse hasta que se agote todo retardo de comunicación. Entonces el preclear mejorará más.

Muchos preclears hacen algo, y luego se quedan a ver si ha ocurrido algo. Esto, cuando se trata de una situación de gravedad (el "observador", donde el preclear no puede *ser* nada, no puede ocupar un punto-fuente ni un punto-receptor), se puede remediar haciendo que el preclear toque una parte de su cuerpo o de la sala con el dedo y luego se quede a ver si ha ocurrido algo. Sus retardos de comunicación pueden ser largos en esto.

Las órdenes son:

"Toca tu nariz",
"Ahora deja de tocarla y mira si ocurre algo".

Para que esto sea eficaz, hay que hacerlo durante algún tiempo. Su meta como proceso es eliminar el miedo a las consecuencias.

Para un preclear que ha sufrido muchas pérdidas, el auditor puede hacer que el preclear coloque un objeto (fósforos, un pañuelo o cualquier cosa *que sea propiedad del preclear*) a cierta distancia frente al preclear, luego hace que el preclear lo deje, se siente cómodamente y espere a que eso venga a él (algo que no hará, por supuesto, sin voluntad del preclear). Luego repite la acción, esperando que el objeto se aleje de él. El retardo de comunicación (de reconocimiento del proceso) y los somáticos pueden ser fuertes. La espera debería ser de muchos minutos cada vez.

R2-22:
Extender la Atención

La escasez de atención se manifiesta en una escala de gradiente desde lo más alto hasta lo más bajo de la Tabla de Evaluación Humana. Un individuo ha disculpado tantas veces su fracaso para dirigir la atención cuando se requería, diciendo que no tenía suficiente atención, que finalmente las cosas que tratan de atrapar su atención "lo distraen". Esto produce cierto frenesí. La escasez de atención es la razón de que un preclear no pueda mirar al mismo tiempo engramas del pasado y el tiempo presente, y estar en tiempo presente. Su atención queda encerrada o atrapada en el pasado.

La escasez de atención puede remediarse directamente haciendo que el preclear ponga su atención en un objeto hasta que le sea completamente real, luego en otro objeto hasta que le sea completamente real, y luego que ponga su atención en ambos objetos hasta que le sean completamente reales, luego que ponga su atención en un tercer objeto hasta que le sea completamente real, y luego que ponga su atención en los tres objetos hasta que le sean completamente reales.

La precaución que debe tomarse es no fijar su atención *en* los objetos, sino hacer que siga contestando preguntas *con respecto a* los objetos.

En todos los procesos de Atención ocurre una condición hipnótica sólo cuando el preclear es incapaz de comentar o responder mientras su atención está íntimamente fija en un objeto. El cuerpo le da al thetán una escasez de atención, y por lo tanto, una especie de trance hipnótico, pues sólo tiene una dirección de atención, es decir, a través de los ojos. Un thetán, que ve en una periferia de 360 grados, cuando se interioriza en la cabeza se encuentra mirando sólo en una dirección. Esto es suficiente para fijarlo.

La Exteriorización por Atención es posible simplemente dirigiendo la atención del preclear a esferas cada vez más amplias. La técnica de Extender la Atención se hace con las siguientes órdenes.

El auditor pone un fósforo enfrente del preclear:

"Ahora mira ese fósforo",
"¿Es real para ti?".

El auditor pone otro fósforo cerca del primero:

"Ahora mira el segundo fósforo",
"¿Es real para ti?", y luego trabaja con esas preguntas hasta que tanto el primero como el segundo fósforo sean reales.

Luego, el auditor hace que ponga su atención en ambos fósforos a la vez para establecer si ambos son reales a la vez o no. Luego le hace mirar al primer fósforo, el segundo fósforo y luego ambos fósforos, en ese orden, hasta que el preclear pueda ver ambos fósforos como enteramente reales.

Ahora se coloca un tercer fósforo, y el auditor dice:

"Ahora pon tu atención en este tercer fósforo",
"¿Es real para ti?".

Cuando se establezca realidad sobre el tercer fósforo, el auditor hace que el preclear vea los primeros dos fósforos a la vez, luego el segundo y el tercero a la vez, hasta que estos dos grupos sean reales (como grupos) y luego hace que el preclear mire a los tres fósforos hasta que sean reales.

CON ESTE PROCESO NO SE PERMITE QUE LA ATENCIÓN DEL PRECLEAR PERMANEZCA EN NINGÚN OBJETO MÁS DE UNOS CUANTOS SEGUNDOS. EL CONTINUO MIRAR FIJAMENTE AL OBJETO NO PRODUCIRÁ NINGÚN OTRO RESULTADO EXCEPTO BOIL-OFF.

Se continúa con este proceso hasta que el preclear pueda hacer esto: ver con total realidad diez fósforos que se coloquen simultáneamente frente a él.

Ahora el auditor comienza tomando un objeto de la sala, como una silla, hace que el preclear la examine hasta que le sea totalmente real. Luego toma otra silla de la sala y establece su realidad con el preclear. Luego trabaja en la primera y segunda sillas, y en ambas, hasta que el preclear pueda ver las dos con total realidad. Luego se toma una tercera silla y se establece realidad sobre ella. Y después se establece la realidad sobre la primera y segunda sillas. Y la segunda y tercera sillas. Y luego sobre las tres sillas.

Se hace esto hasta que todos los objetos de la sala estén incluidos en la realidad del preclear, en cuyo momento es muy probable que se haya exteriorizado.

R2-23:
Atención por Duplicación

Se colocan frente al preclear dos objetos similares, de preferencia negros y no brillantes, de manera que estén más o menos a su nivel de visión y que formen, entre sí y el espacio del preclear, un ángulo de 90 grados, de forma que el preclear tenga que girar al menos 45 grados fuera de su línea normal de visión para poner su atención en cualquiera de ellos.

Se dirige la atención del preclear al Objeto Uno, a la derecha. Y luego se le pide que ponga su atención en el Objeto Dos, a la izquierda:

"Pon tu atención en el objeto de la derecha",
"Pon tu atención en el objeto de la izquierda".

Entonces, estas dos órdenes se dan consecutivamente muchas, muchas veces, y en cada ocasión el auditor espera que el preclear lleve a cabo la orden, antes de dar la orden siguiente. El proceso sólo puede hacerse con estas dos órdenes, pues no se le pide al preclear que fije su atención en ninguno de los objetos, sólo se le pide que los mire. Si hay cualquier duda acerca de la realidad general del preclear, esto se debería remediar por medio del Procedimiento de Apertura de 8-C (R2-16). Además, independientemente de cuál pueda ser su realidad, se debe poner al preclear en comunicación con los dos objetos antes del proceso.

A menudo se encuentra que es más práctico hacer este proceso haciendo que el preclear describa los objetos que está mirando cada vez que los mira. Esto mantiene al preclear con un flujo de salida. Y cuando el preclear comienza a demostrar manifestaciones hipnóticas, debería usarse el paso de hacerle describir cada objeto.

Las órdenes serían:

"Ahora pon tu atención en el Objeto Uno".

El preclear lo hace.

"Háblame de él".

El preclear lo hace.

"Ahora pon tu atención en el Objeto Dos".

El preclear lo hace.

"Háblame de él".

"Pon tu atención en el Objeto Uno" y así sucesivamente, una y otra vez.

Este proceso debería recorrerse mientras produzca cambios de percepción en el preclear. Atención por Duplicación puede aplicarse a cualquier percepción sensorial. Aquí tenemos el ejemplo de ello aplicado a la *vista*. Este paso también debería aplicarse a la Atención por Duplicación con el *oído*. Si hay un ruido en la sala, de preferencia uno monótono como un motor o un ventilador o incluso un disco con una voz monótona (pero no la radio), el auditor le ordena al preclear:

"Escucha ese _____ ", nombrando la fuente del sonido.

Y cuando el preclear lo haya hecho durante un rato:

"Ahora pon tu atención en el silencio que hay en la sala".

"Ahora en el _____ ", nombrando nuevamente la fuente del sonido. *"Ahora en el silencio"*, una y otra vez durante un periodo considerable.

Un segundo paso, tanto para Atención por Duplicación para la vista como Atención por Duplicación para el oído, se logra agregando la orden:

"Ahora quita tu atención de _____ ", antes de que se dé la siguiente orden, de poner su atención *en* algo.

De esta manera, las órdenes (para Atención mediante la vista) serían:

"Pon tu atención en el Objeto Uno".

Y cuando el preclear lo haya hecho:

"Ahora quita tu atención del Objeto Uno".

Y cuando el preclear lo haya hecho:

"Ahora pon tu atención en el Objeto Dos".

Y cuando el preclear lo haya cumplido:

"Ahora quita tu atención del Objeto Dos", y así sucesivamente, alternando entre los dos objetos.

Se puede recorrer un paso adicional, haciendo que el preclear *decida* cuándo quitar su atención de los objetos. Esto es similar al modelo del Procedimiento de Apertura de 8-C, con la adición de que se recorre por medio de duplicación monótona del proceso y los objetos.

R2-24:
Exteriorización por Distancia, extrovertido e introvertido alternativamente

La forma más simple de Exteriorización por Distancia se logra simplemente haciendo que el preclear siga sentado y localice diversos objetos en la sala sin llamar su atención a ninguna distancia relacionada. Esto se haría con esta única orden y sin más matices en lo referente a en qué pone su atención el preclear:

"Encuentra otro punto en esta sala".

Esto puede recorrerse durante horas con beneficio. Todos los demás procesos de Exteriorización por Distancia son simplemente complicaciones de este proceso básico.

El siguiente proceso de Exteriorización por Distancia que más se usa, utiliza tres puntos del cuerpo alternativamente con tres puntos de la sala, con estas órdenes:

"Encuentra tres puntos en tu cuerpo".

Y cuando el preclear indique que lo ha hecho:

"Ahora encuentra tres puntos en la sala".

Y cuando el preclear indique que lo ha hecho:

"Encuentra tres puntos en tu cuerpo".

Y cuando el preclear indique que lo ha hecho:

"Ahora encuentra tres puntos en la sala".

Esto se hace una y otra vez sin ningún cambio de orden. Este proceso normalmente se recorre a grupos. También puede recorrerse a grupos el localizar un punto a la vez, sin indicar si es en el espacio o en objetos como se describe anteriormente. Cuando la realidad de un preclear sobre la Exteriorización por Distancia sea muy deficiente, se deben usar las formas más simples de este proceso como se mencionan anteriormente.

Las órdenes de Exteriorización por Distancia son como sigue:

"¿Qué distancia podrías tolerar a tu pie derecho?".

"¿Qué distancia podrías tolerar a tu pie izquierdo?".

"¿Qué distancia podrías tolerar a tus genitales?".

"¿Qué distancia podrías tolerar a tu estómago?".

"¿Qué distancia podrías tolerar a tu recto?".

"¿Qué distancia podrías tolerar a tu espalda?".

"¿Qué distancia podrías tolerar a tu mano derecha?".

"¿Qué distancia podrías tolerar a tu mano izquierda?".

"¿Qué distancia podrías tolerar a tu ojo derecho?".

"¿Qué distancia podrías tolerar a tu ojo izquierdo?".

"¿Qué distancia podrías tolerar a tu boca?".

Y luego consecutivamente:

"¿Qué distancia podría tolerar tu pie derecho a un thetán?".

"¿Qué distancia podría tolerar tu pie izquierdo a un thetán?".

"¿Qué distancia podrían tolerar tus genitales a un thetán?".

"¿Qué distancia podría tolerar tu estómago a un thetán?".

"¿Qué distancia podría tolerar tu recto a un thetán?".

"¿Qué distancia podría tolerar tu mano derecha a un thetán?".

"¿Qué distancia podría tolerar tu mano izquierda a un thetán?".

"¿Qué distancia podría tolerar tu ojo derecho a un thetán?".

"¿Qué distancia podría tolerar tu ojo izquierdo a un thetán?".

"¿Qué distancia podría tolerar tu boca a un thetán?".

"¿Qué distancia podría tolerar tu espalda a un thetán?".

Toda esta serie sobre el cuerpo se llama la parte "introvertida" del proceso e inmediatamente le siguen estas órdenes:

"¿Qué distancia podrías tolerar a la pared de enfrente?".

"¿Qué distancia podrías tolerar a la pared de la derecha?".

"¿Qué distancia podrías tolerar a la pared de la izquierda?".

"¿Qué distancia podrías tolerar a la pared de atrás?".

"¿Qué distancia podrías tolerar al suelo?".

"¿Qué distancia podrías tolerar al techo?".

"¿Qué distancia podrías tolerar a tu silla?".

Y a esto le sigue:

"¿Qué distancia podría tolerar la pared de enfrente a un thetán?".

"¿Qué distancia podría tolerar la pared de la derecha a un thetán?".

"¿Qué distancia podría tolerar la pared de la izquierda a un thetán?".

"¿Qué distancia podría tolerar la pared de atrás a un thetán?".

"¿Qué distancia podría tolerar el suelo a un thetán?".

"¿Qué distancia podría tolerar el techo a un thetán?".

"¿Qué distancia podría tolerar tu silla a un thetán?".

Y a esto le sigue la primera de las series sobre el cuerpo:

"¿Qué distancia podrías tolerar a tu pie derecho?", y así sucesivamente, una y otra vez con estas órdenes.

Importante

NO SE LE DEBE PERMITIR AL PRECLEAR USAR MOCK-UPS EN CUANTO A QUÉ DISTANCIA PODRÍAN TOLERAR LAS PARTES DEL CUERPO O DE LA SALA A UN THETÁN. EL AUDITOR QUIERE LAS VERDADERAS PARTES DEL CUERPO JUSTO DONDE ESTÁN Y SU TOLERANCIA AL THETÁN EN CADA CASO. Y QUIERE LAS PARTES DE LA SALA JUSTO DONDE ESTÁN Y SU DISTANCIA AL THETÁN. ESTE PROCESO NO DEBE HACERSE MEDIANTE MOCK-UPS. PERO SI APARECEN MOCK-UPS EN CUANTO A QUÉ DISTANCIA PUEDE TOLERAR EL THETÁN A LAS PARTES DEL CUERPO O DE LA SALA, ESTOS SON PERMISIBLES, (PERO *NO* SE ALIENTAN). SI SE USAN MOCK-UPS EN RELACIÓN CON LA DISTANCIA DE LOS OBJETOS AL THETÁN, LA REALIDAD DEL PRECLEAR BAJARÁ CONSIDERABLEMENTE. AL PRECLEAR NO SE LE ESTÁ EXTERIORIZANDO DE MOCK-UPS, SE LE ESTÁ EXTERIORIZANDO DE OBJETOS REALES DEL UNIVERSO FÍSICO.

R2-25:
Punto de Vista y ARC Línea Directa de Punto de Vista

Punto de Vista y ARC Línea Directa de Punto de Vista, en forma breve, tienen las siguientes órdenes:

"Dime algunas cosas que te sería cómodo mirar".

Y cuando se ha agotado el retardo de comunicación en esto:

"Dime algunas emociones que estaría bien que tú miraras".
"Dime algunos esfuerzos que estaría bien que tú miraras".

Estas son las cosas que más le interesan al auditor en este proceso. El auditor debe asegurarse de que el preclear tiene certeza absoluta de que se siente *cómodo* viendo tales objetos. El proceso falla cuando el auditor es incapaz de insistir con el preclear hasta que se haya alcanzado esta certeza.

Luego viene ARC Línea Directa de Punto de Vista:

"¿Quién estaría bien que te agradara?".

Y, como en cualquiera de estas preguntas, cuando el retardo de comunicación se ha agotado mediante el uso repetido de la primera pregunta:

"¿Con quién estaría bien que estuvieras de acuerdo?".

"¿Con quién estaría bien que te comunicaras?".

"¿A quién estaría bien hacer que le agradaras?".

"¿A quién estaría bien hacer que esté de acuerdo contigo?".

"¿A quién estaría bien hacer que se comunicara contigo?".

La fórmula y la meta básicas de este proceso son aumentar la capacidad del preclear para tolerar pareceres. El auditor está intentando hacer dos cosas: está intentando mejorar la *tolerancia* y la *comodidad* del preclear al mirar y experimentar Knowingness (Condición de Saber), Lookingness (Condición de Mirar), Emotingness (Condición de Expresar Emociones), Effortingness (Condición de Esfuerzo), Thinkingness (Condición de Pensar), Symbolizingness (Condición de Simbolizar), Eatingness (Condición de Comer), Sexingness (Condición de Sexo) y Misterio.

R2-26:
Remedio de la Risa

La psicoterapia más antigua que se conoce consistía en hacer que el paciente se riera. La risa es rechazo. Un preclear que continuamente está recibiendo un flujo de entrada por parte del universo físico, a la larga podría encontrar difícil rechazar cualquier cosa. Hacer que rechazara algo podría hacerse una meta de auditación. La mejor manifestación de esto es la risa. La risa incluye tanto la sorpresa como el rechazo. Al individuo se le sorprende hasta que rechaza. Para reírse, tiene que haber dejado a un lado un poco de su capacidad de predecir. Un individuo que es serio ha dejado a un lado tal cantidad de su capacidad para predecir que ahora no se le puede sorprender hasta que rechace. La anatomía del misterio consiste de lo siguiente, en este orden: imprevisibilidad, confusión y caos; cubierto porque no puede tolerarse. Por lo tanto, esta es también la anatomía de los problemas. Los problemas siempre comienzan siendo imprevisibles, se deterioran hasta ser una confusión y luego, si todavía no se han resuelto, se convierten en un misterio que es confusión concentrada. Se observará que a medida que una persona se aleja más y más de la capacidad de reírse se queda más y más confusa hasta que por último no le ve la gracia a ningún chiste. Sólo ve bochorno cuando se le enfrenta a la risa y no capta nada de la acción de la risa en sí. La capacidad de reírse se rehabilita en general con Scientology, a medida que hace avanzar la capacidad del preclear para saber, o sea, *predecir*.

El Remedio de la Risa se podría comenzar haciendo simplemente que el individuo prediga que una pared estaría ahí dentro de diez segundos, que cuente diez segundos con su reloj y luego confirme cuidadosamente que la pared todavía está ahí; que establezca si la pared está ahí, luego predice que estará ahí dentro de diez segundos, luego cuenta diez segundos con su reloj y confirma que la pared todavía está ahí.

Al poner así los objetos sólidos en el ámbito de la predicción, un individuo llega finalmente a un punto en que puede predecir objetos que se mueven muy lentamente. Con este propósito, se podría conseguir un trenecito y rieles baratos y se podría hacer que el preclear predijera con exactitud la posición de las locomotoras en las pequeñas vías circulares. Sin embargo, se le puede hacer observar coches en la calle; un proceso que es igualmente útil si no se tiene ese equipo.

Entonces se llevaría al preclear a predecir las posiciones de su propio cuerpo, primero prediciendo que estaría en cierto punto, luego moviéndolo allí y viendo si llega o no a ese punto. Entonces se le haría girar el brazo en un círculo, predecir que iba a girar más rápido y girarlo más rápido.

Y, habiéndosele hecho predecir el movimiento de su cuerpo con estas simplicidades, se le podría ejercitar en hacer que su cuerpo se ponga tenso y que se quede flácido cuando él se lo ordene, hasta que tenga una certeza total de que al hacerlo puede predecir tanto la tensión como la relajación.

Luego se le podría llevar a predecir las posiciones de la gente que anda por la calle hasta que sintiera cierta seguridad en cuanto a predecir sin ejercer control físico.

Al remediar de esta manera su capacidad para predecir, uno lleva al preclear a una tolerancia del movimiento. Se le lleva entonces a poner su atención en un objeto en movimiento, luego en dos objetos en movimiento a la vez, y así sucesivamente, usando los procesos de Extender la Atención sobre objetos en movimiento.

Al Remedio de la Risa se le puede aplicar un proceso directo de mock-ups haciendo que el preclear haga mock-up de sí mismo y de otros riéndose, alternativamente. O haciendo que haga un mock-up de un nivel aceptable de diversión, y que remedie su havingness con ello, hasta que pueda tener en sus mock-ups gente riéndose de oreja a oreja.

También se le puede pedir simplemente al preclear que se ponga de pie y comience a reírse. Al principio exigirá tener algo de lo cual reírse, pero a la larga podrá reírse sin razón. La meta del proceso está en esto último: recuperar la capacidad de reírse sin razón.

En este Procedimiento Intensivo, sólo se emplean dos pasos para Remediar la Risa. El primero consiste en estas órdenes:

"Ten certeza completa de que esa pared está ahí".

Y cuando el preclear, por medio de considerable conversación, ha llegado a tener la certeza completa de que la pared está ahí, tocándola, empujándola y demás, el auditor dice entonces:

"Siéntate",
"Toma este (tu) reloj",
"Ahora predice que la pared estará ahí dentro de diez segundos a partir de ahora",
"¿Lo hiciste?".
"Muy bien. Espera diez segundos según tu reloj".

Una vez hecho esto:

"¿Todavía está ahí la pared?".

Y cuando el preclear haya respondido:

"Ahora asegúrate absolutamente de que la pared está ahí".

Y el preclear lo hace tocándola, empujándola, dándole patadas:

"Ahora asegúrate muy bien de que la pared está ahí".

Y cuando el preclear lo haya hecho muy enérgicamente:

"Ahora predice que estará ahí dentro de diez segundos".

Y cuando el preclear lo haya hecho, se dan el resto de las órdenes y esto se repite una y otra vez.

Luego haz la segunda parte del Proceso de la Risa del Procedimiento Intensivo, pero sólo después de que el preclear haya experimentado un alivio considerable y esté absolutamente seguro de que puede predecir que todas las partes de la sala estarán ahí, no sólo en diez segundos, sino en una hora (aunque no se usa tal cronometraje y sólo se emplean diez segundos de tiempo):

"Comienza a reírte".

Y no importa qué diga el preclear de ahí en adelante, ni qué razones dé, ni sobre cuántas cosas pregunte, ni cuántas razones quiera o dé, el auditor simplemente dice (agregando palabras que inciten al preclear):

"Comienza a reírte".

Y cuando el preclear finalmente lo haga; sin importar con qué falta de ánimo:

"Sigue riéndote".

Las dos órdenes que se usan, además de las palabras necesarias para animar al preclear sin darle ninguna razón en absoluto, son:

"Comienza a reírte" y
"Sigue riéndote".

Entonces se hace este proceso hasta que el preclear de hecho pueda disfrutar de reír sin ninguna razón en absoluto, sin creer que reírse sin razón sea demente, sin sentir vergüenza por reírse y sin necesitar ningún incentivo por parte del auditor. En esta segunda parte, el auditor no necesita esforzarse para estar de acuerdo con el preclear, riéndose, no necesita soltar una risita ni sonreír, ni siquiera necesita actuar particularmente serio. Su risa no se necesita ni se usa en el proceso. En realidad, un auditor puede estar tan serio como le plazca, si desea hacerlo; puede estar aún más serio de lo normal al recorrer este segundo paso de R2-26.

En los inicios de Scientology, se aprendió que los preclears serios a menudo recuperaban muchísimo terreno simplemente cuando se les pedía que hicieran cosas sin ninguna razón en absoluto. Este logro es mucho más grande cuando se les hace reír sin razón.

R2-27:
Resolver la Peligrosidad del Entorno, Causa y Efecto

Resolver la peligrosidad del entorno podría hacerse de muchas maneras, pero por experiencia no debería hacerse eliminando (mediante el uso de mock-ups) diversas cosas que podrían ser peligrosas. Si hay cualquier problema con el preclear, es que el entorno es insuficientemente peligroso y, por lo tanto, no produce suficiente diversión.

El cuerpo físico se construyó en la época en que escapar de la muerte causada por animales salvajes y por caídas, era cosa de rutina. Se construyó en un clima de operación de gran peligro durante un periodo de muchos millones de años. Es necesario escapar de la muerte repentina tres veces al día, para permanecer en tiempo presente. Muchos de los preclears que se están auditando en Scientology, se están auditando simplemente para experimentar una nueva aventura. Sin embargo, se puede decir con cierta verdad, y se dijo en *Excalibur* en 1938, que un hombre es cuerdo en la medida en que él sea peligroso para el entorno. Lo que ocurre es que el entorno se vuelve peligroso para el hombre y el hombre no puede resultarle peligroso al entorno. Y su respuesta a esto es inmovilidad y deterioro generalizados.

El remedio básico para esta condición consiste en hacer que un ser vivo (una mascota, un niño, una persona enferma) trate de alcanzar tu mano. En ese momento, la persona que está haciendo el proceso retiraría la mano sin moverla tan repentinamente que el ser vivo se sobresalte. El auditor entonces avanzaría, para que se le haga alejarse de nuevo, una y otra vez. Y se observaría que el ser vivo atacaría con más y más entusiasmo y recuperaría bastante cordura. Esto, por supuesto, se hace en una escala de gradiente.

Aunque un auditor debería conocer y usar este proceso básico en ayudas (o al procesar animales, niños muy pequeños o gente que está extremadamente enferma), el remedio que se usa en el Procedimiento Intensivo es Causa y Efecto. En este proceso, se pueden usar partes del cuerpo, todo el cuerpo o el thetán. Pero el auditor debe ser específico acerca de lo que está abordando.

Las órdenes básicas son:

"¿Qué estás dispuesto a causar?".

Y cuando el preclear haya contestado esto y el retardo de comunicación en la pregunta se haya agotado:

"¿De qué estás dispuesto a ser efecto?".

Y cuando se haya agotado el retardo de comunicación en la pregunta mediante su uso repetido:

"¿Qué estás dispuesto a causar?".

Y así sucesivamente, usando sólo estas órdenes.

Uno también puede aplicar esto, en especial cuando el preclear tiene una enfermedad psicosomática, a una extremidad u órgano del cuerpo como una ayuda. Pero en el Procedimiento Intensivo, se usa la más permisiva de estas preguntas (como se ha indicado).

R2-28:
Nada-Algo

Nada-Algo se recorre preguntando:

"¿Qué distancia no te molestaría anular?".

Y cuando no haya retardo de comunicación en esto:

"¿Qué distancia no te molestaría alargar?".

El proceso se termina asegurándose de que el preclear pueda tolerar muchos nothingnesses y somethingnesses con completa comodidad.

Si al preclear le pareció que R2-24 (Exteriorización por Distancia) era irreal o lo hizo de manera extraña, usa R2-28 de inmediato, luego R1-10 (Ocupar el Mismo Espacio), luego R2-24.

La meta de este proceso es la tolerancia del thetán a nothingnesses y somethingnesses.

R2-29:
Tolerancia al Tiempo

Este proceso usa el factor de *velocidad* de la Fórmula de la Comunicación.

a. Pregúntale al preclear:

"*¿Cuánto tiempo puedes tolerar entre tú y* (la puerta), (la ventana), (etc.)?".

Luego haz que "lo recorra caminando" en el intervalo de tiempo que mencionó. Haz que haga esto hasta que, sin adiestramiento, pueda tolerar una velocidad *muy, muy* lenta o una muy rápida.

b. Luego usa esta orden:

"*Comienza a mentir acerca de tu pasado*".

Y cuando finalmente lo haga:

"*Sigue mintiendo acerca de tu pasado*", hasta que pueda mentir con completa comodidad acerca de todas las fases de su pasado.

Este es un proceso de diez estrellas.

c. Luego usa esto:

"*¿Cuál es la significación de tu pasado?*".

Y continúa haciendo la pregunta, sin importar lo que diga el preclear, hasta que su pasado no sea importante.

Luego:

"*¿Cuál es la significación de tu futuro?*" (o *metas*, si eso comunica mejor, "*¿Cuáles son tus metas en el futuro?*"), y continúa preguntando hasta que el preclear se sienta libre de vivir una vida sin plan.

Nota

El problema de tiempo presente se resuelve mejor remediando el havingness del preclear sobre el tema o la gente involucrada en el problema. Haz que les haga mock-up de forma en que pueda aceptarlos y que acepte muchos, luego de forma que pueda rechazarlos y que rechace muchos, hasta que su "nivel de aceptación" y su "nivel de rechazo" sean el mismo.

R2-30:
Posición por Seguridad (SOP 8-D)

Se usa en el Procedimiento Intensivo sólo con dos propósitos: para resolver una asociación de tiempo presente con una persona (problema de Tiempo Presente) o para resolver el "Reclutamiento Corporal" del thetán por alguna parte del cuerpo, como los dientes, los ojos, el estómago, etc.

En lo relativo al problema de tiempo presente, usando el nombre de la persona involucrada con el preclear:

"¿Dónde estarías seguro _____?" y,

"¿Dónde le parecería a _____ que tú estarías seguro?", como únicas órdenes, haciendo que el preclear realmente localice puntos en el universo MEST.

En lo relativo a la fijación en los dientes, etc.:

"¿Dónde estarías seguro _____?".

"¿Dónde le parecería a _____ que estarías seguro?".

Se sospecha que hay Reclutamiento Corporal siempre que un preclear no se pueda exteriorizar después de unas cuantas horas de procesamiento. Se recorre entonces la parte del cuerpo acerca de la cual esté más ansioso como responsable de arrastrar "adentro" al thetán.

Otro método de recorrer este problema es una variación del Procesamiento de Descripción (R2-34). La orden es:

"¿Qué tan cerca te parece tu _____ ahora?".

Esta es la única orden que se emplea. En el espacio en blanco, se usan partes del cuerpo como la cabeza, los genitales, los dientes o el propio cuerpo.

R2-31:
Procesamiento de Beingness

La siguiente es la regla esencial en lo que respecta a compulsiones físicas o mentales:

SIN IMPORTAR LO QUE EL THETÁN ESTÉ HACIENDO EN FORMA OBSESIVA O COMPULSIVA, HAZ QUE LO HAGA DE FORMA AUTO-DETERMINADA.

Esto se aplica a máquinas, hábitos, tics, etc.

Hay una Escala de Gradiente de Exteriorización que se podría describir así:

Primero, el thetán sin contacto con un universo;

Luego, un thetán en contacto completo con un universo;

Luego, un thetán en contacto con parte de un universo, que considera que el resto del universo está prohibido para él;

Luego, un thetán en un universo sin ningún contacto con ninguna parte del universo;

Luego, un thetán en contacto con una gran parte de un universo, sin saberlo.

La primera condición sería un verdadero estático. La última condición se llama, coloquialmente, en Scientology "esparcido por todo el universo".

Lo mismo que ocurre en un universo como el universo físico, también ocurre en los cuerpos físicos. El thetán, que ya ha pasado por el ciclo en cuanto al propio universo, puede estar en contacto con un cuerpo físico de la misma forma:

Al principio, no estaría asociado con un cuerpo físico;

Luego, tendría contacto ocasional con cuerpos;

Luego, un contacto fijo en un cuerpo pero exteriorizado;

Luego, interiorizado en un cuerpo pero fácil de exteriorizar;

Luego, en contacto con un cuerpo e interiorizado en él, pero retirado de las diversas partes del cuerpo;

Luego, obsesivamente "esparcido por todo el cuerpo";

Luego, atraído obsesiva e inconscientemente por una pequeña porción del cuerpo, y así sucesivamente.

Esta es la escala de gradiente que incluye inversión y luego inversión de la inversión. El auditor descubrirá que los preclears son muy variables en cuanto a la exteriorización. Algunos preclears, aun cuando tienen un campo oscuro, se exteriorizan con bastante facilidad. Otros, después de gran cantidad de trabajo, todavía resultan difíciles de exteriorizar. La cuestión de la exteriorización es la cuestión de en qué nivel de inversión está el preclear.

Uno de los niveles en el que es más difícil trabajar está tan invertido que él piensa que lo está dirigiendo un thetán. En otras palabras, aquí hay un thetán funcionando en un cuerpo, y de hecho dirigiéndolo mediante diversas líneas de comunicación encubiertas; sin embargo, cree que él es un cuerpo hasta tal punto que considera que él mismo o cualquier vida alrededor de él es algún otro ser. Al abordar la cuestión de un thetán, es probable que este preclear le diga al auditor: "Estoy por allá". Esta es casi la única señal que el auditor recibe de un caso así, lo cual le dice que el preclear está siendo un cuerpo y considera que lo está dirigiendo otro thetán. Muy a menudo un auditor creerá "exteriorizar" a tal persona, sólo para volver a oír decir al preclear: "Estoy allá". Un thetán que sabe que es un thetán siempre está "aquí" y nunca "allá".

Sin embargo, la manifestación diagnostica que el auditor encuentra al principio, en cualquier caso con el que está teniendo dificultad en lo que concierne a la exteriorización, se encuentra en el *beingness*. Los que están en niveles inferiores de inversión están teniendo una gran cantidad de dificultad para ser cualquier cosa. Tales personas están por debajo del nivel de ser un cuerpo. Por lo tanto, estaría demasiado alto en la escala como para que esta persona pudiera ser un cuerpo con certeza. A una persona que no puede exteriorizarse con facilidad se le debe elevar al nivel en que pueda *ser* un cuerpo antes de que se le pueda exteriorizar *del* cuerpo. En otras palabras, un auditor que exterioriza a alguien tiene que seguir esta escala de gradiente del contacto. Una de las formas más fáciles de seguir una escala de este tipo es el Procesamiento de Beingness. Por extraño que parezca, el Procesamiento de Beingness es una herramienta excelente de exteriorización. Y digo "por extraño que parezca" porque, en un sentido, el Procesamiento de Beingness es un proceso de Alter-isness. Cuando un caso está extremadamente invertido, es necesario elevarlo hasta un nivel en que pueda identificarse con *algo*. Beingness es esencialmente una identificación de uno mismo con un objeto. Las órdenes que se usan en el Procesamiento de Beingness deberían comenzar con el entorno y las proximidades del preclear. Uno hace que el preclear mire alrededor de la sala de auditación y seleccione un objeto, digamos una silla.

El auditor hace esto diciendo:

"Mira alrededor de la sala y descubre algún objeto que no te moleste que esté presente".

Siempre recuerda que cuando un auditor hace una pregunta, el preclear tiene que responder a esa pregunta. Es desafortunado para el auditor si hace una pregunta que introduce un retardo de comunicación enorme en el preclear. Aun así, el preclear debe contestar la pregunta.

Con esta pregunta, entonces:

"Descubre algo que no te moleste que esté presente", es necesario que el preclear de hecho localice algo, aunque sea una mota de polvo.

El auditor entonces le pide al preclear:

"Localiza alguna otra cosa que no te moleste que esté presente".

Y cuando todo retardo de comunicación haya desaparecido de este nivel del proceso, el auditor entonces elige un objeto con el cual el preclear esté cómodo y dice:

"Ahora ¿ves esta (silla) aquí?".

"Muy bien. ¿Qué otra cosa no te molestaría que fuera esta (silla)?".

Y luego, habiendo contestado a esto el preclear, y usando el mismo objeto, el auditor continúa haciendo la misma pregunta hasta que haya desaparecido todo retardo de comunicación en ella:

"¿Qué otra cosa no te molestaría que fuera esta (silla)?".

El auditor entonces selecciona otros objetos del área y usa la misma pregunta con ellos:

"¿Qué no te molestaría que fuera este (diván)?".

"¿Qué otra cosa no te molestaría que fuera este (diván)?".

Cuando el preclear esté perfectamente dispuesto a hacer que cualquier cosa de la sala sea una gran cantidad de cosas, incluyendo las paredes, el techo y el suelo, el auditor pregunta:

"Ahora ¿qué no te molestaría que fuera tu cuerpo?".

Y sin importar lo que conteste el preclear:

"Y ahora ¿qué otra cosa no te molestaría que fuera tu cuerpo?".

Finalmente, cuando el preclear puede hacer todo lo mencionado anteriormente en el Procesamiento de Beingness, el auditor le ordena:

"Ahora vamos a encontrar algo que no te molestaría ser".

Y como esta es la pregunta para la cual el auditor ha estado trabajando, usa esta pregunta durante un periodo muy largo, preguntando una y otra vez:

"¿Qué más no te molestaría ser?".

Al trabajar con Procesamiento de Beingness se descubrirá que ocurre todo el mecanismo de "valencias ganadoras". Aquí, por ejemplo, hay un thetán que está atrapado en una trampa theta. Poco después, considerará que la trampa en sí está sobreviviendo; es decir, que los propios movimientos de la trampa han puesto al thetán en movimiento, de tal manera que ahora se considera a sí mismo totalmente una trampa. (Así es como alguien llega a ser cualquier cosa: cuando las vibraciones cercanas a él lo ponen en movimiento). Al principio, el thetán está dispuesto a ser la trampa. Pero poco después, si se le pide que sea la trampa y luego se le pide que sea el thetán (y esto *no* es un proceso), se encontrará que la Apatía más tremenda interviene entre los dos pasos. Aunque el thetán está bastante cómodo siendo la trampa, se descubrirá que al comenzar a recuperar un poco de su propia identidad está en un punto tan bajo de la Escala Tonal que contiene una Apatía insoportable y agonizante. El Procesamiento de Beingness recupera las diferentes valencias que el thetán está intentando evitar.

Como ejemplo práctico en la vida, encontramos a un ama de casa que es incapaz de llevar una casa. A pesar de que es inteligente y capaz en la mayoría de las cosas, encontramos que no puede barrer, hacer camas ni hacer las compras para la casa. Descubrimos que su madre era un ama de casa excelente, una cocinera excelente y podía hacer las compras muy bien. Si este es el caso, entonces también descubriríamos que la única persona en este mundo que nuestra preclear no quiere ser es su madre. En otras palabras: al ser incapaz de ser su madre, es también incapaz de ser todo lo que su madre podía hacer o ser. En otras palabras, la cuestión de las valencias es también una cuestión de "lotes de capacidades", y cuando un individuo es incapaz de ser algo que tiene ciertas capacidades claras, él tampoco puede lograr esas capacidades. Y esto es, en sí, el núcleo de la incapacidad.

Al recorrer Procesamiento de Beingness, se descubrirá que la imaginación del preclear se reaviva considerablemente. Este es un proceso que requiere de un auditor diestro, un auditor paciente, y uno que esté dispuesto a agotar todo retardo de comunicación que encuentre, repitiendo la misma pregunta una y otra vez, esperando cada vez recibir una respuesta definida. No es un proceso que uno comience y deje incompleto.

R2-32:
Asignación de Atributos

El predecesor de este proceso era el Procesamiento de Significación. El Procesamiento de Significación se hacía como sigue: uno hacía que el preclear tomara algún cuadro u objeto y le asignara un sinnúmero de significaciones.

Incluso ahora, este es un proceso excelente para aquellos que siempre están buscando significaciones más profundas en todo. Se descubrirá que el preclear con el que se están teniendo dificultades no puede duplicar. No puede duplicar porque tiene que hacer todo más complicado. Se le tiene que dar una significación más profunda a todo lo que se le da.

Sin embargo, el Procesamiento de Significación es bastante limitado en sus efectos sobre el preclear y no debe compararse con el Procedimiento de Apertura de 8-C. Cuando se tiene un caso que está introduciendo significaciones profundas en todo, que está cavilando y filosofando durante el procesamiento, se descubrirá que el Procesamiento de Significación es excesivamente pesado para el caso. Lo único que está indicado para este caso, durante muchas horas, es el Procedimiento de Apertura de 8-C. Y después debería seguir el Procedimiento de Apertura por Duplicación, durante muchas horas más.

La Asignación de Atributos es un proceso que usa este principio:

SIN IMPORTAR QUÉ ESTÉ HACIENDO EL THETÁN DE MANERA OBSESIVA O COMPULSIVA, HAZ QUE LO HAGA DE FORMA AUTO-DETERMINADA.

Tenemos aquí a la totalidad del entorno asignándole significados y atributos al preclear. Rara vez se le ocurre al preclear asignarse atributos a sí mismo. Durante la vida se le ha insultado, se le ha anulado o se le ha felicitado, y ha comenzado a depender de una Asignación de Atributos proveniente de Otro-determinismo.

Las órdenes de este proceso son como sigue:

"Asígnale algunos atributos a otras personas".

Ahora, si en esta etapa el preclear quiere saber qué es un atributo, el auditor puede decirle: "Una cualidad, característica o capacidad; real, insultante o halagadora". El auditor continúa con esta orden durante cierto tiempo y luego dice:

"Ahora haz que algunas personas te asignen algunos atributos", y
"Haz que te asignen algunos atributos más".

Luego:

"Haz que te asignen algunos atributos más", y
"Haz que te asignen algunos atributos más".

Entonces regresa a la primera orden:

"Asígnale algunos atributos a otras personas", y así sucesivamente.

Finalmente, cuando el preclear pueda hacer esto con facilidad, el auditor va a este paso del proceso:

"Ahora asígnale a tu cuerpo algunos atributos", y continúa haciendo que el preclear le asigne atributos a su cuerpo.

Algunos preclears se han exteriorizado con este proceso.

El preclear usa insultos, alabanzas, capacidades, destrezas y diversos estados de beingness, y se descubrirá que está subiendo en la Escala Tonal con los atributos que está asignando en cada etapa de este proceso.

El auditor no debe pasar por alto el hecho de que este proceso se puede usar ampliamente con el mismo tipo de orden en cualquiera de las dinámicas o en la Escala de Saber a Misterio, como:

"Asígnale algunos atributos al misterio",

"Asígnale algunos atributos al sexo",

"Asígnale algunos atributos a las mujeres",

"Asígnale algunos atributos a los espíritus", usando cada pregunta repetitivamente, hasta el momento en que desaparezca en el preclear todo retardo de comunicación en relación con este proceso.

R2-33:
Duplicación Perfecta

Si este proceso hubiera existido en 1950, no se habría tenido ninguna dificultad en Dianética. Pues en el *duplicado perfecto*, encontramos cómo derrotar a un engrama. Lo único que uno tiene que hacer es un duplicado perfecto del engrama y luego hacer un duplicado perfecto de haber duplicado perfectamente el engrama en tiempo presente, y el engrama desaparece. Esto también se aplicaría a riscos o a cualquier otra manifestación de energía. Hoy en día, no es el propósito del scientologist procesar engramas, o usar este proceso en concreto. Y sólo se le hace notar que al hacer un duplicado perfecto de un engrama, el engrama desaparece totalmente excepto por la acción de hacer el duplicado perfecto en tiempo presente. Pero cuando esto se duplica perfectamente, entonces el engrama en verdad desaparece. La Duplicación Perfecta puede derrotar engramas o cadenas de engramas completas en unos cuantos segundos. Por tanto, se puede ver que la teoría de un duplicado perfecto es muy valiosa.

Hay dos clases de duplicados. La palabra "duplicado" se usa en forma más o menos descuidada para indicar una *copia*. Sin embargo, una copia no es un duplicado completo. Una copia es un facsímil y permanecerá en suspensión como tal.

UN DUPLICADO PERFECTO ES EL QUE SE HACE EN EL MISMO TIEMPO, EN EL MISMO ESPACIO, CON LAS MISMAS ENERGÍAS QUE EL ORIGINAL.

Si no se te ha explicado esto enteramente en clase, tal vez descubras que se te escapa un poco. Así que echémosle una mirada muy firme, ya que significa exactamente lo que dice: un duplicado perfecto es el que existe en el mismo instante de tiempo, en el mismo lugar y tiene la misma masa (o partículas) que el original.

Un thetán que coloca un duplicado perfecto no lo hace al lado del original, ni pone otra imagen dentro de la original, ni hace mock-up de más partículas. Hace un duplicado perfecto duplicando simplemente el original consigo mismo, con su propio tiempo, masa (partículas), espacio y movimiento.

Hay otra cosa que puede hacer con un objeto original. Simplemente puede mirarlo y afirmar que el duplicado es suyo. Una vez más, esto no es hacer un duplicado perfecto.

El duplicado perfecto viola la ley de los universos que mantiene el espacio desplegado y causa que las cosas lleguen a existir en primer lugar. Y esta ley de los universos es que "dos cosas no pueden ocupar el mismo espacio al mismo tiempo".

Entonces descubrimos que un universo se desvanecerá, o cualquier parte de ese universo se desvanecerá, en cuanto se viole esta ley. Un duplicado perfecto restaura el As-isness de un objeto. Un duplicado perfecto también podría contener la persistencia del objeto. Se hace simplemente por postulado. Y debido a que el cuerpo está haciendo duplicados *im*perfectos continuamente (es decir, está copiando y haciendo facsímiles continuamente) es posible que el thetán haya caído en esto. Y el hacer duplicados *perfectos* es una parte necesaria de su capacidad.

Por lo tanto, el auditor debería escoger un objeto en la sala con el preclear y hacer que el preclear haga un duplicado perfecto del objeto, luego que considere que está ahí de nuevo, luego que haga otro duplicado perfecto de él, luego que considere que está ahí de nuevo. Con algunos preclears que están teniendo dificultades, se descubrirá que el objeto se volverá más pronunciado y más real durante un breve periodo y sólo entonces comenzará a desvanecerse. Con thetanes que están en bastante buen estado, el objeto se atenúa. Cuando el thetán está en excelente estado, el objeto se desvanece.

Las órdenes son como sigue:

"¿Ves este cenicero?".

"Ahora haz un duplicado perfecto de él. Un duplicado en el mismo tiempo, en el mismo lugar, con la misma energía que el cenicero".

El preclear podría tener cierta dificultad para captar esto. El auditor debería ser muy cuidadoso y persuadir al preclear usando las palabras necesarias para hacer que el preclear haga un duplicado perfecto. Sin embargo, el auditor no debería decirle al preclear que el objeto "se desvanecerá" ni que le "parecerá desvanecer" para el preclear. El auditor debería insistir simplemente en que el preclear haga un duplicado perfecto del objeto, en su mismo tiempo y en su mismo espacio, con su misma masa o energía.

Cuando el preclear finalmente logre esto, el auditor dice entonces:

"Ahora considera que está ahí de nuevo".

Cuando el preclear lo haya hecho, el auditor dice:

"Ahora haz un duplicado perfecto de él".

Y cuando el preclear lo haya hecho:

"Ahora considera que está ahí de nuevo".

"Haz un duplicado perfecto de él".

Al preclear se le debe ejercitar en esto hasta que le parezca que el objeto se desvanece por completo para él. Si el preclear está realmente en muy buena condición, el objeto simplemente se desvanecerá.

EL PRECLEAR DEBERÍA DOMINAR POR COMPLETO ESTA DESTREZA Y ESTA COMPRENSIÓN ANTES DE QUE SE LE HAGA PASAR POR EL PROCESAMIENTO DE DESCRIPCIÓN (R2-34).

Hacer duplicados perfectos de la línea temporal completa (es decir, regresar a incidentes y hacer duplicados de ellos en ese momento, o mandar un punto de vista remoto "por la línea temporal" y hacer que haga un duplicado perfecto de incidentes, y luego hacer que haga un duplicado perfecto de haberlo hecho en tiempo presente para que haga desvanecer el cuadro de tiempo presente) es el proceso para derrotar engramas. Sin embargo, si el proceso se hace para eliminar engramas, recuerda remediar el havingness del preclear, como en las últimas oraciones de R2-18.

Por cierto, esta práctica de As-isness es la razón por la que la gente no considera de buena educación que otros miren fijamente. A la gente le queda la impresión residual instintiva de que si se le mirara por completo desaparecería.

Habiendo hecho que el preclear aprenda a hacer duplicados perfectos, ahora dile:

"Dime algunas cosas que no están haciendo duplicados perfectos de ti", muchas veces.

"Dime algunas personas que no están haciendo duplicados perfectos de ti".

"Dime algunas cosas de las que no estás haciendo duplicados perfectos".

"Dime algunas personas de las que no estás haciendo duplicados perfectos".

Un thetán no interiorizado cura con una mirada haciendo duplicados perfectos de la enfermedad de un cuerpo sin duplicar perfectamente el cuerpo en sí. *No* se hace con energía.

Notas

LA PRIMERA Y MÁS BÁSICA DEFINICIÓN DE CUALQUIER PARTE DE LA COMUNICACIÓN ES QUE LA COMUNICACIÓN O CUALQUIER PARTE DE ELLA ES UNA *CONSIDERACIÓN*.

Si no fuera así, la comunicación en este universo sería imposible ya que una comunicación perfecta requiere una duplicación exacta del punto-fuente en el punto-receptor. Una duplicación, para ser perfecta, significaría una "copia" en el mismo tiempo, el mismo espacio, con la misma masa. La ley de que dos objetos no pueden ocupar el mismo espacio es característica del universo MEST y es la ley que mantiene expandido su espacio. Por lo tanto una *duplicación perfecta* desafía la ley básica del universo. Pero como la duplicación es una consideración, la comunicación es posible en la medida en que el preclear pueda hacer consideraciones libremente. Cualquier proceso que mejora la habilidad para duplicar, eliminando el miedo a hacerlo o mejorando la habilidad del preclear para considerar libremente sin grandes razones, también mejora la comunicación.

"Cosas que no estás duplicando",

"Cosas que no te están duplicando", es uno de una variedad de procesos.

El juego del preclear es poner cosas que no puedan ser duplicadas y duplicar cualquier cosa que se haya puesto. Puede jugarlo tan bien como pueda considerar libremente o pueda duplicar.

Las consideraciones se mejoran haciendo que el preclear ponga consideraciones en cualquier objeto por un periodo prolongado, luego haciendo que el preclear haga que el objeto tenga consideraciones acerca de él. Las órdenes son:

"Pon algunas consideraciones dentro de ese _____",

"Haz que el _____ tenga algunas consideraciones acerca de ti".

Como en todos los demás procesos, todo retardo de comunicación debe reducirse. Tal vez sea necesario remediar el havingness.

R2-34:
Procesamiento de Descripción

Antes de entrar en el Procesamiento de Descripción, será necesario que el auditor haga R2-33 con el preclear. No es que el preclear vaya a hacer duplicados perfectos con este Procesamiento de Descripción, sino que tendrá cierta comprensión de lo que está confrontando. El Procesamiento de Descripción es el proceso más potente que hay en Scientology. Usa As-isness en tiempo presente, para remediar las reestimulaciones que el thetán contemple. La totalidad del contenido del Procesamiento de Descripción, en cuanto a órdenes, es la frase:

"¿Cómo te parece _____ ahora?".

El auditor usa esto una, otra y otra vez. En el espacio en blanco, pone cualquier dificultad que esté teniendo el preclear.

Por ejemplo, para un auditor veterano que se haya vuelto más o menos flojo para auditar, la sola pregunta: *"¿Cómo te parece la auditación ahora?"*, hecha una y otra vez, durante unas tres horas, muy probablemente produciría una rehabilitación completa del auditor como tal.

Aquí, lo único que estamos pidiéndole al preclear es que contemple la situación. No nos importa si hace un duplicado perfecto de ella o no. Sólo queremos que observe la situación. Su observación de la situación determina su As-isness, y su salud depende de su capacidad para aceptar las cosas como son. A medida que recorremos este proceso, encontraremos que tiene lugar una cantidad considerable de cambio en un caso. Masas de energía se mueven, se alteran, se trasladan, y el entorno adopta diferentes aspectos. Esta no es particularmente una buena manifestación, es la manifestación de tiempo o de persistencia. Estamos recorriendo un As-isness de Alter-isness.

Por lo tanto, el que el auditor introduzca ocasionalmente, *"¿Parece que está persistiendo?"*, llama la atención del preclear sobre la persistencia de las manifestaciones y limpia atoramientos.

Aquí en este proceso, vemos la totalidad de la filosofía de la vida. Aquí vemos de forma bastante adecuada que un individuo todavía retiene cualquier cosa a la que nunca haya aceptado As-is (tal y como es). En otras palabras, si un hombre ha combatido la maldad durante años, nunca ha contemplado la maldad As-is. Por lo tanto, la maldad permanecerá con él. Si ha combatido la fealdad durante años, la fealdad permanecerá con él. Por terrible que parezca, como ha aceptado As-is (tal y como es) lo bueno de la vida y la belleza de la vida, a estas cosas se les está haciendo unmock continuamente. Comemos buena comida, dejamos la mala comida en paz. Cuando algo huele mal, apartamos la cara de ello. Aquí tenemos toda la anatomía de la "espiral descendente". Vemos que los individuos toman continuamente lo mejor de la crema y nata de la vida y dejan la leche descremada, y luego toman la leche descremada y dejan las moscas ahogadas, hasta que intentan llegar hasta el fondo para unirse al As-isness básico de la existencia. Y este As-isness básico es misterio y estupidez.

Esto funciona de otras maneras. Un individuo que vaya por la vida y esté viendo, por ejemplo, gente hermosa, llega finalmente a una condición en que no cree que exista gente hermosa. Porque ha tomado su As-isness durante tanto tiempo que lo único que puede tener cualquier efecto sobre él es gente menos hermosa. A esta no le ha hecho unmock. Así, tenemos a todo el banco de engramas acumulando las cosas que jamás se observaron directamente. Entonces podemos entender que posiblemente hace diez mil años en las civilizaciones de la Tierra haya habido una belleza increíble. Y se puede ver fácilmente que esta no tendría ningún antecedente en el banco del preclear. Sin embargo, los puntos feos de diez mil años atrás todavía estarían ahí y por tanto producirían el monótono, rutinario tiempo presente, que existe sin valor, gallardía ni belleza.

Esta es la anatomía de lo que Krishna pudo haber querido decir cuando insinuó que lo malo debe tomarse con lo bueno. Entonces, aquí vemos la explicación de por qué algunos hombres pueden tolerar sólo enfermedad y suciedad, de por qué algunos pueden tolerar sólo pobreza. Y contemplamos, en resumen, todo el mecanismo que hay detrás del "nivel de aceptación".

El Procesamiento de Nivel de Aceptación, como aparece en los PABs, era un método de alcanzar un mejoramiento de condiciones. El Procesamiento de Descripción es un método mucho mejor para alcanzar esa condición.

Ahora tomemos, más o menos en su orden de importancia, las diversas cosas que abordaremos:

"¿Qué te parece _____ ahora?".

Se le debe advertir al auditor que nunca debe comenzar con uno de estos temas sin agotar el retardo de comunicación resultante. Bien podrían requerirse diez horas de hacer preguntas antes de que cualquiera de los puntos que se mencionan aquí se pueda recorrer hasta agotarse por completo, pues estos son ítems muy potentes. Si un auditor recorriera en esta lista un ítem después de otro sin repetir la pregunta, sería lo mismo que si envenenara a su preclear.

La idea básica de todo este proceso es que el auditor haga esta pregunta:

"¿Qué te parece _____ ahora?", una, otra, otra y otra vez, intercalando sólo:

"¿Parece que está persistiendo?".

El auditor puede agregar conversación baladí (comentarios irrelevantes sólo con el objeto de mantenerse en comunicación con el preclear) sólo mientras no distraiga al preclear de este proceso.

Los ítems que se usan son los siguientes:

Tiempo

Cambio

Inmovilidad

Creación

Supervivencia

Persistencia

Destrucción

Distancia

Acuerdo

Desacuerdo

Estupidez

Copiar

Belleza

Fealdad

Gente

Tú

Seriedad

Resistencia

Restricción

Objeción

Nothingness

Cualquiera de las dinámicas

Cualquier parte de los fundamentos de Scientology

En lo que se refiere al Tiempo, necesariamente debe habérsele recorrido al preclear al menos el Procedimiento de Apertura de 8-C (R2-16) y el Procedimiento de Apertura por Duplicación (R2-17) antes de que se intente el proceso. Además, debe habérsele recorrido Duplicados Perfectos (R2-33) a fin de hacer que adquiera un poco de estabilidad en tiempo presente en el tema de mirar cosas. La pregunta una vez hecha, se usa una, otra y otra vez. Recuerda que el proceso (es decir, la *frase*) que activa un somático, si se repite muchas veces, lo desactivará.

Tenemos casos especiales de preclears que parecen tener dificultades peculiares. El primero de ellos es el preclear con un campo negro. A tal preclear se le debe recorrer negrura antes de recorrerle cualquier otra cosa, a excepción de recorrer R2-16 y R2-17:

"¿Cómo te parece la negrura ahora?".

Obviamente, un thetán siempre ha mirado hacia la luz, la brillantez, la forma, el objeto, y siempre ha desatendido las áreas oscuras. Esto puede recorrerse en forma objetiva, haciendo que el preclear se siente en una sala oscura y simplemente mire la oscuridad (lo cual es el método más deficiente de acuerdo a las pruebas realizadas), o el auditor puede hacer que el preclear cierre los ojos y recorra el proceso.

Si un auditor *debe* tratar una enfermedad psicosomática, sólo es necesario que pregunte:

"¿Cómo te parecen tus (piernas, manos, ojos) *ahora?"*, usando uno de ellos cada vez.

El cojo puede caminar simplemente si se le pregunta: *"¿Cómo te parecen tus piernas ahora?"*, suficientes veces.

Otra versión de esto se desarrolló combinando Problemas y Soluciones (R2-20) con Procesamiento de Descripción con estas órdenes:

"¿Puedes recordar un problema que te concernía?".

Cuando el preclear lo hace:

"¿Cómo te parecía entonces?".

Cuando lo describa:

"¿Cómo te parece ahora?".

Se le pide entonces otro problema usando las mismas órdenes.

Importante

NO OLVIDES REMEDIAR HAVINGNESS EN UN PRECLEAR CUANDO RECORRAS CUALQUIER PROCESO DE AS-ISNESS COMO R2-34.

R2-35:
Procesos de Ubicación

Esta es toda una clase de procesos que dependen de plantear una pregunta desafiante, en cuanto a ubicación, y repetir esa pregunta una y otra vez, muchas veces. El fraseo más simple de esto es:

"¿Dónde estás ahora?".

Sin importar lo enloquecedor que le parezca al preclear, el auditor simplemente continúa haciendo esta pregunta. Esta pregunta, hecha durante una hora, produce resultados singulares en un preclear.

Pero una palabra de advertencia: esta pregunta no se le debe hacer a un preclear que todavía sigue batallando con el Procedimiento de Apertura de 8-C (R2-16) o que definitivamente esté fuera de contacto con el tiempo presente; porque el proceso es una carnicería.

Un uso muy eficaz de este proceso lo contiene la frase:

"¿Dónde está tu cara?".

Esto se aplica de manera muy específica a la gente que está exteriorizada. A veces no se les ocurre, durante una hora de *"¿Dónde está tu cara?"* que ellos en sí no tienen cara y que todavía están localizando la cara del cuerpo. Tienen que entender esto por sí mismos.

R2-36:
Auto-determinismo

Como sabe un scientologist que está al corriente con sus datos, el "Auto-determinismo", como estado ideal, dejó de usarse con Dianética. Mientras te consideres íntimamente una cosa confrontando otra que no seas tú mismo, no estás en equilibrio en tu entorno. El Auto-determinismo es un punto mucho más alto que el que el *Homo sapiens* ha logrado previamente. Pero en Scientology, hay un concepto mucho mejor: el de "Pan-determinismo".

Hay toda clase de trampas y ardides sociales para mantener a una persona localizada e identificada con un objeto. La sociedad insiste en que uno tiene una etiqueta. Debería hacerse notar a cualquiera que esté interesado en la auditación, que un símbolo tiene "tres emes": Masa, Significado (*Meaning*, en inglés) y Movilidad. En cuanto uno acepta completamente el *significado* (como un nombre) y acepta íntimamente la *masa* y se le hace ser *móvil*, depende en cierto grado de algún punto-de-orientación para tener *espacio*. Se le inhibe en cuanto a construir espacio. Por lo tanto, la meta del procesamiento en Scientology no es el Auto-determinismo. La meta del procesamiento es el Pan-determinismo. Extender la Atención (R2-22) y otros procesos van en esta dirección.

La funcionalidad del Pan-determinismo se ve de inmediato en una situación elemental, aunque tal vez inusual cuando alguien es víctima de un robo. Si continúa siendo únicamente él mismo, el determinismo del ladrón se deja completamente libre. La manera de combatir al ladrón es, cuando a uno le están robando, ser el ladrón e irse.

Aquí, de inmediato, cruzamos el puente hacia una Primera Dinámica completa. Una Primera Dinámica completa es una Dinámica Pan-determinada. Todos los procesos anteriores de Dianética y Scientology auditan principalmente la Tercera Dinámica.

El tema del Pan-determinismo es un tema muy delicado a nivel social. Ya que resulta obvio de inmediato que la "valentía cuando se tienen las probabilidades en contra", aunque sea dramática, no es óptima. Uno simplemente debería ser al mismo tiempo el blanco y las probabilidades en contra. Aquí tenemos todo el tema de la randomity. La randomity surge cuando uno selecciona otra entidad u objeto y le da determinismo. Esto te dice de inmediato que el problema de curar a distancia podría favorecerse en cierta medida. Y esto sería verdad si el concepto del Nirvana fuera cierto, donde toda la vida sucede como una fragmentación de la vida. Pero esto no es ningún ensayo ni determinación de si es malo o es bueno curar a distancia, o hacer curaciones como las que hacía Cristo. Lo único que me importa decir con respecto al tema, en este momento, es que si uno hace este tipo de curaciones, que simplemente las haga bien y a conciencia. Sucede que ese tipo de curaciones no hacen que los que se curan en esa forma sean individuos Auto-determinados. Pero esto, de nuevo, es cuestión de ética no de funcionalidad.

Un auditor, al aplicar las destrezas del procesamiento, en realidad está haciendo que alguien se ponga bien. Pero también está haciendo subir a esa persona hacia una meta más elevada de Auto-determinismo, y si lo desea, a una meta más elevada de Pan-determinismo. Podría haber miles de millones de individuos con Pan-determinismo, ya que un universo está compuesto de continuums-de-tiempo de partículas en común. Mientras uno no haga pasar partículas hasta otros continuums-de-tiempo, y así tenga dos continuums-de-tiempo, uno no tendrá una fusión de universos.

Si bien hay todavía muchos procesos por delinear en el tema del Auto-determinismo y el Pan-determinismo, se puede esperar que la gente confunda la condición de "esparcido por todo el universo", "la clarividencia", "la telepatía" (y otras cosas que se sienten y se experimentan a medias), con un Pan-determinismo a sabiendas, en el que se ve claramente.

La primera meta del auditor es subir a alguien a la categoría de ser Auto-determinado. Y después recordar que una persona puede estar en una categoría Pan-determinante. Lo único que tiene que hacer un thetán para ser Pan-determinante es simplemente ponerse detrás de la cabeza de alguien. Es así de sencillo. Un thetán también debería poder hacer duplicados perfectos de sí mismo.

La recuperación del Pan-determinismo es necesaria para sacar a alguien de la rutina del Auto-determinismo obsesivo. El Procesamiento de Beingness (R2-31) procesa directamente el Auto-determinismo obsesivo. Bajo el título de Auto-determinismo y Pan-determinismo, tenemos, también, el tema del "control". La necesidad de predecir, con fuerza o energía reales, el curso futuro de un objeto es un rechazo a hacer que algo haga As-is. Por lo tanto, con el *control* tenemos *persistencia*. Y el individuo cuyo caso se niega a cambiar está en tal nivel de persistencia y "Auto-determinismo" obsesivo que tiene que controlarlo todo.

El proceso más fácil con el cual abordar este problema está contenido en la orden:

"Señala algo que no está creando espacio para ti".

Y cuando el preclear lo ha hecho:

"Señala alguna otra cosa que no está creando espacio para ti", y así sucesivamente, hasta que hayamos recuperado certeza y claridad sobre el punto de vista de dimensión.

Se descubrirá muy rápidamente que hay mucha gente haciendo espacio para el preclear y que él está hasta cierto punto contenido en el universo de cada una de estas personas y tiene muchas partículas en común con ellas.

R2-37:
Gritar

Ya que el Hombre ha usado las palabras para hacer espacio durante mucho tiempo, y ya que cualquier pueblo bárbaro usa el ruido para engrandecerse, se descubrirá que una inhibición de hacer ruido es una dificultad de importancia en el caso de cualquier preclear. Cuando se hace este proceso, el auditor debería tener mucho cuidado de que el entorno no suprima al preclear. No es simplemente que el auditor tenga cuidado con los vecinos. Se trata de que el auditor tenga cuidado con el preclear, ya que el preclear tendrá cuidado con los vecinos. El auditor debería llevar al preclear a algún lugar donde el preclear tenga libertad para gritar.

Las órdenes de auditación son:

"Comienza a gritar", y
"Sigue gritando".

Se puede enviar al preclear a gritar solo.

Si se está procesando a un grupo, donde su ruido no perturbe a otros, se descubrirá que un intercambio alternativo entre el auditor y el grupo es benéfico.

Este proceso es muy limitado y tiene una tendencia a simplemente hacer que la gente esté alegre. Pero, en ocasiones, algunos casos están tan inhibidos en cuanto a hacer ruido que están teniendo dificultades con las cuerdas vocales o con la boca. Se puede encontrar el origen de problemas dentales en la inhibición a hacer ruido. Igualmente, se puede encontrar el origen de la aversión a cantar en el hacer ruido.

Este proceso también puede hacerse por medio de Procesamiento Creativo (hacer mock-ups).

Este es, a primera vista, un proceso corporal. Pero al procesar a un thetán, que esté exteriorizado, se descubrirá que tiene mucho miedo a hacer ruido. En tal caso, el auditor debería exteriorizarlo poniéndolo en algún lugar alejado del auditor y alejado del cuerpo. Y el auditor debería usar Procesamiento de Descripción con el thetán durante un rato:

"¿Qué te parece hacer ruido ahora?".

Y luego:

"Comienza a gritar",
"Sigue gritando".

Este es un proceso exteriorizado.

R2-38:
Mantener
Puntos de Anclaje

Hay un sinnúmero de ejercicios relacionados con el espacio. En vista de que un thetán, para tener visión, debe poder tolerar o hacer espacio, y en vista de que el espacio tridimensional requiere cuatro puntos, se ve que un thetán tiene que ser capaz de ver tres puntos de anclaje distintos a la vez para tener la ilusión de espacio.

El efecto hipnótico del cuerpo sobre un thetán se crea al estrechar la vista del thetán a dos ojos y un punto. El truco óptico de ver profundidad con dos ojos no es ver tres puntos al mismo tiempo.

El remedio al "trance hipnótico" del thetán, que le hace creer que él *es* un cuerpo, es el remedio al hecho de estar mirando un punto a través de los ojos.

El remedio más simple, el que más funciona y el que más a menudo da como resultado la exteriorización, aunque después de cierto tiempo, es "mantener esquinas". Se sienta al preclear en una silla (hoy en día a los preclears se les audita sentados, de pie o caminando, *nunca* acostados) y se le pide que cierre los ojos.

Las órdenes son entonces:

"Cierra los ojos".
"Localiza una esquina superior de la sala detrás de ti".

Cuando lo hace:

"Ahora localiza la otra esquina superior detrás de ti".
"Muy bien agárrate a estas dos esquinas, y no pienses".

De vez en cuando, se le pide discretamente al preclear que continúe con su atención en las esquinas y que no piense. Al cabo de quince minutos, el auditor dice:

"Ahora encuentra la tercera esquina detrás de ti" (o sea una esquina inferior).

Cuando el auditor está seguro de que el preclear lo ha hecho, dice:

"Ahora agárrate a las dos que tenías antes y a la nueva".

Cuando el preclear tiene las tres esquinas a la vez, el auditor dice:

"Ahora agárrate a esas tres esquinas y no pienses".

El auditor hace que el preclear continúe haciendo esto último por lo menos durante quince minutos. Entonces:

"Ahora encuentra la cuarta esquina de atrás".
"Ahora agarra las cuatro esquinas, ponte cómodo y no pienses".

Esto se hace durante por lo menos quince minutos. Después, el auditor hace que el preclear localice las ocho esquinas de la sala y dice:

"Ahora agárrate a las ocho esquinas de la sala, ponte cómodo y no pienses".

Comprobando ocasional y calladamente que el preclear está obedeciendo la orden, el auditor hace que el preclear haga esto durante por lo menos quince minutos.

Si hay que hacer este proceso durante más tiempo que el periodo total de una hora, como se indica en las órdenes anteriores, lleva a cabo la secuencia de órdenes anterior como proceso una vez más durante otra hora. No hagas simplemente que el preclear agarre las ocho esquinas durante otra hora. Haz que pase por dos esquinas, tres, cuatro y ocho de nuevo, tal como se ha dicho. En otras palabras, usa esta secuencia cada vez que uses el proceso.

R 2-39:
Concebir Algo Interesante

El interés es la idea básica de la interiorización.

Un preclear difícil de exteriorizar ha llegado a interesarse tan profundamente en su cuerpo que se ha involucrado con él.

Existen pruebas experimentales de esto. Cuando el preclear que no se quiere exteriorizar se pone tan enfermo que no puede imaginar futuro alguno para su cuerpo, se exteriorizará. En efecto, este es el mecanismo en la muerte. El cuerpo no será útil, ha dejado de ser interesante de forma irrevocable, así que el thetán se exterioriza. Es notable con qué facilidad. Al realizar pruebas experimentales, he llevado intencionalmente a preclears de experimentación (que eran lo más resistivo a la exteriorización que se pudiera encontrar) a un punto en que creían que se había "acabado todo" para el cuerpo. Entonces dejaron el cuerpo.

El interés es la consideración que hay por encima de la acción mecánica del control. Controlar es comenzar, cambiar, parar. La profundización del interés se manifiesta por el hecho de pasar del observar al participar. Cuando el thetán observa varias partículas o cuerpos en movimiento, puede estar predispuesto a favor de uno. Se hunde desde Pan-determinismo hasta "Auto-determinismo", donde se interesó en el "yo" con la exclusión de otros o para oponerse a ellos. Ahora, habiéndose convertido en el objeto, el interés *de él* es el interés *del objeto*. Un problema a cuya solución se dedica el thetán es el problema del objeto contra su entorno. Tal vez haga esto con algo que ha creado o con algo que ya encuentra creado. Su interés lo llevó a tratar de predecir las acciones del objeto para favorecer la supervivencia de este. Cuando no logra predecir, puede entrar en una confusión de movimiento, ya que él "no sabe" cual es el siguiente movimiento del objeto. La confusión entonces lleva a misterio. Por lo tanto, la anatomía del misterio comienza con interés, conduce a "Auto-determinismo", conduce a la predicción de comenzar, cambiar y parar (control), conduce a un acortamiento de líneas de comunicación, puede convertirse a largo plazo en confusión, y terminar con misterio.

El interés no es *malo* simplemente porque lleve a la interiorización. Ya que, de acuerdo a los experimentos, la interiorización cesa cuando el thetán ya no puede sentir que haya nada más en lo cual interesarse. Un thetán es indestructible.

Hay varias etapas de interés. Sus cualidades se representan en la Escala de Saber-Sexo-Misterio. Las más notables son las que se usan en la Tabla de Evaluación Humana. El interés no tiene partículas al principio. Luego, a medida que se introduce el "Auto-determinismo" (esfuerzo para determinar el futuro de un "yo"), se usan postulados cuyo propósito es controlar. A medida que hay una predicción errónea, se emplean partículas para guiar y estas tienen muchas cualidades y solideces, como Entusiasmo o Enojo, juego o trabajo. (Véanse las escalas). Ocurren inversiones en los puntos donde el thetán usa al "yo" para adquirir, particularmente, el Comer y el Sexo.

Cuando el thetán tiene dudas sobre la "cualidad de interés" continuada del yo hacia otros yos, o hacia sí mismo, sigue un periodo indeciso en el que está desinteresado.

Cuando el interés se retira mientras la atención todavía permanece, tenemos un sólido. Esto es un risco, es masa. Uno "le hace As-is" al interés del banco. Cuando deja de crear interés, saca interés del banco dejando así los depósitos sólidos de "desinterés". Al buscar más interés se vuelve menos interesado, y así, se involucra e interioriza.

El auditor está intentando exteriorizar al preclear de manera que el preclear pueda asumir un Pan-determinismo más elevado en las dinámicas y, por lo general, de manera que el preclear pueda volver a "dirigir un cuerpo" desde afuera.

Cuando el auditor no es capaz de hacerlo, el preclear tiene la impresión de que el auditor está intentando hacerle abandonar el cuerpo; por tanto, a esto sigue una especie de pesar. (Véase R2-40).

Cuando el interés se fija, tenemos atención. Cuando la atención se fija, tenemos una falta de consciencia con respecto al objeto de la fijación y un descenso de Pan-determinismo a Auto-determinismo. Cuando esta fijación de la atención llega a un extremo, tenemos un descenso del Auto-determinismo hasta un punto de Otro-determinismo. A medida que disminuye el Auto-determinismo, encontramos un estado hipnótico de Otro-determinismo "total" que entonces se convierte en "Auto-determinismo" (dramatización). Descubrimos, en esto último, todos los mecanismos del engrama y también el mecanismo del cambio de valencias. Pues el preclear adopta la valencia de mayor determinismo (la valencia ganadora) como la valencia de mayor interés.

El proceso que se usa para remediar una fijación del interés que excluya a uno mismo, consiste en ampliar el interés. Al ampliar el interés *no* alcanzamos una desventaja de que se vendrá abajo nuevamente, sino una mayor libertad. Amplía, no contraigas el ámbito de interés de un preclear.

Las esferas de interés *son* las ocho dinámicas. Una serie de esferas concéntricas (cada una más grande que la anterior) con la Primera Dinámica en el centro y la Octava Dinámica en el extremo de cualquier universo, proporciona un cuadro espacial del interés. Cuando hay una retirada o inversión, la Octava (la esfera más externa) se convierte en la Primera Dinámica invertida, la Séptima se convierte en la Segunda invertida, la Sexta en la Tercera invertida, la Quinta en la Cuarta invertida, la Cuarta en la Quinta invertida, la Tercera en la Sexta invertida, la Segunda en la Séptima invertida y la Primera en la Octava invertida. Luego progresan hacia afuera otra vez, en interés y Alter-isness. La Octava invertida se convierte en la Primera reinvertida, la Séptima invertida se convierte en la Segunda reinvertida y así sucesivamente. Cada inversión se produce por un retroceso del interés mientras retiene contacto con el área de la cual retrocedió. A partir de aquí, obtenemos manifestaciones como "esparcido por todo el universo", "mi thetán está ahí" y otras manifestaciones ridículas de ese tipo.

Los procesos para Extender la Atención (R2-22), etc., resuelven este tipo de cosas.

Este es el proceso dirigido específicamente al interés para un *Homo sapiens* gravemente interiorizado:

"Haz un mock-up (obtén un cuadro imaginario) de la forma corporal más interesante que otras personas concebirían".

Tal vez el preclear no pueda conseguir mock-ups visibles (para él). Pero hará mock-up de algo, negro o invisible. Y esta *será* la forma corporal más interesante que pueda concebir. Está tan fijo en ella que no puede hacer otra cosa que hacerle mock-up.

Luego haz que haga mock-up de otra forma corporal diciendo:

"Hazlo otra vez",
"Y otra",
"Y otra".

Haz que tire de ellas (visibles o no) adentro de él, para remediar el havingness, diciendo:

"Muy bien. Ahora tira de ellas adentro de ti".

Luego:

"Haz mock-up de la forma corporal más interesante que puedas concebir",
"Y ahora otra",
"Y otra",
"Y otra",
"Ahora tira de ellas adentro de ti".

Ahora repite la primera orden (otras personas), haz que remedie el havingness con lo que obtuvo. Luego la segunda fase (su cuerpo más interesante), alternadamente una y otra vez. Verá exactamente lo que él concibe que es interesante y lo que él cree que les parecería interesante a los demás.

Haz esto al menos durante media hora. Cuatro horas serían mejor.

Su capacidad para hacer mock-ups y sus niveles de aceptación cambiarán.

La segunda parte del proceso consiste en un proceso más objetivo (y mejor). Dado que el preclear es un ser humano, podemos suponer que está interesado en su especie. Pero puede que nos hayamos enterado, en la primera parte de este proceso, de que está más interesado en otras formas que en el Hombre. El auditor da por sentado o bien que un thetán interiorizado en un hombre se interesaría en los hombres o, que si tiene una pista anterior, lo sustituye por otra forma.

La orden de auditación es:

"¿En qué otra persona podrías interesarte?".
"Y ahora otra",
"Y otra", hasta que se revele una gran variedad de personas.

Hacer que el preclear finja que él es diversos objetos con diversos puntos de vista también resuelve esto.

Una manera fundamental de examinar el interés es calificar sus dos divisiones principales como "interesado" e "interesante".

Un thetán en buenas condiciones está *interesado*. Cuando se ha convertido en un "yo", siente que debe tener energía procedente de fuentes exteriores, y por lo tanto, se vuelve *interesante*.

Se podría decir que interes*ado* es un *flujo de salida*. Se podría decir que interes*ante* es un *flujo de entrada*. Sin embargo, estar interes*ado* le deja a uno considerable libertad. Ser interes*ante* tira de partículas hacia dentro, y por lo tanto, lo restringe.

Un thetán interes*ado* es el solucionador de problemas.

Un yo interes*ante* es un problema.

Más ampliamente, un thetán está interes*ado* en problemas. Mest *es* un problema.

El paso de interes*ado* a interes*ante* tiene muchas fases. Cuando uno ya no está interesado, sino que sólo es interesante, ha perdido su cualidad principal como thetán: la libertad y la capacidad de cambiar a voluntad.

Hacer que el preclear haga mock-up de cuerpos, formas, máquinas y universos interes*antes* descarga mucha de su condición interiorizada y de su fijación. Luego, al hacer que mire personas y objetos reales y "que capte la idea" de cómo sería ser ellos y que los moviera de un lado a otro, lo hace regresar al Pan-determinismo de nuevo.

"Encontremos algo en lo que podrías estar interesado".

Y cuando el preclear lo hace:

"Encuentra algunas cosas más en las que podrías estar interesado".

Y cuando lo haya hecho:

"Encuentra algunas cosas más en las que podrías estar interesado".

Y así sucesivamente, con estas órdenes, durante una hora por lo menos.

No uses "interes*ante*". Usa sólo "interes*ado*". En otras palabras, procesa al preclear hacia theta (interesado), no hacia mest (interesante).

Puedes ver que el preclear le está "haciendo As-is" a situaciones, que también está expandiendo la atención y soltándose del cuerpo.

Lo único que puedes hacer mal con este proceso es no recorrerlo suficiente tiempo.

El proceso funciona subjetiva u objetivamente. Pero si el preclear llega a un callejón sin salida, conviene hacer que encuentre cosas en las que pueda estar interesado en el entorno de tiempo presente.

Sin dirigir la atención del preclear a cosas concretas, recorriendo sólo la orden *"Encuentra algunas cosas en las que podrías estar interesado"*, tiene lugar la exteriorización.

ESTE ES UN PROCESO PELIGROSO A MENOS QUE SE RECORRA DURANTE SUFICIENTE TIEMPO COMO PARA HACER QUE EL PRECLEAR CREE Y ABANDONE INTERESES. SI SE RECORRE DURANTE POCO TIEMPO, SIMPLEMENTE VACIARÁ EL BANCO DE INTERESES ANTIGUOS, DEJANDO AL PRECLEAR EXTREMADAMENTE ABURRIDO.

Los factores que hacen que R2-39, Interés, sea un proceso muy importante son el hecho de que el interés es el punto de entrada al havingness. Hasta este momento hemos usado atención, pero la hemos usado en muy pequeñas cantidades en el procesamiento. La razón de esto es que la atención se adentra en el campo de los factores mecánicos. Sin embargo, se ha vuelto evidente que el interés es más consideración que atención y es, por lo tanto, *atención* con *intención*. El interés, por lo tanto, podría definirse como: "atención con la intención de dar o atraer atención".

Si haces que el preclear mire su entorno y señale cosas que tengan la intención de alterar cosas y otras que tengan la intención de impedirles que alteren cosas, descubriremos que estamos recorriendo el tiempo. La intención de alterar y la intención de impedir que las cosas alteren son, juntos, los dos factores del cambio. El interés agregado a esto nos da el determinismo de la atención. Las órdenes de auditación para esto serían:

"Mira alrededor en el entorno y encuentra algunas cosas que tengan la intención de alterar cosas",
"Ahora míralas otra vez e interésate en ellas", y así sucesivamente.

"Mira alrededor en el entorno ahora y encuentra algunas cosas que tengan la intención de impedir que se alteren las cosas",

"Ahora interésate en estas cosas, una después de la otra", dirigiendo así la atención del preclear e invitándole a que haga mock-up de interés.

Se descubrirá rápidamente que se moverá en la línea temporal y que él se considerará que está separado del tiempo.

La idea básica de un preclear que está pasando un mal rato es que no tiene interés en cosas del exterior. Alguien que la esté pasando menos mal se interesaría sólo en cosas muy cercanas a él. Un preclear que está bastante bien tiene interés en alterar cosas o en impedir que se alteren. Pero, a menos que el interés se pueda dar en forma de postulados, es obsesivo. La única razón por la que un preclear conserva cerca una enfermedad psicosomática es que se ha acumulado en esa enfermedad una gran cantidad de interés residual.

Un preclear habrá descubierto a lo largo de la línea temporal papeles que le interesaban a la gente y estará intentando representar estos papeles a fin de aumentar su propio havingness. Si le preguntaras a un preclear:

"¿En qué se interesaban tus padres?", finalmente se recuperaría precisamente de las cosas que está padeciendo.

Muy normalmente toda la trayectoria de un niño queda establecida por aquello que le interesa a su madre. Y el niño intentará ser las cosas en las que estaba interesada su madre, si la atención de su madre y el interés en él han sido leves. Aquí tenemos toda la columna vertebral de los puntos-de-orientación y los símbolos. Si el punto-de-orientación está interesado, los símbolos son interesantes. Cuando alguien ya no puede ser un punto-de-orientación, por supuesto se convierte en un símbolo, e intenta conseguir interés del punto-de-orientación. Los puntos-de-orientación básicos en una familia son los padres o los abuelos y el símbolo es el niño.

Usualmente el preclear ha venido al auditor porque siente que el auditor al menos estará interesado en él. Y cuando el interés del auditor en el preclear no se demuestra como cuando no se cumplen citas o no se deja que el preclear se comunique, el preclear empeorará en el proceso. Sin embargo, tal omisión puede remediarse, aunque no debió haber ocurrido en primer lugar, recorriendo Procesamiento de Interés.

Se puede recorrer un proceso muy posterior, Otras Personas (R2–46), seleccionando en el preclear alguna dificultad obvia, como un ojo enfermo o una pierna enferma, y haciendo que se interese en los ojos y las piernas enfermas que él le postula a la gente cercana a él. Esto pone al preclear en el papel de un punto-de-orientación y lo saca del papel de un símbolo, haciendo que él sea el interesado y haciendo que otras personas cercanas a él sean interesantes.

Desde luego, pueden introducirse muchas significaciones en este proceso. Uno puede hacer que el preclear se interese en cosas que estén bajo ataque, que se interese en cosas que no estén bajo ataque, seleccionándolas una tras otra en su entorno. El auditor puede hacer que el preclear se interese en la debilidad de MEST, en lo olvidadizo de MEST, en el no-determinismo de MEST y otros factores.

Puede recorrerse la Escala de Saber a Misterio, incluyendo Inhibido, Impuesto y Deseado, (agregando el factor de interés) con las siguientes órdenes:

"Selecciona algunas cosas que están inhibiendo misterio",
"Ahora una después de otra, interésate en ellas".

"Ahora selecciona algunas cosas que están imponiendo misterio",
"Ahora interésate en ellas una después de otra".

"Ahora selecciona algunas cosas que desean misterio",
"Ahora interésate en ellas".

Esto puede recorrerse directamente en la Escala de Misterio a Saber que es (para darla en su forma más completa):

Misterio

Sexo

Eatingness

Símbolos

Thinkingness

Esfuerzo

Emoción

Lookingness

Knowingness

R2-40:
Concebir un Estático

ESTE ES UN PROCESO PESADO. NO SE RECOMIENDA PARA CASOS QUE TENGAN CUALQUIER DIFICULTAD VERDADERA.

Aquí usamos el descubrimiento y el principio de la Verdad Máxima (véase *Un Resumen de Scientology*, Capítulo Cuatro).

Si no tienes ningún postulado previo y haces un postulado, entonces ese postulado no puede ser una mentira.

Si después de este postulado primario haces un segundo postulado que niegue, tienes entonces una mentira.

Un postulado primario acerca de cualquier tema no puede ser una mentira.

Un segundo postulado puede ser una mentira.

En tal caso, el segundo postulado permite que exista el postulado primario. *Pero* en ese caso, el que persiste es el segundo postulado, la mentira.

Todos los segundos postulados dependen para su fuerza de los postulados primarios.

Ejemplos:

1. Toda maldad depende de un postulado primario de bondad para que la maldad persista.

2. Los satanistas afirman que Satanás es Dios *después* de que Él hizo el Universo.

3. La única fuerza del odio de una persona depende de un amor por esa persona que fue anterior al odio. El odio persiste, pero sólo tiene fuerza por el amor.

4. Un hombre considera que no vale nada. Este estado de ánimo, al persistir, indica que él debe haber tenido una opinión considerable de sí mismo antes de sentir que no valía nada.

Pero cuídate de pensar que "todo es bueno" o "todo es malo". La fuerza proviene del postulado primario, el estado persiste debido al segundo postulado.

Ejemplo:

Un médico se considera un hombre *bueno* y *caritativo*, un terapeuta absolutamente generoso. Al examinar esto, vemos que el segundo postulado persiste. De modo que su bondad debe ser el segundo postulado. Debe tener fuerza proveniente de un postulado primario que niega, y así, encontramos que este médico entró a la medicina porque tenía más oportunidad de sexo fácil. Luego se negó esto a sí mismo y alegó que lo había hecho por humanidad. Su semblante santurrón deja de persistir, y haciendo línea directa sobre el postulado primario se libera de esta pose.

Reglas

REGLA: HAZ SIEMPRE LÍNEA DIRECTA DE UNA CONDICIÓN QUE CONTRADIGA LA CONDICIÓN QUE EXISTE.

Ejemplos:

1. Tenemos un preclear con piernas enfermas. Vemos que esas piernas enfermas persisten. Sabemos, por lo tanto, que el postulado fuerte es anterior y opuesto, así que hacemos Línea Directa para agotar piernas *sanas*.

2. Un hombre está enfermo debido a un rechazo amoroso. *No* le hacemos Línea Directa al rechazo, sino a las ocasiones en que él amaba a la chica.

3. Nuestro preclear interiorizado está atorado, no se exteriorizará. Hacemos Línea Directa de las ocasiones en que estaba libre y así descargamos el postulado atorado (el segundo) y de esta manera lo exteriorizamos.

REGLA: LO QUE ESTÁ MÁS CERCA DE UNA VERDAD MÁXIMA (EL ESTÁTICO) LE DA FUERZA A AQUELLO QUE LO CONTRADICE.

El proceso, y este es despiadado, contiene sólo esta orden repetida una y otra vez:

"Concibe un thetán".

Precaución

Este es un proceso largo. Tal vez el auditor tenga que remediar el havingness del preclear. (No olvides R2-16, Procedimiento de Apertura de 8-C, si el preclear se atora).

Notas

Los "botones más altos" de la Tabla de Actitudes (véase *Scientology 8-8008*) son las cualidades principales de un estático. Un estático no tiene cantidad. Sí tiene cualidad y consideración.

LA LIBERTAD NO PUEDE BORRARSE. NO SE LE PUEDE HACER AS-IS A UN ESTÁTICO.

R2-41:
Vía

VÍA es la maldición de la existencia. *Vía* significa un punto de retransmisión en una línea de comunicación. Hablar por *vía* de un cuerpo, obtener energía por *vía* de comer, son ambas rutas secundarias de comunicación.

Estamos intentando tender en un preclear una línea directa de Causa a Efecto. Las razones de que no podamos hacerlo son, todas, vías o paros completos. Suficientes vías crean un paro. Un paro está formado de vías.

No hay ninguna razón verdadera para que uno deba ir al pasado para enderezar el presente. No hay otro tiempo que el tiempo postulado. Por lo tanto, todo es presente. Entonces, ¿por qué no postular la condición deseada en el presente?

Es doloroso hacerlo. Ya que en cuanto lo haces tiendes a deslizarte desde el ideal hacia la primera mentira. Te deslizas porque la primera mentira fue el *tiempo*. El tiempo persiste porque es una mentira que toma su fuerza de la ausencia de tiempo en el estático. Entonces, postular directamente el estático al principio reestimula el tiempo. Cuando el postulado del tiempo se reestimula, sale a la vista la negrura literal de las mentiras, los somáticos, etc. Lo único que se tiene que hacer es soportarlos y volver a postular el estático. La razón por la que fracasaron los esfuerzos anteriores en esta área radica en que siempre reestimularon el *segundo* postulado, la mentira. Y luego no volvieron a postular el estático, sino tuvieron ensoñaciones sobre la mentira o la señal.

Esfuerzos recientes, como el couéismo, no postulan el estático, sino que validan el tiempo. ("Todos los días y en todos los sentidos, me siento cada vez mejor"). No postules *volverte* bella, postula la belleza actual. ("Soy guapa"). Postular así el estático al principio te introduce al *tiempo* y al *segundo* postulado, luego, finalmente el estático en sí ocurre.

Recuerda: un estático no tiene masa, ni longitud de onda, ni energía, ni ubicación ni tiempo. *Pero* puede considerar. Y *tiene* cualidades. Esas cualidades son su definición básica, *más* los botones superiores de la Tabla de Actitudes, más belleza.

Una solución sería algo que resuelve el problema. Por lo tanto el As-isness del problema *es* la solución, ya que haría que el problema se desvaneciera. Por lo tanto, en Scientology hemos alcanzado una Solución Máxima: el Estático. Y una Verdad Máxima: el Estático.

Para trabajar con esto claramente, el auditor ordena:

"Ten la idea de tener ocio infinito".

Cuando el preclear lo hace:

"Ahora tenla de nuevo",
"Tenla de nuevo y mejor",
"De nuevo", y así sucesivamente, sin importar qué somáticos o candados aparezcan. Lo hace durante por lo menos quince minutos.

Luego:

"Ahora ten la idea de libertad completa",
"Una vez más",
"Una vez más", durante quince minutos por lo menos.

Luego:

"Ten la idea de tener capacidad total", durante media hora por lo menos.

Ahora usa esta orden, pero incluye en ella la Tabla de Actitudes y la belleza:

"Adopta _____ completa",
"Una vez más",

_"Adopta una vez más _____ completa"_,
"Una vez más".

Los botones de la Tabla de Actitudes son: Sobrevive, Correcto, Completamente Responsable, Todo le Pertenece, Todos, Siempre, Fuente de Movimiento, Verdad, Fe (Confianza), Sé, Causa, Soy, Ganar, Comenzar, Diferencias, Ser, más belleza. No los hagas brevemente.

DEJA QUE EL PRECLEAR EXPLIQUE QUÉ LE PARECEN, PERO NO MEZCLES ESTO CON EL PROCESAMIENTO DE DESCRIPCIÓN.

R2-42:
Pan-determinismo

(R2-42, R2-43 y R2-44 son un grupo de procesamiento).

El Pan-determinismo es una idea nueva en Scientology. Su validez se demuestra por el hecho de que es un proceso de cinco estrellas.

El Pan-determinismo es la capacidad para regular las consideraciones de dos o más identidades, estén opuestas o no. Anteriormente, nuestra meta era la meta relativamente limitada del Auto-determinismo. Desde hace algún tiempo se sabe que esto no abarca el concepto por completo, ya que el Auto-determinismo se expresaba principalmente en la Primera Dinámica. Pero en cuanto uno comienza a considerar el hecho de que el thetán está controlando el cuerpo, el individuo ve que no está tratando con una "persona" ni con una "identidad" en la Primera Dinámica, sino que está tratando con la Tercera Dinámica. Por lo tanto, el "Auto-determinismo" es un nombre inapropiado. Vemos que la Supervivencia triunfa en la medida en que el determinismo se extienda por el entorno. En otras palabras, que suba por las dinámicas. Sin duda, en lo que respecta al Hombre, nunca se trata de un problema de Auto-determinismo. Se trata de un problema de Pan-determinismo. Ya que en un individuo tenemos aquí varios elementos bajo control, cada uno diferente. Cuando un thetán se pusiera en control completo de sí mismo y de sus actividades, tendríamos entonces, y sólo entonces, Auto-determinismo. Pero un thetán al jugar el juego está intentando el Pan-determinismo y está adoptando el Auto-determinismo. Podría decirse que su primera meta es el Pan-determinismo.

Bajo Pan-determinismo, tenemos por supuesto el problema del "control". Las partes que componen el control son *comenzar, cambiar* y *parar*. Por lo tanto, una persona que controla algo está intentando comenzarlo, cambiarlo y pararlo. Cuando pierde su capacidad de comenzarlo y pararlo, sólo retiene su capacidad para cambiarlo. Y así tenemos un caso de bajo nivel intentando cambiar desesperadamente, sin poder cambiar y seguramente, sin poder comenzar ni parar por completo. Su último esfuerzo es cambiar.

Siempre que te estés dirigiendo a un preclear, estás abordando algo que está intentando el Pan-determinismo. Aquí tenemos un thetán intentando controlar un cuerpo, un banco de engramas y los diversos simbiontes del cuerpo, como son sus posesiones, vehículos y los elementos que le sirven. En el Pan-determinismo no nos ocupamos de lo "malo" ni de lo "bueno". Sólo nos preocupa el hecho de que un thetán está intentando controlar muchas identidades, algunas de ellas opuestas a otras, y que sus incapacidades del pasado para controlar ciertos beingnesses lo han llevado a un nivel de confianza en que no siente que pueda controlar nada. Y como resultado, encontramos que es incapaz de ser Causa, por tanto, incapaz de encontrarse o de estar en el extremo fuente de una línea de comunicación. El Pan-determinismo es la razón directa de que se llegue a estar "esparcido por todo el universo".

Este esfuerzo hacia el Pan-determinismo es el punto regulador de todo procesamiento. El descubrimiento del Pan-determinismo fue la diferencia entre el éxito y el fracaso en muchos casos.

Bajo el título de Pan-determinismo, descubrimos cosas como Poseer, Proteger y Ocultar cuerpos. Uno declara la propiedad de algo a fin de que se le dé el derecho de controlarlo. Protege algo porque considera que algo más está intentando controlarlo. Esconde algo porque teme que pueda aparecer algo más para controlarlo.

Del Pan-determinismo surge una variedad enorme de procesos. Aquí, puede emplearse todo el entrenamiento de un auditor. Este es el denominador común y la única línea rápida hasta los niveles superiores de la Escala Tonal. Hay una segunda línea, que se describe en R2-43 Luchar. El Pan-determinismo es por lo que uno lucha. Es la "razón del porqué" que respalda la existencia.

Las órdenes de auditación para recorrer el Pan-determinismo son las siguientes:

"¿Qué sientes que podrías controlar?", y
"Dime algunas cosas más que sientes que podrías controlar", y
"Dime algunas cosas más que sientes que podrías controlar".

Esto se recorre para mejorar las consideraciones del preclear. Se puede esperar con seguridad que el preclear caiga en una Apatía muy profunda de vez en cuando. Pero si el auditor lleva adelante el proceso con determinación (y no "melindrosamente" ni lo abandona simplemente porque el preclear esté teniendo dificultades) este producirá, por sí solo, un resurgimiento considerable del caso. R2-43 resuelve la mayoría de los factores que se encuentran como razón de que uno no sienta que puede determinar el curso de algo.

Nota

EL PAN-DETERMINISMO APROXIMA EL ALMA PERSONAL A LA MENTE INFINITA.

R2-43:
Luchar

Básicamente, este universo es un juego. El universo MEST aparenta ser un universo de paz. Para convertirse en un universo de paz, es necesario hacer que todo deje de luchar. A fin de tener un juego, es necesario tener oponentes. Si uno tiene oponentes, debe haber lucha. Este universo está organizado para inmovilizar a un thetán.

Tan ansioso está un thetán por tener un juego que adoptará para sí toda clase de riesgos a fin de tener una paridad con sus oponentes. Uno no puede tener un juego con gente que es demasiado inferior en fuerza o inteligencia. Por lo tanto, reduce su propia fuerza e inteligencia a fin de tener un juego.

Como se dice en R2-42 Pan-determinismo, uno usa como su razón para estar luchando "la necesidad de controlar otra cosa". El esfuerzo por controlar es "la razón" para luchar. Luchar, en sí, es el juego.

R2-42 y R2-43 se aproximan mucho en funcionalidad, y entre las dos, trabajando una en relación con la otra, alternándolas, subirán al preclear a través de las barreras de la fuerza. Podría decirse que un preclear deja de luchar cuando considera que otras fuerzas, ideas o emociones son demasiado para él. Como se dice en la Serie de Conferencias de Filadelfia, uno tiene que pasar a través de la fuerza antes de poder dejar de usar la fuerza. Si no se eleva por encima de la fuerza, entonces está sujeto a la fuerza y es su esclavo.

La paz sólo se encuentra en los niveles elevados de la Escala Tonal. Cualquier esfuerzo por tener paz después de que uno se ha convertido en víctima de la fuerza y se siente temeroso de ella, simplemente implica más lucha. No hay ninguna paz por debajo del nivel en que uno no pueda luchar. Aquí no nos preocupan los valores morales.

Sólo nos preocupa la funcionalidad de los procesos. Y aunque se pudiera decir que Scientology está intentando promover la lucha y la guerra, esto sólo lo podrían decir aquellos que estuvieran horriblemente derrotados y temerosos de la fuerza.

Aquí tenemos, también, "automatismo" y "randomity". A fin de tener más atención para controlar otras cosas, uno hace que las cosas que ya está controlando sean automáticas. Al hacerlo, les ha dado un determinismo propio. Y habiéndoles dado así su propio determinismo, pueden atacar a la persona si deja de controlarlas. Por lo tanto, tenemos las máquinas de un thetán. Estas máquinas funcionan sólo mientras estén en control del individuo y luego comienzan a trabajar contra el individuo. Así sucede con el resto del universo. Uno sólo lucha contra las cosas que ha elegido para que no estén bajo su control. Es probable que cualquier cosa que no esté bajo el control del individuo, pero que ha llamado su atención, sea una identidad que se usa para luchar.

El lema de este universo es: "Debemos tener un juego". Los juegos consisten en "oponentes", "razones para tener un juego" y "cosas acerca de las cuales tener un juego". Las razones para tener un juego se resumen bajo el "Pan-determinismo". Las cosas acerca de las cuales tener un juego se resumen bajo el "havingness".

Lo que cuenta es el juego. Las victorias y las derrotas no cuentan. Uno pierde cada vez que gana, ya que entonces no tiene juego. Cualquier interrupción producirá un cambio en la posición de un individuo, ya que entonces él se impondrá otros oponentes y desventajas, e impondrá razones a los demás, para crear un nuevo juego. A pesar de que un juego les es antipático a la mayoría de los preclears, como descubrirás al procesarlos, un juego no es ni más ni menos que luchar contra una oposición.

Uno deja de tener un juego cuando comienza a creer que las fuerzas que se usan contra él, las ideas que se usan contra él o las emociones que se usan contra él son demasiado grandes para oponerse a ellas. Una vez que alguien tiene esta idea, puede ser sometido a otras fuerzas.

Como todas las fuerzas, emociones y esfuerzos en general pueden clasificarse como "consideraciones", tener una consideración acerca de una fuerza tiene más autenticidad que tener la fuerza en sí. Cambiar de opinión acerca de la fuerza es superior a cambiar la fuerza.

Debe saberse que un individuo que se ha alejado de la fuerza también se ha alejado del material del que está hecho su banco de engramas. Las personas sobre quienes se derrumban los engramas son personas que se han vuelto temerosas de la fuerza. Usar el trabajo y otros factores no es la mejor forma de tratar esto, sino abordar directamente el problema de los juegos y recorrer sólo luchar.

Se descubrirá que la mayoría de los individuos se dedican a luchar contra sí mismos. Después de todo, un individuo es una Tercera, no una Primera Dinámica. El cuerpo, el banco de engramas, el thetán, y sus máquinas forman cuatro elementos que pueden estar en guerra unos con otros. Y cuando un individuo tiene una insuficiencia de lucha en su entorno, comenzará a luchar contra sí mismo. Esta *es* la condición de la mayoría de los preclears que acuden a un auditor. Una de las maneras de manejar esto es con la orden de auditación:

"Señala algunas cosas en el entorno que están luchando contra sí mismas".

Esto, recorrido durante una hora o dos cuando el preclear de hecho pueda ver cosas y señalarlas, le hará key-out a la mayor parte del banco de engramas con que él está en conflicto. Poco después de comenzar con este proceso, reconocerá completa y claramente que está luchando contra sí mismo.

En vista del hecho de que la policía, las costumbres y el lema "¡Paz! ¡Paz! ¡Paz!" de este universo imponen una escasez de lucha, descubrirás que tienes que comenzar y recorrer el factor "desperdiciar" durante mucho tiempo. Por lo tanto, la primera entrada a este problema podría ser *desperdiciar lucha*. Uno haría esto en brackets, con las siguientes órdenes de auditación:

"Desperdicia algo de lucha".

Y cuando el retardo de comunicación esté agotado en esto:

"Haz que otro desperdicie lucha".

"Desperdicia algo de lucha",
"Haz que otro desperdicie lucha".

Se descubrirá que el preclear hará esto durante muchas horas de procesamiento, todo acompañado de una mejoría de su caso, antes de que de hecho llegue al punto en que pueda tocar el siguiente nivel de este proceso, que es "aceptar". Sin embargo, el *aceptar lucha* no se recorre en este paso.

La siguiente parte de este proceso se hace con las siguientes órdenes de auditación:

"Desperdicia algunos oponentes",
"Haz que otro desperdicie algunos oponentes".

Después de que el preclear pueda manejar esto sin ningún retardo de comunicación apreciable, se pasa entonces a la siguiente parte de este proceso:

"Desperdicia algunas desventajas",
"Haz que otro desperdicie algunas desventajas".

"Desperdicia algunas desventajas",
"Haz que otro desperdicie algunas desventajas".

Y esto, también, tendrá que recorrerse durante bastante tiempo hasta que el individuo haya agotado su retardo de comunicación.

Habiendo manejado directamente el tema de desperdiciar el luchar, los oponentes y las desventajas, uno puede entonces pasar a aceptar. Pero esto se hace *sólo* cuando se haya eliminado el retardo de comunicación en desperdiciar el luchar, los oponentes y las desventajas. En este caso, se usa aceptar mediante remediar havingness:

"Haz mock-up de algo contra lo que podrías luchar",
"Tira de ello adentro de ti".

"Haz mock-up de algo más contra lo que podrías luchar",
"Tira de ello adentro de ti".

Esto se hace aunque el mock-up sea invisible o negro. Si estás haciendo que el individuo señale cosas contra las que podría luchar en el entorno en sí, no te sorprendas en esta etapa si simplemente se retira de su cuerpo (como thetán) y ocupa el área de aquello contra lo que piensa que podría luchar. A esto le sigue:

"Haz mock-up de un oponente",
"Tira de él adentro de ti".

"Haz mock-up de otro oponente",
"Tira de él adentro de ti".

A esto le sigue:

"Haz mock-up de una desventaja",
"Tira de ella adentro de ti".

"Haz mock-up de otra desventaja",
"Tira de ella adentro de ti".

Deberías recorrer Luchar (R2-43) en combinación con Pan-determinismo (R2-42) y el proceso Debe y No Debe Suceder (R2-44). En otras palabras, no recorras R2-43 sin también recorrer intercalados R2-42 y R2-44. Estos tres procesos funcionan juntos. Siempre que un retardo de comunicación esté bastante agotado en cualquiera de ellos, deberías pasar a cualquiera de los otros dos. Recuerda, R2-42, R2-43 y R2-44 funcionan juntos, intercalados, y forman, por sí mismos, un proceso. Si tienes a un preclear al aire libre, puedes hacer que señale cosas del entorno contra las que podría *luchar.*

Del mismo modo que si lo tienes al aire libre, puedes hacer que señale cosas que no le molestaría *controlar* y, en el caso de R2-44, cosas que no le molestaría *que ocurrieran* o que *no ocurrieran* otra vez.

"¿Contra qué sería seguro luchar?", hasta que el retardo de comunicación esté agotado.
"¿Contra qué les parecería a otros que sería seguro luchar?".

"¿Contra qué sería seguro luchar?".
"¿Contra qué les parecería a otros que sería seguro luchar?", es una continuación de Luchar como proceso.

"¿Contra qué pensamientos sería seguro para ti luchar?".
"¿Contra qué pensamientos sería seguro para otros luchar?", se recorre alternativamente muchas veces hasta que el retardo de comunicación se haya agotado.

"¿Contra qué emociones sería seguro para ti luchar?".
"¿Contra qué emociones sería seguro para otros luchar?", se recorre alternativamente hasta que el retardo de comunicación se haya agotado.

"¿Contra qué esfuerzos sería seguro luchar?".
"¿Contra qué esfuerzos pensarían otros que es seguro luchar?", se recorren alternativamente hasta que el retardo de comunicación se haya agotado.

"¿Contra qué imaginaciones sería seguro luchar?".
"¿Contra qué imaginaciones pensarían otros que es seguro luchar?".

"Indica algunas cosas que están luchando".

"Localiza todos los puntos donde tuviste que dejar de luchar contra ellas",
"Localiza todos los puntos donde ganaste", es excelente, ya que tanto una victoria como una derrota son un "dejar de luchar" y por lo tanto una pérdida de oponentes.

Encontrarás a muchos preclears suspendidos en momentos pasados de victoria. Esto es sólo porque perdieron a sus oponentes en ese momento y la pérdida los atoró en la línea temporal al producir una inmovilidad.

"¿Qué necesitarías para luchar contra cosas?".
"¿Qué necesitarían otros para luchar contra cosas?".

Si tienes al preclear al aire libre donde haya mucha gente (un método muy bueno de procesamiento), haz que ponga en esta gente, sin que lo sepan, las actitudes del preclear acerca de luchar. Toma una actitud y haz que la ponga en varias personas, toma otra de las actitudes del preclear acerca de luchar y haz que la ponga en mucha más gente, y descubrirás que ocurren cambios considerables en el preclear.

"¿Qué mecanismos podrías usar para continuar luchando?", es otro proceso magnífico.

"¿Qué cambios podrías hacer y todavía seguir luchando?", es otro proceso interesante.

"Describe alguna lucha que te interesaría", es otro aspecto de este proceso.

El proceso clave para alterar el comportamiento es:

"Inventa algunas cosas contra las que podrías luchar",
"Inventa algunas cosas que podrían luchar contra ti".

R2-44:
Debe y No Debe Suceder

Un preclear está atorado en la línea temporal donde haya una condición de inmovilidad. Una de las razones que ha usado para luchar fue "hacer que algo ocurriera" o "impedir que algo ocurriera". Por lo tanto, es de interés para el caso deshacer estos puntos atorados en el preclear. Hay muchas maneras en que podrían deshacerse, pero aparentemente sólo hay una manera que en realidad es eficaz. Esto se hace con las siguientes órdenes:

"Dime algunas cosas que no querrías que volvieran a suceder",
"Dime algunas cosas que te gustaría que volvieran a suceder".

El preclear obtendrá, en conformidad con estas órdenes, diversos recuerdos, incidentes, facsímiles, o situaciones del entorno, o miedos o esperanzas futuros, y se le puede llevar más directamente a ellos.

Descubrí inicialmente este proceso recorriendo *conceptos*, pero tiene una funcionalidad muy limitada en el recorrido de conceptos. Señalando situaciones reales o imaginarias, se logra una gran funcionalidad. El auditor debe tener mucho cuidado de hacer este proceso durante suficiente tiempo a fin de no dejar al preclear suspendido en un incidente.

Esta es la clave básica del *tiempo*.

R2-45:

Un proceso enormemente eficaz para la exteriorización, pero esta sociedad censura su uso en este momento.

R2-46:
Otras Personas

(R2-46, R2-47 y R2-48 son un grupo de procesamiento).

Este es uno de los procesos más extraños, y uno de los más rápidos en cuanto a funcionalidad. Tal vez un auditor esté renuente a usar este proceso, pero la experimentación ha demostrado que no les produjo daño a otras personas. Esta es una de las maneras más rápidas que se conoce en Scientology para deshacerse de un psicosomático. Es prácticamente el único método que se conoce para deshacerse de los "desconocimientos" que hay en el banco. Es un proceso ambiental directo, que utiliza a otras personas reales y visibles.

Para recorrer este proceso, uno debe estar en un área densamente poblada donde la gente esté en la calle, caminando de un lado a otro, sentada o directamente visible para el preclear. El proceso no se recorre en mock-ups. Se ha visto que este proceso se deshace de somáticos crónicos muy fuertes en pocos minutos. El auditor lleva al preclear a una estación de tren o a un parque, o hace que se siente en un coche en una calle muy concurrida, y le dice:

"¿Qué crees que está mal contigo?".

Hace que el preclear nombre algo concreto, y habiéndolo nombrado, el auditor dice entonces:

"Muy bien. Escoge a una de estas personas y haz que eso esté mal con esa persona".

Y cuando el preclear lo haya hecho:

"Ahora escoge a otra persona y haz que esto mismo esté mal con esa persona".

El auditor continúa haciendo que el preclear ponga en estas personas lo que está mal con el preclear, sólo mientras eso esté mal con el preclear. Pues este es un proceso muy rápido y tiene lugar un cambio muy rápido.

En este proceso puede utilizarse cualquier concepto o idea de cualquier clase. El auditor puede seleccionar cosas obvias que tiene el preclear y hacer que el preclear vea que estas cosas están mal con otras personas que le rodean.

Esto también funciona si el auditor hace que el preclear encuentre *perfectas*, a una persona tras otra, de entre las que realmente vea durante el proceso. En otras palabras, el auditor puede decir:

"Postula perfección en esa persona",
"Ahora postula perfección en esa".

Esto es mezclar Otras Personas con Concebir un Estático (R2-40). Pero, en lo que a eso se refiere, casi cualquier proceso de Scientology puede emplearse de esta manera.

Una de las maneras más eficaces para usar este proceso, Otras Personas, es hacer que el preclear ponga en ellas "condición de perdida" o estupidez, incapacidad de localizarse y, en pocas palabras, todos los factores que forman "desconocimientos", como se explican en R2-52, Desconocimientos.

La negrura, la incapacidad para conseguir mock-ups y otras desventajas en el uso de Scientology también se pueden poner en la gente de esta manera.

Es interesante observar que el preclear, siendo incapaz en lo que se refiere a la energía y los postulados, sólo muy rara vez llega a alguien con este postular. Pues el preclear está demasiado "débil" para causar tales efectos. Sin embargo, debería hacer esto con gran sinceridad y con plena fe de que lo está haciendo. Después de que un preclear se ha exteriorizado, es interesante observar que todavía no tiene este efecto en estas personas. Pero el postular estos elementos de hecho produce la condición.

R2-47:
Diferenciación de Cuerpos

Este proceso se hace de la misma manera que R2-46 (ya que R2-46, R2-47 y R2-48 son un grupo de procesos).

Se hace que el preclear observe las diferencias entre él mismo y los cuerpos de la gente que puede ver en su entorno inmediato. Este proceso se hace en un parque, o una estación de tren, o en la calle sentado en un coche. La orden de auditación es:

"Señala una diferencia entre el cuerpo de esa persona y el tuyo".

Esta orden se usa una y otra vez.

R2-48:
Separateness

Este es un proceso clave que ataca a la individualización. En su esfuerzo por controlar, un thetán se esparce alejándose más y más del universo. Y en sus fracasos por controlar, se retira de aquello que ha intentado controlar, pero se queda conectado a ello en cuanto a "energía muerta". En esta forma tenemos la manifestación de "esparcido por todo el universo".

Este fue el proceso que me indicó que no surgimos de manera innata a partir de un "cuerpo común de theta". Si recorres Separateness, acentuando la diferencia relacionada con la unidad de un thetán con otros thetanes, cosas y espacios, él sigue ganando en tono. Si recorres este proceso al revés, la forma en que él es lo mismo que diferentes elementos o está conectado con ellos, sigue descendiendo de tono. Manejando este último proceso, uno puede empujar a un thetán hacia abajo, hasta llegar al fondo más profundo del estado de aberración. Durante mucho tiempo hemos sabido que la *diferenciación* era la idea básica de la cordura y que la *identificación* era la base de la aberración. Este hecho se utiliza en el procesamiento al recorrer Separateness.

Se puede llegar a la conclusión de que el thetán es un individuo, separado de todos los demás thetanes, y que nunca ha sido parte de ningún otro thetán. Hay muchos incidentes "falsos" implantados en la línea temporal, con los que se hace sentir a un individuo que él es el resultado de una explosión que le ocurrió a un cuerpo más grande. Se le hace sentir también que una vez estaba "entero" y que ahora es sólo una astilla de sí mismo. Esto es sólo un esfuerzo por reducirlo. Siempre ha sido él mismo, siempre será él mismo, hasta el momento en que esté completamente identificado con este universo; en cuyo momento ya no sería él mismo simplemente porque ya no estaría consciente.

Parece que la "única" aberración puede ocurrir *imponiendo* la Verdad Básica (Axioma 35). Aquí descubrimos que el individuo, estando separado, se ve *forzado* entonces a estar separado y desarrolla así un complejo de "el único", intenta repeler al resto del universo y, finalmente, se une al universo ante la imposibilidad de repelerlo. Para crear una aberración, lo único que tienes que hacer es acentuar la verdad, e imponerla a fondo como Otro-determinismo. Por lo tanto, hay cierta Verdad Básica en cualquier cosa que esté mal con un thetán. Y por supuesto, el error básico es que él no es un estático.

Separateness se recorre mejor haciendo que el preclear esté en un lugar al aire libre, donde hay mucha gente, como en R2-46 (Otras Personas) y R2-47 (Diferenciación de Cuerpos).

Las órdenes de auditación son:

"Señala algunas cosas de las que estás separado",
"Señala algunas otras cosas de las que estás separado",
"Señala algunas otras cosas de las que estás separado".

Tal vez creas que hay algún valor en hacer que señale algunas cosas de las que *no* está separado, a fin de hacerle "As-is" a sus conexiones con las cosas. Sin embargo, si comenzaras este proceso de hacer que encuentre cosas de las que no está separado, muy pronto descubrirías que el tono de tu preclear se está deteriorando y que no se recupera. Este es un proceso de una dirección: hacer que señale cosas de las que *está* separado.

Se te debería ocurrir, como aprendimos en R2-43 (Luchar), que un thetán desea gran cantidad de oponentes. Por supuesto, cuanta más separación descubra, más oponentes puede tener, y más lucha puede ver ante él. Esto hace que se sienta contento. Por supuesto, al concebirse identificado con una cantidad enorme de cosas, se queda muy escaso de oponentes. Y esto hace que se sienta desdichado y que sólo escoja cosas contra las que entonces podría luchar y que no son un desafío para él, como su banco de engramas, su cuerpo o su propia maquinaria.

La razón básica de que un thetán conciba muchos puntos de vista remotos es tener separateness de sí mismo. Un thetán puede de hecho estar separado de sí mismo, como punto de vista remoto, y elegirse a sí mismo, un thetán, como su oponente. Muchas personas que están completamente interiorizadas están siendo el cuerpo para poder luchar contra ellas mismas, un thetán. Esto también está invertido. Cuando estaba yo haciendo algunos de estos descubrimientos básicos, me dejaba perplejo encontrar el hecho de que en muchos preclears, el preclear estaba completamente convencido del hecho de que estaba "atacando a un demonio que estaba atacando a su cuerpo". Analíticamente se concebía como thetán, pero en realidad estaba siendo un cuerpo. Y como cuerpo y punto de vista remoto ubicado en su interior, estaba atacando a un cuerpo theta que de hecho lo contenía a él, como thetán. Esta complejidad se producía cuando no se le permitía ni siquiera luchar contra el cuerpo.

Como la totalidad de la emoción equivocada y la debilidad se exhiben únicamente cuando el thetán carece de oponentes y siente que no puede tener una lucha, al recorrer Separateness descubrirás que salen a la superficie muchas emociones equivocadas, debilidades y demás.

Este es un proceso relativamente largo por sí solo, pero debe hacerse en conjunción con R2-46 y R2-47.

Recuerda que el preclear debe tener certeza absoluta de que está separado del ítem. No aceptes ningún "quizás".

R2-49:
Escala DEI

La escala de Desear-Imponer-Inhibir (del inglés *Desire-Enforce-Inhibit*) se repite una y otra vez en ese orden a medida que descendemos por la Escala Tonal. Y por lo tanto se repite en orden inverso cuando encontramos que un preclear está ascendiendo. Al recorrer casi cualquier proceso, se descubrirá que el preclear pronto inhibirá lo que él desea en el presente, y que el preclear impondrá lo que se está inhibiendo en ese momento, y que el preclear pronto deseará lo que se le está imponiendo, y esto a su vez será inhibido de nuevo por el preclear y así sucesivamente.

El Paso IV de SOP 8 (GITA Expandido) da una gran cantidad de ítems que son muy útiles para subir el tono. A continuación se da el número de ítems que producen el mayor efecto, cuando se usan como se prescribe en el Paso IV de SOP 8 (que se da en este libro):

Lucha

Auto-determinismo

Engramas

Salud

Cordura

Paz

Maldad

Tiempo Presente

Imaginación

Control

Usando cualquiera de ellos, poniéndolos en el espacio en blanco de estas órdenes de auditación, recorremos la Escala DEI de esta manera:

"Desperdicia algo de lucha",
"Haz que otro desperdicie algo de lucha".

Esto se hace hasta que se agote el retardo de comunicación.

Luego:

"Haz mock-up y tira hacia dentro algo de lucha".

"Desperdicia algo de _____",
"Haz que otro desperdicie algo de _____", y así sucesivamente, hasta que el retardo de comunicación se haya igualado.

"Haz mock-up y tira hacia dentro algo de _____",
"Haz mock-up y tira hacia dentro algo de _____",
"Haz mock-up y tira hacia dentro algo de _____", de nuevo, hasta que el preclear no tenga ningún retardo de comunicación.

"Desea algo de _____",
"Haz que otro desee algo de _____".

De modo que en el procesamiento nos aproximamos a la Escala DEI mediante *desperdiciar* para inhibir, *aceptar* para imponer, y simplemente con la idea para desear.

Hay muchos otros factores que se podrían utilizar en este proceso y que se han utilizado en este proceso, como Problemas, Cuerpos Saludables y demás. Pero estos no son tan eficaces como la lista que se da anteriormente, que es la lista predilecta entre todos los demás factores que podrían utilizarse.

Puede usarse otra lista con considerable eficacia, y se trata de la Escala de Saber a Misterio.

Uno haría entonces que el preclear *desperdiciara, aceptara* y *deseara*, en ese orden, los siguientes ítems, en este orden:

Misterios

Problemas

Sexo

Comer

Símbolos

Esfuerzo

Emoción

Visión

Audición

Pensamiento

Es interesante observar que una persona que tiene cierre sónico se está aferrando al silencio. Se le puede hacer *desperdiciar, aceptar* y *desear*, dolor e inconsciencia de sónico y visión.

Al recorrer dolor con la Escala DEI, descubrirás que el thetán de hecho desea dolor: cualquier sensación es mejor que ninguna sensación.

R 2-50:
Cambiar Opiniones

El proceso básico de un thetán es simplemente hacer que cambie de opinión. La mayoría de los thetanes caen por debajo del nivel de los factores mecánicos. Se les tiene que subir a un punto donde no los manejen los factores mecánicos antes de que puedan simplemente cambiar sus consideraciones. Si Cambiar Opiniones funcionara en cualquier thetán, entonces sería el único proceso de Scientology. Pero no funciona en los thetanes que están interiorizados, ya que están siendo otras cosas diferentes a sí mismos. Y cuando comienzan a cambiar de opinión, simplemente están cambiando otra cosa.

Cuando tienes a un thetán exteriorizado, lo único que tienes que hacer es pedirle que cambie de opinión. Y así lo hará, a menos que esté todavía muy cargado de consideraciones mecánicas, con las que se haya puesto tan enteramente de acuerdo que no pueda cambiar de opinión de inmediato.

No obstante, este proceso puede utilizarse con un thetán que no está exteriorizado y con aquellos que se exteriorizan con dificultad, haciendo que estén de pie en un lugar con la idea de que tienen que *"aparecer ahí"* y luego hacerles cambiar de opinión, y que *"desaparezcan de ahí"*. O simplemente hacer que estén de pie en un lugar hasta que cambien de opinión y luego que vayan a otro lugar y cambien de opinión. Esto se hace moviendo realmente el cuerpo de un lugar a otro, como se hace la mayor parte de la auditación en estos días.

Las órdenes de auditación para esto serían:

"Camina hasta ese punto (indicándole un punto al preclear)*"*,
"Ahora decide que tienes que aparecer ahí",
"Ahora cambia de opinión y decide que tienes que desaparecer de ahí",
"Ahora cambia de opinión y decide que tienes que aparecer ahí", y así sucesivamente.

Esto también se puede mezclar con el Procedimiento de Apertura (R2-16) haciendo que el preclear seleccione un punto, luego cambie de opinión acerca del punto, seleccione otro punto, cambie de opinión acerca de ese punto, y seleccione otro punto; hasta que sepa que él mismo está cambiando de opinión.

Cuando está exteriorizado, el thetán puede cambiar de opinión en cualquier tema con mucha facilidad, simplemente cuando se le dice. Muy a menudo no se da cuenta de que puede cambiar por completo los factores de su vida simplemente cambiando de opinión y por lo tanto, su auditor tiene que pedirle que lo haga.

Una nota de advertencia: esto no da gran resultado con preclears interiorizados.

R2-51:
Procesamiento de Escala Ascendente

Este es uno de los procesos más antiguos de Scientology. Consiste en pedirle al individuo que tenga "cualquier idea que pueda" acerca de los botones de la Tabla de Actitudes y luego que "cambie sus ideas hacia arriba".

Usando este proceso, se ha mejorado todo el sistema endocrino del preclear.

Las órdenes de auditación dependerían de la Tabla de Actitudes. Los botones de la Tabla de Actitudes son:

Muerto – Sobrevive

Incorrecto – Correcto

No Responsabilidad – Totalmente Responsable

No Posee Nada – Posee Todo

Nadie – Todos

Nunca – Siempre

Parado – Fuente de Movimiento

Alucinación – Verdad

Desconfianza – Fe (Confianza)

No Sé – Sé

Efecto Total – Causa

No Soy – Soy

Perder – Ganar

Parar – Comenzar

Identificación – Diferencias

Tuvo – Ser

Las órdenes de auditación que se usan en este proceso vienen a continuación:

"¿Qué tan cerca puedes llegar a confiar en todo el mundo?".
"¿Ahora tienes esa idea?".

Y cuando el preclear la tiene:

"Muy bien. Cambia esa idea hasta llegar tan alto como puedas hacia la confianza".

Haz esto muchas veces con el preclear en un ítem de la lista antes de pasar al siguiente.

R2-52:
Desconocimientos

Uno de los riesgos de Dianética era que quitaba todos los datos del banco y dejaba en el banco *esfuerzo* y *sustancias desconocidas*. No se les hacía As-is a los esfuerzos ni a los desconocimientos.

Una de las órdenes básicas de auditación de esto es:

"Dime algunos incidentes desconocidos".

El preclear, al intentarlo, encontrará de inmediato incidentes conocidos que surgen rápidamente. Le está haciendo As-is a lo desconocido.

Una de las mejores maneras de usar Desconocimientos es con un grupo de Separateness (R2-48), donde el preclear está afuera mirando a otras personas. Haz que capte cuánto es desconocido para cada una de estas personas, con la siguiente orden de auditación:

"Ahora encuentra una persona y pon algo de desconocimiento en ella",
"Ahora encuentra otra persona y pon algo de desconocimiento en ella".

Una variación de esto es:

"Pon desconocimiento de ubicación en una persona",
"Ahora otra persona", y así sucesivamente.

La razón de que se use la ubicación es que es parte de la definición de "estupidez" (Axioma 38). También se puede usar tiempo, con la siguiente orden:

"Pon algunos tiempos desconocidos en esa persona",
"Ahora pon algunos tiempos desconocidos en esa persona", y así sucesivamente.

Recuerda recorrer siempre la misma orden de auditación, una, otra y otra vez, hasta que haya dejado de haber cambio en el preclear.

R2-53:
Reparar

Un proceso de cuatro estrellas.

Parece bastante obvio que deberíamos manejar "reparar" como proceso, ya que eso es lo que hemos estado haciendo en Dianética y Scientology. Si un preclear no puede reparar por sí mismo, consigue ayuda: un médico o un ministro. Si el auditor no puede reparar, no recorrerá procesos para poner bien al preclear. Otorgar beingness tiene la "reparación" como parte importante de su ámbito.

El ciclo-de-acción del universo MEST para este proceso podría ser:

Crear-Reparar (Cambiar)-Deteriorar (Cambiar)-Destruir.

Las órdenes de auditación de este proceso son:

"¿Qué no te molestaría reparar?".
"¿Qué no te molestaría dejar que otros repararan?".
"¿Qué te molestaría reparar?".
"¿Qué te molestaría que otros repararan?".
"¿Qué no sabes cómo reparar?".
"¿Qué es lo que otros no saben cómo reparar?".

Lo anterior es el proceso principal y debería hacerse muchísimo hincapié en él. Los retardos de comunicación son muy largos, y el proceso no debe recorrerse brevemente. Termina una orden, reduciendo todo retardo, usándola muchas veces, y haz que la pregunta se conteste cada vez. Úsalo durante horas.

Otras preguntas indicadas se recorren utilizando lo siguiente en lugar de "reparar" y usando la forma de la pregunta anterior:

Crear, (Reparar) Cambiar, Deteriorar, Destruir, o
Comenzar, (Cambiar) y *Parar*: los factores del control.

Un grupo específico de procesos, que se ha descubierto que logran mucho para los preclears, consiste en R2-53 Reparar, seguido de R2-44 Debe y No Debe Suceder, seguido de R2-43 Luchar, seguido de R2-42 Pan-determinismo. Esta serie, recorrida con las órdenes de auditación mencionadas, es de una eficacia enorme.

La auditación completa de un preclear en muy malas condiciones podría seguir este plan:

R2-16 Procedimiento de Apertura de 8-C, durante varias horas;

R2-17 Procedimiento de Apertura por Duplicación, durante varias horas;

R2-20 Uso de Problemas y Soluciones, usando las órdenes que se dan en el último párrafo de esa sección.

Luego:

R2-53 Reparar;

R2-44 Debe y No Debe Suceder;

R2-43 Luchar;

R2-42 Pan-determinismo;

R2-39 Concebir Algo Interesante, como se da en sus últimos párrafos;

R2-54 Flujos;

R2-55 Importancia.

Si se usan en este orden exacto, se puede lograr que ocurran en un preclear cambios continuos y verdaderamente maravillosos, aunque fuera completamente psicótico al comenzar el proceso. Podrían diseñarse muchas rutas así, pero resulta que esta ruta en concreto se ha puesto a prueba en este orden con preclears y se ha descubierto que funciona.

R2-54:
flujos

El procesamiento de flujos se ha probado varias veces en Scientology. Y siempre se ha descubierto que había muchos preclears que no los podían manejar con los procesos que ya se han dado. Por lo tanto, hubo una concentración en el estático y en el objeto, y se evitaron los flujos. Sin embargo, R2-54 supera esta dificultad del pasado. Esta es una manera realmente espléndida de hacer que un preclear cambie sus consideraciones. Pero debería recorrerse durante suficiente tiempo para quitar los somáticos que activa, ya que los somáticos que R2-54 activa pueden ser fuertes.

Este proceso es extremadamente simple de recorrer, pero, como todos los demás procesos que aparecen aquí, debe recorrerse exactamente como se da para producir el resultado deseado. Consiste en hacer que el preclear señale cosas que *inhiben, imponen* y *desean* flujos.

Las órdenes de auditación serían como sigue:

"Mira alrededor de ti y señala algunas cosas, una tras otra, que inhiben flujos",
"Ahora señala algunas más",
"Ahora señala algunas más".

Luego:

"Mira alrededor de ti y señala algunas cosas que imponen flujos",
"Ahora señala algunas más",
"Ahora señala algunas más".

"Ahora mira alrededor de ti e indica algunas cosas que desean flujos",
"Ahora señala algunas más",
"Ahora señala algunas más".

"Ahora mira alrededor de ti y señala algunas cosas que inhiben flujos",
"Ahora señala algunas más",
"Ahora señala algunas más", y así sucesivamente.

Si el preclear está indicando personas, descubrirá muy rápidamente que la gente está imponiendo e inhibiendo flujos. También descubrirá que el habla es un flujo. También descubrirá que el universo está compuesto de estos flujos. Al preclear se le debería permitir descubrir estas cosas por sí mismo. Descubrirá, por ejemplo, que la negrura impone un flujo.

Si un preclear desea saber qué es un flujo, señálale que una bombilla está haciendo fluir ondas de luz a la sala y que un objeto las está reflejando.

Por supuesto, se trabaja mejor con este proceso como parte del grupo en que se lleva al preclear afuera y se le pide que señale personas (R2-46, R2-47, R2-48) y de hecho, pertenece a ese grupo.

Este es definitivamente un proceso de cuatro estrellas.

R2-55:
Importancia

Este es un proceso de cinco estrellas.

Tal vez sea muy malo recorrer este proceso inmediatamente en un preclear. Y un auditor nunca debería comenzar un caso con dicho proceso. Hoy en día, los auditores comienzan sólo con Procedimiento de Apertura de 8-C, y después hacen Procedimiento de Apertura por Duplicación, y normalmente después hacen Problemas y Soluciones, y sólo entonces pasan a procesos tan difíciles como este.

A pesar de que este es un proceso difícil, no es difícil hacerlo. Es difícil porque produce un cambio tan rápido en el preclear que es probable que se le deje en algún estado en que considere que todo es "fútil" y porque, mediante el proceso, se hace que esté en desequilibrio con el universo, con su vida y con su entorno. Y si se recorriera en un preclear que estuviera teniendo dificultades, sin recorrer primero el Procedimiento de Apertura de 8-C y el Procedimiento de Apertura por Duplicación, él tendría, por supuesto, tendencia a parar el que se le audite. Ya que se le zambulliría en la futilidad de todo, incluyendo la auditación.

La idea básica de la Importancia es simplemente esta: cualquier cosa que sea importante es sólida o grande. Y cuanto más importante cree ser una persona, es probable que se vuelva más grande. O cuanto más importante piense una persona que es algo, es probable que lo haga más sólido. Quien crea que las mentes son importantes, es probable que las haga sólidas. De esto, obtenemos inmediatamente el tipo de banco que tienen algunas personas; con sus facsímiles sólidos y, en consecuencia, masas y riscos.

Comenzamos a encontrar esto hace algunos años cuando descubrimos que cualquier cosa que validáramos cobraba más prominencia. En aquel entonces, yo no sabía por qué pasaba esto y ahora he descubierto que es porque las cosas que se consideran importantes se vuelven más sólidas.

A esto también podría llamársele "Procesamiento de Juegos", pues aquí estamos manejando la parte más importante de Importancia; el hecho de que para tener un juego, tiene que haber algo importante que defender, que tener, que atacar. No hay juego a menos que uno tenga algún elemento que sea importante, pues si no fuera sólido, no le sería visible a nadie sino a él mismo.

"Importante" y "sólido" pueden considerarse sinónimos para nuestros fines.

Las órdenes de auditación que recorren esto son muy simples y se continúan durante un tiempo sin cambio de orden.

Primera:

"Dime algunas cosas que son importantes",

"Dime algunas cosas más que son importantes",

"Dime algunas cosas que son importantes para otras personas",

"Dime algunas cosas más que son importantes para otras personas", alternadamente en esto.

Luego:

"Señala algunas cosas que son importantes",

"Señala algunas cosas más que son importantes",

"Señala algunas cosas que otras personas consideran importantes",

"Señala algunas cosas más que otras personas consideran importantes".

Luego:

"Dime algunas cosas que no son importantes",

"Dime algunas cosas más que no son importantes",

"Dime algunas cosas que no son importantes para otras personas",

"Dime algunas cosas más que no son importantes para otras personas",
alternadamente en esto.

Luego:

"Señala algunas cosas que no son importantes",

"Señala algunas cosas más que no son importantes",

"Señala algunas cosas que otras personas no consideran importantes",

"Señala algunas cosas más que otras personas no consideran importantes".

En vista del hecho de que cada consideración de que algo es importante tiende a agregar masa y que cada consideración de que algo no es importante tiende a restarle masa, y en vista del hecho de que la consideración de que algo es importante es el segundo postulado después de la verdad de que no era importante, descubrimos el mecanismo que causa que las mentes formen masas grandes, como los facsímiles y engramas.

Al principio, uno consideró que su mente no tenía importancia, luego la consideró importante, y luego de nuevo que no tenía importancia, y luego de nuevo que era importante. Y esta actividad cíclica pone en existencia la mente como masa; es decir, crea la mente reactiva.

De vez en cuando descubrimos que las personas que están teniendo dificultades considerables (así como el caso abierto de par en par y el caso ocluido) tienen una masa considerable de energía a la que llaman su mente. Ellos piensan a base de facsímiles, se comportan basándose en las órdenes del facsímil. El origen de esto se puede encontrar de inmediato en la consideración de que la mente es importante, no es importante, es importante, no es importante, es importante, no es importante, en un ciclo repetitivo.

Un proceso indicado para remediar esta condición sería:

"Localiza algunos puntos",
"Localiza algunos más", etc.

Y:

"Localiza algunos puntos donde otros pensaron que la mente no era importante",
"Localiza algunos puntos más de ese tipo", y así sucesivamente.
"Localiza algunos puntos donde pensaste que la mente era importante",
"Localiza algunos puntos más de ese tipo", y así sucesivamente.
"Localiza algunos puntos donde otros pensaron que la mente era importante", etc.

Esta secuencia de órdenes debería recorrerse, cada una, hasta que el retardo de comunicación se haya agotado. Y luego, como en todas las secuencias que hay en este libro, debería repasarse de nuevo varias veces.

Un proceso vital, aunque arduo en cierta forma, que es muy importante recorrerlo en los scientologists es:

"Localiza algunos puntos donde pensaste que el pensamiento no era importante",
"Algunos más",
"Algunos más", etc.
"Localiza algunos puntos donde otros pensaron que el pensamiento no era importante", etc.

"Localiza algunos puntos donde pensaste que el pensamiento era importante", etc.

"Localiza algunos puntos donde otros pensaron que el pensamiento era importante", etc.

Esto cruza Importancia con Concebir un Estático (R2-40).

Otra pregunta indicada es:

"¿Qué cosas importantes podrías ser?".
"Dime algunas otras cosas importantes que podrías ser".

Y luego:

"Dime algunas otras cosas importantes que podrías hacer como thetán",
"Dime algunas otras cosas importantes que podrías hacer como thetán".

Una fórmula general sobre Importancia sería localizar puntos en que el preclear consideró que todo lo que hay en la Escala de Saber a Misterio era importante, enfatizando palabras, sonidos, vistas, negrura y energía. Recorriendo este proceso, puedes esperar una recuperación considerable de la educación del preclear.

Casi toda la educación se le ha machacado al preclear como una "actividad sumamente importante". De hecho, le será útil en la medida en que la considere con despreocupación. Esto explica en cierto grado la diferencia tremenda en la actitud hacia la educación entre alguien entrenado por tutores informales que muestran interés y alguien entrenado entre el peso agobiador del sistema público escolar, con todos los horrores del examen que tiene que aprobar. Y explica el completo fracaso de las universidades para hacer que exista, mediante la educación, una clase de líderes. El secreto radica enteramente en el hecho de que la educación es eficaz en la medida en que sea agradable, pausada e informal y es ineficaz en la medida en que se enfatice que es importante. Por ejemplo: darle a la aritmética la categoría de "algo terriblemente importante" es hacer que el estudiante finalmente posea un montón sólido de energía que, siendo totalmente inservible para él, se quedará ahí como "aritmética". Esto también explica el fracaso del niño prodigio. Generalmente sus padres consideran que su carrera es tan importante, que al final el que toque el piano o pinte se convertirá en una masa de energía. Será bueno y eficaz en la medida en que pueda cambiar sus consideraciones. Y uno no cambia fácilmente sus consideraciones frente a tales masas de energía.

Los auditores a menudo se han hecho preguntas sobre la resistencia del preclear a activar sónico y visión y sobre la persistencia de la negrura. Aquí tenemos de nuevo un problema de importancia. Cuanto más sorda se vuelva una persona, o cuanto menos sónico tenga una persona, más tiende a pensar que es importante para ella tener este atributo. Y por supuesto, menos lo tiene, cuanto más sólido se vuelve. Se podría decir que la solidez es "estupidez".

Aquí tenemos también, el tremendo énfasis que se pone en las palabras, como se dice en el Libro Uno. Cuanto más importantes sean las instrucciones, más importantes son las palabras. Cuanto más importante se vuelve el habla, como en la semántica general, más se entierran las palabras en el banco reactivo, y por lo tanto, más poderosas se vuelven. Si tuvieras que escoger un único proceso por su Importancia, el que más sirviera, probablemente sería el que *desperdiciara* palabras, las *aceptara* y las *deseara*, en brackets. Y que luego, hiciera que el preclear localizara todos los puntos donde las palabras se consideraron *fútiles* y donde las palabras se consideraron *importantes*, para él y para los demás.

Estamos ante el "truco maestro". Una persona está bien en la medida en que sea libre y carezca de depósitos de energía descontrolados. Pero estos se acumulan en la medida en que ciertos aspectos de la existencia se enfatizan como *importantes*.

R2-56:
Procesamiento de Juegos

El Procesamiento de Juegos de 1954 es bastante diferente de sus predecesores. Pero en Scientology, los fundamentos son los mismos de siempre. La actividad, acción o ambición más elevada es "tener un juego". Un juego requiere que uno cree o tenga un oponente. Toda la serie que se centra en Luchar es de hecho el nivel inferior del Procesamiento de Juegos (lo que explica su enorme eficacia).

Para Procesar Juegos directamente, el primer proceso indicado sería el que se toma del Procesamiento de Descripción (R2-34) el cual haría As-is de ciertas características indeseables. Esto se haría con la orden:

"Dime algunos juegos que no son divertidos",

"Dime algunos juegos más que no son divertidos",

"Dime algunos juegos más que no son divertidos", hasta que en gran medida se le haya hecho As-is a la Apatía y al Antagonismo hacia los juegos, en general.

En vista de que un oponente es una parte esencial de los juegos, el procesamiento de oponentes, en general, produce resultados interesantes en un caso. Simplemente podríamos mejorar las *consi-deraciones* del preclear, en cuanto a oponentes, preguntándole:

"¿Qué clase de oponentes podrías tener?", y continuar con esto hasta que haya desaparecido todo retardo de comunicación.

O se podría hacer que el preclear *desperdicie, acepte* y *desee* oponentes, donde el aceptar se lleva a cabo haciendo que haga mock-up de un oponente y remedie su havingness al respecto.

Otro proceso interesante que produce resultados excelentes es:

"Nombra algunos papeles no románticos",
"Nombra algunos papeles más no románticos", y así sucesivamente.

"Nombra algunos papeles románticos",
"Nombra algunos papeles románticos más", y así sucesivamente.

"Nombra algunos papeles no románticos",

"Nombra algunos papeles más no románticos", y así sucesivamente, en forma alterna, hasta que el preclear haya recuperado la capacidad de imaginar algunos papeles.

De hecho, el cine, la televisión y sus manuales de propaganda le han dado papeles hasta el punto de que sólo aceptará un papel que esta sociedad apruebe en general, tal y como se representa en la ficción. Podría decirse que esta es una sociedad transformada en ficción intencionalmente. Los matrimonios a menudo se hacen añicos simplemente porque Juan Pérez y María González no se casaron. Juan Pérez, representando a Alan Ladd, se casa con María González representando a Lana Turner. Y un Alan Ladd ficticio casado con una Lana Turner ficticia va a quedar decepcionado. Aunque no hay ninguna razón bajo el Sol por la que Juan Pérez no deba ser un tipo bueno e interesante, haciendo un papel interesante, y por la que María González no deba representar un papel ella misma, como ella misma. Pues la gente es interesante en la medida en que pueda postular y representar los papeles que la vida le exige y hacer que estos existan.

El Bardo de Stratford-on-Avon dijo que "El mundo entero es un escenario", pero no nos dio el proceso mediante el cual podríamos ser "actores". Tu preclear ha sido "público" y este proceso lo saca a patadas de ser público para ser actor, (que es más o menos lo que un auditor está intentando hacer con un preclear). No puede tener ningún juego si todo el mundo está siendo público y nadie está actuando.

La escasez de papeles que una persona realmente puede representar en esta sociedad es tal que normalmente descubrimos que un preclear continúa interpretando cualquier papel que se le haya dado en alguna obra teatral en el colegio, que le pareció romántico. Conozco a varios preclears en quienes la única dificultad es que jamás han dejado de ser el gángster que interpretaron tan bien en la representación de *Agente 666*, cuando estaban en secundaria, o la prostituta que hicieron con tanta excelencia en la representación de *Lluvia* en el club teatral universitario.

Un proceso que no se recomienda y que más o menos es un callejón sin salida sería dedicarse a pedirle al preclear "cosas por las que valdría la pena luchar". Como él sólo puede *postular* cosas por las que vale la pena luchar, y como está tan bajo en la escala en esto, el proceso es difícil, pero se puede usar.

Muy normalmente, un preclear tiene el "jugar" y el "trabajar" separados muy claramente.

La diferencia entre juego y trabajo es que, en el decir popular, el juego es divertido y el trabajo no lo es, a tal grado que hoy sólo tenemos trabajo. En vista del hecho de que el esfuerzo es estupidez a menos que se comprenda, la dificultad general que tiene la gente es esforzarse al intentar jugar.

Muy a menudo un médico le aconsejará a alguien que "deje de trabajar tanto" y que "comience a jugar". El hecho es que un ejecutivo muy comúnmente tiene su trabajo como su único juego, (y realmente *juega* cuando está trabajando y tiene que *trabajar* para jugar) y por lo tanto el médico le ha asignado un trabajo difícil al decirle que tiene que jugar.

Por lo tanto, tenemos una inversión.

"¿Qué tipo de juego podrías tener?".
"Dime algunos juegos más que podrías tener", es un proceso útil.

"¿Qué tendrías que ser para tener un juego?".

"Algunas otras cosas que tendrías que ser para tener un juego", llevado adelante, intercalado con una descripción real hecha por el preclear de cada juego que enumere, es muy eficaz.

El siguiente proceso está muy arriba en cuanto a eficacia en todos estos procedimientos:

"¿Qué tipo de juego podrías tener que involucrara a _____?".

Al hacer esta pregunta, el auditor señala algún objeto del entorno inmediato y se hace que el preclear describa qué clase de juego podría tener con ese objeto. El auditor señala entonces otro objeto del entorno y pregunta:

"¿Qué tipo de juego podrías tener que involucrara a _____?".

Pronto le quedará claro al preclear que ha estado intentando jugar juegos en ausencia de oponentes, que se ha aferrado a la mayoría de los desastres que le han ocurrido en su vida porque significaban la pérdida de oponentes.

Aquí encontramos al niño que ha crecido solo, soñando oponentes ilusorios. Y más tarde lo encontramos haciendo mock-ups de demonios. Siempre que entramos en un manicomio y descubrimos a alguien trabado en una batalla con demonios (o que tiene un demonio, que tiene un ángel guardián, o que tiene uno de estos asistentes u oponentes míticos), estamos mirando a alguien que encontró que los oponentes son tan escasos que tuvo que hacerles mock-up. Y habiéndoles hecho mock-up, fue incapaz de hacerles unmock; ya que no se presentó ningún oponente nuevo.

La razón de que la guerra ponga a todo el mundo en acción y acelere la producción en un país es que se ha introducido un oponente tangible y la gente aceptará oponentes tangibles por encima de oponentes ilusorios.

La actividad del hombre al luchar contra sí mismo, las actividades de los thetanes al luchar contra sí mismos se originan todas a partir de este esfuerzo por jugar juegos en ausencia de oponentes.

"¿Qué tipo de juego podrías tener que involucrara a _____?" se debería recorrer hasta que el preclear sea consciente de todo lo que está haciendo con respecto a oponentes sin jamás mencionarle a él ningún oponente.

R2-57:
Procesos

El procesamiento de Procesos en realidad pertenece a Vía (R2-41). Es extremadamente importante hacerlo. Las células, los árboles, la totalidad de la vida está ocupada en llevar a cabo procesos. Normalmente los llevan a cabo de manera inconsciente.

Uno de los métodos para resolver esta fijación en los procesos es hacer que el preclear planee hacer algo muy simple, como mover un cenicero. Haz que lo planee en su totalidad y luego haz que lo lleve a cabo exactamente como lo planeó. Esto se hace muchas veces, con muchos objetos.

Otra manera de realizar este proceso es:

"Descubre cosas en el entorno que están usando procesos", y
"Descubre cosas en el entorno para las que podrías inventar procesos".

R2-58:
Pérdida

El tema de la pérdida es un estudio completo en sí. Es también el tema del havingness.

La pérdida da como resultado *Degradación*, *Fallas de la Memoria*, *Negrura* y lo que solíamos llamar: "Atorado en la línea temporal". Así que este es un tema importante.

La Pérdida en sí, sólo puede ocurrir cuando ha ocurrido primero la consideración de que uno *quiere*, *necesita* o tiene que *tener*.

Cuando uno pierde algo "importante", lo sustituye arrastrando hacia sí depósitos de energía y facsímiles.

Esta es la Escala de Sustitutivos Adquiridos a Causa de las Pérdidas:

Espiral Acumulativa
           Tiempo Detenido

Objeto

Pérdida

sustitutivo del Objeto poseído
   Pérdida

sustitutivo del Objeto de otros
   Pérdida

sustitutivo Mock-up
   Pérdida

sustitutivo Mock-up poseído
   Pérdida

sustitutivo Mock-up de otros
   Pérdida

sustitutivo Problema
   Pérdida   < Perdido por solución
                    Perdido por oclusión

sustitutivo Problema poseído
    Pérdida

sustitutivo Problemas de otros
    Pérdida

Negrura sustitutiva
            (¿algo en ella?)
    Pérdida

sustitutivo Negrura poseída
    Pérdida

sustitutivo Negrura de otros
    Pérdida

sustitutivo Inconsciencia
    Pérdida

sustitutivo Inconsciencia propia
    Pérdida

sustitutivo Inconsciencia de otros
    Pérdida

sustitutivo Inconsciencia propia
    Pérdida

sustitutivo Inconsciencia
    Pérdida

sustitutivo Negrura de otros
    Pérdida

sustitutivo Negrura propia

Alucinación

El Remedio de Havingness es un buen proceso para superar la pérdida.

Sin embargo, la pérdida es una consideración.

Los siguientes procesos remedian consideraciones que tengan que ver con havingness:

"¿Qué asistencia necesitas para sobrevivir?".
"¿Qué asistencia necesitan otros para sobrevivir?".

La Línea Directa más eficaz en esto es:

"Nombra algunas posesiones importantes",
"Algunas más", etc.
"Nombra algunas cosas que es importante no tener".

Ya que el havingness baja a Posesión, luego a Protección, luego a Ocultar, tenemos:

"Nombra algunas cosas que es importante proteger".

"Nombra algunas cosas que es importante ocultar".

"Nombra algunas cosas que es importante mostrar (exhibir)".

Estas son manifestaciones de nivel inferior.

"Posesiones importantes" causará la exteriorización.

R2-59:
Supervivencia

Siempre que, en los últimos dieciséis años, he encontrado un proceso que no era práctico, he descubierto que el proceso que no era práctico evitaba el Principio Dinámico de la Existencia, Sobrevive. En otras palabras, no importaba mucho cómo se adornara este principio, si se incluía en el proceso o razonamiento, se producía cierta funcionalidad.

El Principio Dinámico de la Existencia: Sobrevive, y su aplicación en cuanto a las dinámicas, es fácilmente el mayor descubrimiento en Dianética.

Aun cuando le agregamos el resto de la curva del ciclo-de-acción del universo MEST, Crear-Sobrevivir-Destruir, encontramos que *Sobrevivir* es la potente verdad que hay en él.

Así, los procesos de Scientology o de Dianética se vuelven ineficaces si descuidamos la *Supervivencia* en nuestro razonamiento.

Sobrevivir tiene como su dicotomía Sucumbir. Cuando uno está por debajo de 2.0 en la Escala Tonal, toda Supervivencia le parece *maldad*. VIVO = MALVADO, para el caso que está sucumbiendo. Castigar es declarar que una cosa es malvada. Ser malvado es rechazar la Supervivencia.

Las dinámicas son un desglose de la dinámica de Supervivencia en ocho partes. Cada dinámica a su vez se desglosa en muchas partes. De esta manera, tenemos la vida. Y estas interacciones de la Supervivencia *son* la vida.

Si tu preclear no es Clear, está evitando la Supervivencia en una o en muchas de las dinámicas. Sus consideraciones acerca de la Supervivencia son su personalidad.

Te digo esto no sea que se nos olvide. Dianética es una ciencia de *precisión*. Se origina de este estudio y sistematización de la Supervivencia. La Supervivencia *es* el porqué.

El Procedimiento de Apertura de 8-C (R2-16) funciona porque el preclear, al localizar MEST, está reconociendo: "¡Mira! Después de todo lo que he pasado, he Sobrevivido".

Hacer que un preclear localice, en una multitud, el potencial de Supervivencia de la gente es un procesamiento estupendo.

La orden de auditación:

"Señala algunas cosas a tu alrededor que no están Sobreviviendo", hará surgir Pesar o Apatía.

"Señala algunas cosas que están Sobreviviendo", es bastante potente.

"Señala algunos métodos desconocidos de Sobrevivir", es una de estas preguntas "desvanecedoras"; él casi puede contestarla durante horas.

Dado que un thetán es inmortal, no puede hacer otra cosa que Sobrevivir. Cuando se da cuenta de esto, su juego puede convertirse en: "¿Cómo puedo sucumbir?".

La Supervivencia tiene recompensa. Esa recompensa es la sensación de placer. Esto se adquiere mediante el Interés. Uno intenta Sobrevivir siendo interesante. Le exige a la vida que él esté interesado.

De modo que, con el preclear en una multitud:

"¿Qué podría (tener, hacer, ser) esa persona (auditor indicando a una persona) *que no sería interesante?".*
"¿Qué podría (tener, hacer, ser) esa persona que no sería interesante para tu (aliado)*?".*

El preclear le ha hecho As-is a todo el interés de la vida y ha dejado intactas las cosas que no son interesantes. Cuando intenta interesarse de nuevo, riscos que no son interesantes absorben su interés.

"¿Qué sueños (metas) te parecería que no son interesantes?", es interés + futuro = Supervivencia.

Una orden de auditación devastadora, mientras que el preclear está afuera mirando a la gente y al mundo, es:

"¿Qué sueños podría tener esa persona que no te interesarían?".

"¿Qué sueños podría tener esa persona que no le interesarían a tu madre (y a otros aliados)*?"*.

El interés de los aliados hace posible la Supervivencia. Cualquier cosa que logre interesar a los aliados (puntos-de-orientación y símbolos), podría, entonces, ser un mock-up provechoso para el preclear durante toda su vida. La sífilis, la obesidad y la estupidez podrían ser suficientemente "interesantes" para los aliados como para hacer que el preclear las tenga durante toda su vida. Ya que un aliado interesado significa futuro, y eso es Supervivencia.

Haz una lista de *todas* las personas que ha conocido desde que nació. Pregúntale, muchas veces, por cada uno:

"¿Qué sería interesante para (aliado)*?"*, y encontrarás su facsímil de servicio y la fuente de sus aberraciones y psicosomáticos.

"¿Qué dinámica podrías abandonar?", se podría usar con un scientologist.

La pregunta más básica acerca de cuerpos, siendo estos organismos celulares, es:

"¿A qué no Sobreviviría una célula?".

"¿A qué más no Sobreviviría una célula?", y así sucesivamente.

Este es un proceso de Dianética muy antiguo, pero muy poderoso para la reparación de cuerpos. Órganos, partes del cuerpo y tipos de cuerpos pueden sustituir a células en la pregunta anterior.

Recuerda que tu meta es mejorar la Supervivencia del preclear. Si él piensa que la Supervivencia es mala, si sucumbir es la única manera en que puede obtener interés, tu camino se facilitará recordando y procesando el Principio Dinámico de la Existencia, Sobrevivir, en todas las dinámicas o en cualquiera de ellas, por medio de cualquier tipo de proceso. Y esta es la lógica de Dianética que un scientologist puede usar libremente.

R2-60:
La Comunicación Oculta

"Localiza algún knowingness oculto", es una orden de auditación que si se continúa adecuadamente, abre las puertas a la libertad.

En *Scientology 8-8008* encontrarás una escala que comienza en su peldaño inferior con Oculto. Encima de eso está Protección. Encima de eso está Posesión. Recientemente he descubierto que el ciclo de DEI y la escala inferior antes mencionada se unen para hacer que la escala sea:

Curiosidad

Deseo

Imposición

Inhibición

Propiedad

Protección

Oculto

Y he descubierto que el camino ascendente a través de esta escala es la comunicación.

El knowingness se condensa. Intentar saber se convierte en el primer nivel de comunicación. Este "mirar para saber" se condensa en "expresar emoción para saber", lo cual se condensa en "esfuerzo para saber", lo cual se convierte a su vez en "pensar para saber", lo cual se condensa luego en "símbolos para saber", lo cual (y esto es lo asombroso) se convierte en "comer para saber", lo cual se convierte en "actividad sexual para saber", que luego se convierte en olvido del saber o "misterio".

Una partícula de energía es un knowingness condensado. Intentar descubrir o mover una de estas partículas es una acción que tiene la meta del knowingness.

La circunspección y el pensamiento sombrío, se convierten y son en la mente el esfuerzo por saber, por atraer knowingness hacia dentro.

El Otro-determinismo es sólo otro knowingness.

Los aspectos de "saber" son los denominadores comunes de cualquier escala de Scientology. Cuando el knowingness se hace mediante la comunicación, tenemos partículas de emoción y esfuerzo cambiando de posición.

Esta lucha por saber no sólo somos tú y yo trabajando en Scientology habiéndonos vuelto locos al hacerlo. Es la vida y todas sus manifestaciones, incluyendo el espacio, la energía, la materia y el tiempo. Cada una es sólo una barrera al knowingness. Una barrera es una barrera sólo porque impide el knowingness. Las barreras no existen para el knowingness completo.

¿Y qué hay que saber? Sólo que el knowingness puede variar. Uno tiene que *inventar* cosas para saber. Ya que sólo hay knowingness, y el knowingness no tiene datos, ya que un dato es un knowingness inventado, no un knowingness verdadero. El lema de cualquier partícula por debajo de lookingness es: "Sólo la energía te lo puede decir".

Manejamos R2-60, la Comunicación Oculta, de esta manera:

"Localiza algunas comunicaciones ocultas",
"Y ahora localiza algunas otras comunicaciones ocultas", y así sucesivamente.

Posiblemente tengamos que dirigir al preclear más de cerca con:

"Señala el punto",
"¿Qué tan lejos parece estar?".
"¿Estás localizando ahí una comunicación oculta?", y preguntas de este tipo, mientras mantienes buen ARC.

Se le podría pedir que localizara clases específicas de comunicaciones ocultas, como con esta orden:

"Localiza algunas comunicaciones ocultas acerca de enfermedad",

o

"Algunas comunicaciones ocultas venenosas",

o

"Localiza algunas comunicaciones ocultas pero que no sean interesantes".

Pero usa la pregunta para agotar todos los retardos de comunicación antes de que la cambies.

Si se va al pasado, déjalo. Regresará al presente. Encontrará su somático crónico y hará muchas cosas interesantes incluyendo quizá los datos del texto de R2-60 que aparecen aquí.

Es curioso que la orden anterior: *"Localiza algunas comunicaciones ocultas"*, no parezca requerir un remedio de havingness. Pero activará muchos riscos y somáticos fuertes.

Habiendo trabajado a fondo en *"comunicaciones ocultas"*, ahora puedes usar esta orden:

"Localiza algunas comunicaciones protegidas".

Y cuando esto esté nulo:

"Localiza algunas comunicaciones poseídas".

Y después de que eso no tenga retardo de comunicación:

"Localiza algunas comunicaciones inhibidas (paradas)".

Luego:

"Localiza algunas comunicaciones impuestas".

Y después:

"Localiza algunas comunicaciones deseadas".

Ahora, cuando se ha hecho todo eso, procede así:

"Localiza algún knowingness oculto",
"¿Lo estás localizando en el universo físico?".

Si es así:

"Muy bien, señálalo",
"¿Qué tan lejos parece estar?".

"Localiza algunos otros knowingness ocultos", y así sucesivamente, hasta que después de una hora o dos o seis esta orden tenga agotado el retardo de comunicación.

Ahora comienza a subir por la escala como sigue, haciendo que el preclear señale y dé la distancia al punto (aun cuando esté a billones de kilómetros de distancia):

"Localiza algún knowingness protegido".

Y después de muchas veces de eso, entonces:

"Localiza algún knowingness protegido", muchas veces.

Luego:

"Localiza algún knowingness poseído", muchas veces.

Luego:

"Localiza algún knowingness inhibido".

Luego:

"Localiza algún knowingness impuesto".

Luego:

"Localiza algún knowingness deseado".

Luego:

"Localiza algún knowingness acerca del cual la gente podría tener curiosidad".

En R2-60, Comunicación Oculta, podemos usar la Escala de Saber a Misterio:

"Localiza algunos misterios".

"Localiza algún sexo oculto".

"Localiza algún comer oculto".

"Localiza algunos símbolos ocultos".

"Localiza algún pensar oculto".

"Localiza algunos esfuerzos ocultos".

"Localiza algunas emociones ocultas".

"Localiza algún mirar oculto".

"Localiza algún saber oculto".

Luego:

"Localiza algunos misterios protegidos".

"Localiza algún sexo protegido", etc., etc.

Usando los principios del saber oculto y la comunicación, puedes combinar con ellos cualquier otra parte de Scientology, y descubrir un proceso excelente. Sin embargo, las primeras órdenes que se dan en R2-60 son las más fáciles de comunicar y usar.

R 2-61: El Bien y El Mal

Los factores de lo bueno y lo malo son los factores de aceptar Otro-determinismo (bien) y aceptar o dar golpes (mal).

Aquello que coopera es "bueno".

Aquello que se castiga es "malo".

Esta es la totalidad de la consideración involucrada.

"El bien" y "el mal" son fenómenos de Tercera Dinámica. Pero a diferencia de la mayoría de palabras que uno pueda procesar, estas tienen connotaciones emocionales definidas que le hablan al preclear más fuerte que las palabras. Se aplican desde Misterio hasta Saber.

De la misma forma que "el bien" y "el mal" son la fijación primaria de la filosofía, así mismo, son la fijación primaria en un preclear. Están tan confundidos, tanto en la filosofía como entre los preclears, que el resultado es una complejidad enorme. Resolver esto resolvería tanto a la filosofía como a los preclears.

Las órdenes de auditación básicas para manejar este proceso tan importante son:

"Localiza un lugar donde decidiste ser bueno",
"Ahora, localiza un punto en esta sala".

"Localiza el lugar de nuevo",
"Localiza un punto en esta sala".

"Localiza de nuevo el punto donde decidiste ser bueno",
"Localiza un punto en esta sala", etc., hasta que se haya eliminado el retardo de comunicación para ese punto distante donde se tomó la decisión de ser bueno.

Luego:

"Ahora encuentra otro punto donde decidiste ser bueno",
"Localiza un punto en esta sala", etc., y así sucesivamente hasta que se hayan "limpiado" muchos puntos.

De hecho, el auditor quiere que el punto distante venga a tiempo presente antes de dejarlo. Pero al menos reduce el retardo de comunicación para cada punto.

Ahora haz exactamente el mismo procedimiento usando la siguiente orden de auditación:

"Localiza un lugar donde otra persona decidió ser buena",
"Ahora localiza un punto en esta sala", alternando una y otra vez, hasta que se haya reducido el retardo de comunicación.

Lo mismo se hace ahora con "malo", con esta leve variación:

"Localiza un lugar donde decidiste que eras malo",
"Localiza un punto en esta sala".

"Localiza de nuevo el punto donde decidiste que eras malo",
"Localiza un punto en esta sala", etc., igual que con "bueno", seleccionando nuevos puntos y limpiando cada uno tanto como sea posible.

Entonces sigue el mismo procedimiento con la orden:

"Localiza un lugar donde otra persona decidió que era mala",
"Localiza un punto en esta sala", etc., reduciendo el retardo de comunicación para cada punto.

Luego:

"Señala algunos males desconocidos",
"Señala lo que otras personas encontrarían que es un mal desconocido".

Tal vez tengas que remediar el havingness del preclear, ya que esto es muy destructivo para el havingness.

El preclear saldrá con muchas consideraciones e ideas cambiantes. Deja que las exprese, pero continúa con el proceso.

No dejes que tu preclear se vaya de la sesión con un punto "bueno" o "malo" sin limpiar o en reestimulación.

No se volverá ni santo ni demonio por recorrer esto; se volverá más capaz de realizar buenas acciones.

R2-62:
Actos Hostiles y Motivadores

Uno de los descubrimientos primarios de Dianética fue el fenómeno del Acto Hostil-Motivador.

Un *acto hostil* es un acto dañino cometido contra otro.

Un *motivador* es un acto hostil que otro comete contra uno.

Es posible que el que recibe un motivador, después considere que tiene permiso para cometer un acto hostil contra la persona que le hizo daño.

Cuando uno comete un acto hostil *sin* haber recibido un motivador, intenta entonces hacer un "mock-up", adquirir un motivador apropiado o "justificar" su propia acción dañina.

A un *acto hostil* que se lleva a cabo en la ausencia de un motivador lo llamamos un *acto no motivado*.

Un *justificador* es la palabra técnica que aplicamos al "mock-up" o acto hostil exigido por una persona culpable de un acto no motivado.

En vista de que en realidad no es posible dañar a un thetán, pues no tiene masa, longitud de onda ni ubicación real, *cualquier* acto hostil que comete es un acto no motivado. Así, un thetán básicamente no puede tener una secuencia *motivador-acto hostil*, y siempre tiene una secuencia *acto no motivado-justificador*.

La "trampa" en todo esto es la idea de "dañino" (bueno y malo). Un acto *debe* considerarse dañino o malo para que sea un acto hostil. Para necesitar un justificador, una persona *debe* haber creído que su acto fue dañino.

Como el thetán no puede experimentar una secuencia *motivador-acto hostil*, tenemos, entonces, la espiral descendente. Él está *siempre ávido de justificadores*. Por lo tanto, se castiga y se reestimula.

Por lo tanto, siempre se está quejando de lo que los demás le hacen. Así, él es un problema para sí mismo.

Con el solo hecho de permitir que un thetán tenga la idea de que es posible hacerle daño a los demás, tienes, entonces, la espiral descendente.

El uso de estos datos en la auditación es simple y sumamente provechoso.

Por ejemplo: tenemos a un preclear que continuamente se queja de su padre, de lo malo que fue su padre con él. Esto significa precisamente que los hechos reales del pasado incluyen muchos actos no motivados del preclear contra el padre; *aunque el preclear* parezca no recordar ninguno de tales actos que él cometió y sí muchos actos hostiles de su padre contra él.

Este es un proceso excelente para tener un resultado repentino en un preclear. Pídele, con Línea Directa, cosas que él le haya hecho a su madre, a su padre y a todos y cada uno de sus aliados. No dejes que recorra cosas que le han hecho a él.

"¿Puedes recordar hacerle algo a tu (padre u otro aliado o persona)?", es la única pregunta de auditación.

Hacer que remedie su havingness con motivadores es también un proceso bastante bueno.

R2-63:
Aceptar-Rechazar

De la Aceptación obtenemos un proceso de diez estrellas.

Sin importar qué hagas con un preclear, se le debe llevar a que acepte el universo físico *y* su propio cuerpo y el de otros, todos en todo tipo de condición. *El camino de salida es el camino a través de ello.* En las disciplinas orientales la meta era el abandono, la deserción. La diferencia principal entre Scientology y las disciplinas orientales es esta: *acepta* para liberar. *Y* libera. Aquello que uno no puede aceptar lo encadena. Por ejemplo, la repugnancia al sexo tiende finalmente a la esclavitud al sexo. El lema de un gobernante podría ser: "Haz que se resistan" y su pueblo se convertiría en esclavos. En 1870 encontramos a los capitalistas resistiéndose a Marx. En 1933 encontramos que Marx es el texto básico del gobierno americano. La resistencia y la restricción son el alambre de púas de este campo de concentración. Acepta el alambre de púas y el campo deja de existir.

Como se ha comprobado mediante experimentos, este proceso exterioriza al peor caso si se recorre lo suficiente.

Este proceso es importante porque es uno de los pocos (como R2-16) que no tiene Alter-isness como factor operativo. No es, entonces, un proceso que altere, reforzando somáticos y aberraciones, es un proceso que libera.

Uno no puede hacerle As-is a aquello que no puede aceptar.

Las órdenes de este proceso son como sigue:

"Encuentra algo acerca de ti mismo que puedas aceptar",
"Algo más",
"Encuentra algo más que puedas aceptar", etc., etc., hasta que no haya retardo de comunicación.

Luego:

"Encuentra algo acerca de ti mismo que puedas rechazar",
"Encuentra algo más acerca de ti mismo que puedas rechazar", etc.,
etc., hasta que no haya retardo de comunicación.

Luego:

"Encuentra algo en esta sala que puedas aceptar",
"Algo más",
"Encuentra algo más en esta sala que puedas aceptar", etc., etc.

"Encuentra algo en esta sala que puedas rechazar",
"Encuentra algo más en esta sala que puedas rechazar", etc., etc.

Luego:

"Encuentra algo acerca de este universo que puedas aceptar", hasta
que se agote el retardo de comunicación.

Luego:

"Encuentra algo en este universo que puedas rechazar".

Recuerda, este no es un proceso que altera. Es un proceso de escape
de gran valor. Si tu preclear continúa poniendo condiciones de cambio
en todo antes de poder aceptarlo, debes persuadirlo para que encuentre
cosas que pueda aceptar sin cambiarlas.

R2-64:
Tocar

La mayoría de los thetanes están dentro porque tienen miedo de tocar el exterior. Un bebé deja de tocar las cosas con las manos debido a los manotazos de mamá y del universo MEST. Algunos thetanes tienen miedo de que si tocan el MEST, se quedarán pegados a él, así que permanecen "seguros" adentro.

Hay dos maneras posibles de recorrer esto. Una es simplemente:

"¿Qué estás dispuesto a tocar?".

La otra es:

"Como thetán, ¿qué estás dispuesto a tocar?".

Si el preclear "no sabe" siendo un thetán, usa la forma más simple.

La orden es:

"Como thetán, ¿qué estás dispuesto a tocar?".
"¿Qué más estás dispuesto a tocar?".
"¿Qué más estás dispuesto a tocar?", etc., etc.

Luego:

"¿Qué estás dispuesto a que te toque?".
"¿Qué más estás dispuesto a que te toque?".

La mente puede cambiar sin poner en acción el Alter-isness. Cambiar de opinión es la única manera posible de mejorar sin riesgo. Este proceso sólo altera la mente.

Este es un proceso muy valioso. Ocho estrellas.

R 2-65:
Alteración

Ya que cualquier condición de energía o de espacio sobrevive sólo porque se le ha alterado y se le está alterando, el acto no motivado primario sería cambiar la condición de energía, espacio y objetos. La mente puede cambiar sin riesgo. Cuando una mente cambia energía o espacio, obtenemos una persistencia de esa energía o espacio. En vista de que la persistencia o la Supervivencia es buena y mala sólo para aquellos que desean sucumbir, no vemos ningún crimen en la alteración de la energía o el espacio. Pero cuando alteramos sólo condiciones "malas" de espacio y energía, hacemos que las "condiciones malas" persistan. Por lo tanto, le sería de valor a un caso hacer al menos Línea Directa en algunas de las ocasiones en que intentó alterar energía, espacios o los cuerpos de la gente. (Para un auditor que trabaja para exteriorizar a un preclear y hacer que cambie de opinión hay poco riesgo y gran avance personal. Para un auditor que trabaja sólo para cambiar el cuerpo, los riscos, los somáticos, hay fracaso, fijación de la condición en el preclear y reestimulación. La auditación *exitosa* del thetán de hecho mejora al auditor). El fracaso es, por supuesto, el mayor candado en el Alter-isness.

El preclear que está intentando obsesivamente cambiarse, mediante la auto-auditación o por cualquier medio, ha *fallado* muchas veces al efectuar un cambio en la condición de este universo, o en los cuerpos de otros, o tiene el espacio y la energía de este universo como una constante estable.

Las órdenes son:

"¿Puedes recordar una ocasión en que fallaste en cambiar alguna energía en este universo?", etc., etc.

Y cuando esto esté agotado:

"¿Puedes recordar una ocasión en que fallaste en cambiar algún espacio?".

Luego:

"¿Puedes recordar una ocasión en que fallaste en cambiar un cuerpo?".

Este último es en el que haces hincapié. Tal vez no consiga nada en absoluto en la pregunta del espacio. *Pero* tales incidentes están en su recuerdo, o el espacio no existiría para él en absoluto.

También:

"¿Puedes recordar una ocasión en que fallaste en cambiar una memoria?", etc., etc.

Donde sea o como sea que el preclear esté atorado en tono o condición, ahí él ha fallado en cambiar algo o a alguien.

Esto también se puede recorrer en el "lado theta del libro mayor":

"¿Puedes recordar una ocasión en que cambiaste algo con éxito?", hasta que se agote el retardo.

Aún más simple:

"¿Puedes recordar un momento de cambio?".

R2-66:
Elegir Causa

La preocupación y la ansiedad tienen su raíz en la elección cambiante de Causa.

Las personas que eligen otra Causa diferente a sí mismas a menudo están evitando responsabilidad y negándose a fijar la Causa real.

El "V Negro" es un caso de no-responsabilidad.

Este es un proceso brutal, pero es un proceso de cinco estrellas. A menudo activa una "máquina de preocupación" y la recorre completamente.

La orden de auditación es:

"Señala algunas cosas que están causando cosas",
"Señala más cosas que están causando cosas", etc., etc., hasta que el retardo esté agotado.

R2-67:
Objetos

Para una persona que no pueda sostener las dos esquinas de atrás de la sala, la simple localización de objetos es valiosa. Cuando una persona está auto-auditándose, este es un proceso de solo muy valioso.

La orden es:

"Localiza algunos objetos", etc.

La persona los mira o pone su atención en ellos y se fija en lo que son. Esto es lo único en que consiste el proceso. Para variar, uno localiza algunos objetos más.

Por objeto se entiende cualquier objeto visible en tiempo presente en el universo físico.

R2-68:
Incomprensibilidad

Un thetán es comprensión.

Un espacio o masa es no comprensión.

Un thetán no es masa.

Un objeto es masa.

La duplicación es por lo tanto difícil.

Para ver espacios y masas, un thetán debe ser capaz de *ser* una masa o un espacio y experimentar incomprensibilidad a voluntad.

Comprender que algo puede ser incomprensible es una nueva comprensión.

La Escala Tonal es un estudio de grados variables de ARC. El ARC constituye la comprensión. Con Knowingness en la cima de la escala, bajamos entonces a "comprensión" (knowingness de Tercera Dinámica), pasando luego por comprensiones relativas e incomprensibilidad creciente, hasta que en el fondo de la escala (MEST) tenemos incomprensibilidad total y falta total de comprensión.

Un caso "difícil" es simplemente un caso *incomprensible*.

El procesamiento de esto se hace mediante la orden:

"Localiza algo incomprensible", repetida muchas, muchas veces.

Esto "eleva" el Coeficiente de Inteligencia y aumenta la percepción.

Este es un buen proceso.

R2-69:
Por favor, Pasa el Objeto

(Este proceso fue desarrollado por un auditor veterano. Es un proceso muy bueno y se recomienda en cualquier parte de la escala).

Durante el proceso el auditor no dice una palabra. No responde posibles preguntas, no explica con palabras lo que quiere. Bajo cualquier circunstancia actúa como el Bebé de Alquitrán y "no dice nadita". Usa cualquier gesto que sea necesario.

Paso 1

a. El auditor permanece de pie frente al preclear, ofreciéndole un objeto pequeño hasta que el preclear lo toma de su mano. Tan pronto como el preclear toma el objeto, el auditor extiende su mano, con la palma hacia arriba hasta que el preclear le pone el objeto en ella. El auditor inmediatamente se lo ofrece al preclear de nuevo. Esto se hace hasta que no haya retardo de comunicación. El objeto debería ofrecérsele al preclear desde una diversidad de posiciones, una vez que él haya captado la idea: desde cerca del suelo, a una gran distancia a ambos lados, por encima de la cabeza del preclear. La palma debe ponerse en una diversidad de posiciones para la devolución del objeto. Se pueden usar ambas manos. Logra que el preclear lo haga con verdadera rapidez.

b. Cuando el Paso I-a vaya con rapidez y facilidad, el auditor introduce un cambio. Inmediatamente después de que el preclear acepta el objeto, el auditor, en lugar de extender la mano para su devolución, pone sus manos detrás de la espalda brevemente; luego comunica por gestos que el preclear debe ofrecerle el objeto. Cuando el preclear lo hace, el auditor toma el objeto de su mano pero no se lo devuelve hasta que el preclear extienda la mano, con la palma hacia arriba, para recibirlo. Este intercambio se continúa hasta que el preclear esté ofreciendo y aceptando el objeto desde una gran diversidad de posiciones como las que utilizó el auditor y todos los demás retardos de comunicación estén agotados.

Paso 11

El auditor, que acaba de aceptar el objeto, hace un gesto de que esta parte ha terminado, luego deja deliberadamente el objeto donde el preclear pueda verlo, se retira e indica al preclear que lo tome. Cuando el preclear lo toma, el auditor hace un gesto para que lo ponga en cualquier lugar que desee en el cuarto. En el instante en que el preclear lo hace, el auditor se apodera de él y lo pone en algún otro lugar. Continúa con esto hasta que el auditor y el preclear estén corriendo por el cuarto atrapando el objeto tan pronto como los dedos del otro lo han soltado. El objeto no se pone necesariamente en un punto diferente cada vez. Puede levantarse y dejarse de nuevo en el mismo lugar, pero debe manejarse en cada ocasión. Es probable que se desarrollen toda clase de reglas y entendimientos tácitos mientras se recorre esto.

Este proceso rehabilita el sentido de juego, valida el ARC no verbal, causa cortocircuitos en la "maquinaria" verbal, le permite al preclear colocar materia y energía en el espacio y en el tiempo, pone al preclear en forma, elimina el "tiene que haber una razón" para el doingness, procesa tanto al auditor como al preclear por igual, y además, es divertido.

R2-70:
Nivel de Expectación

Este es un "nivel de aceptación" de tipo futuro.

La orden es:

"¿Qué esperas de _____?"*,* donde el auditor llena el espacio en blanco.

Está muy relacionado con el Procesamiento de Descripción (R2-34).

No es para casos de nivel bajo.

R2-71:
Respuestas

Un pariente de Problemas y Soluciones (R2-20) es:

"Dame algunas respuestas", como pregunta que se repite constantemente.

Es un proceso valioso.

R2-72:
Procesamiento de Seguridad

Es seguro hacer lo que tus padres hacen: y eso *es* evolución.

La muerte, el fracaso y el rechazo son seguros si tus padres los hicieron.

Las órdenes de auditación son:

"Dime algunas cosas que es seguro ser", etc.

"Dime algunas cosas que es seguro hacer", etc.

"Dime algunas cosas que es seguro tener".

Esto funciona muy bien.

R2-73:
Hacer Algo para el futuro

La orden de auditación es:

"Señala algunas cosas que están haciendo cosas para el futuro".

Este es un proceso brutal.

R2-74:
Procesamiento (auto-auditación)
(Referencia: R2-57: Procesos)

La orden de auditación es:

"Señala algunas cosas que están procesando cosas".

Esto cura la auto-auditación obsesiva.

R2-75:
Knowingness

Ya que todo es una condensación de knowingness, las siguientes órdenes explican mucho y hacen mucho:

"Dime algo que no te molestaría saber".

"Algo que no te molestaría que otros supieran".

"Inventa algo para saber".

Un proceso de diez estrellas.

R2-76:
Procesamiento de Comunicación
(Referencia: ¡Dianética 55!)

Las órdenes exactas de auditación para procesar Comunicaciones son:

Comunicaciones Originadas

Auditor: *"Haz que alguien ahí afuera* (indicando un punto en el aire) *comience a decirte 'Hola'"*.

El preclear lo hace, estando callado.

Cuando el proceso se recorre durante largo tiempo:

Auditor: *"Comienza a decirle 'Hola' a un punto vivo allá afuera"*.

El preclear lo hace en voz alta, o para sí mismo.

Respuestas

Auditor: *"Haz que un punto ahí afuera te diga 'De acuerdo'"*.

El preclear hace esto muchas veces.

Auditor: *"Comienza a decirle 'De acuerdo' a un punto ahí afuera"*.

Acuses de Recibo

Auditor: *"Haz que un punto ahí afuera comience a decir 'lo hice'"*.

Cuando el preclear lo ha hecho, muchas, muchas veces:

Auditor: *"Comienza a decir 'lo hice' a un punto ahí afuera"*.

La orden que activa un somático, repetida con suficiente frecuencia, lo desactivará.

Cuando haya dudas, remedia havingness.

La orden básica de Comunicación es:

"¿Con qué no te molestaría comunicarte?", en brackets.

R2-77:
Juegos (Referencia: ¡Dianética 55!)

El fundamento para este proceso es la observación de que el universo MEST es un juego.

Uno puede tener un juego y saberlo. Puede estar en un juego y no saberlo. La diferencia es su determinismo.

Los juegos requieren espacio y havingness. Un juego requiere de otros jugadores. Los juegos también requieren de habilidad y de knowingness de que son juegos.

Havingness es la necesidad de tener terminales y cosas por las cuales y con las que jugar.

Cuando el juego termina, el jugador guarda recordatorios. Estos son esperanzas de que el juego comenzará una vez más. Cuando esa esperanza muere, el recordatorio, el terminal, se esconde. Y se convierte en una automaticidad; un juego que ocurre por debajo del nivel de knowingness. Lo cierto es que uno nunca deja de jugar un juego una vez comenzado. Juega juegos antiguos en secreto (incluso de él mismo) mientras juega o no nuevos juegos.

El único juego *verdadero* que uno puede tener está en tiempo presente. Todos los demás están en el pasado o en el futuro. La ansiedad por un juego te trasporta al pasado.

La orden es:

"Inventa un juego".

Y cuando el preclear lo ha hecho, una vez más:

"Inventa un juego".

Luego:

"Haz que otro invente un juego".

Habiendo establecido el hecho de que una sesión de auditación está en marcha y habiendo establecido cierta comunicación con el preclear, el auditor dice:

"Inventa un juego".

Cuando el retardo de comunicación esté agotado en esto, el auditor usa entonces la orden:

"Haz que otro invente un juego".

Esta es la única frase que pronuncia. Pero él, por supuesto, se pone en comunicación en-dos-direcciones con el preclear cuando el preclear tenga algo que decirle. Un auditor tiene que ser un buen auditor a fin de poder usar este proceso. Sólo porque sea un proceso simple de "una orden" no es razón para que vaya a funcionar con un auditor que no conozca el Código del Auditor, la comunicación en-dos-direcciones y no tenga algo de experiencia en niveles más básicos de procesamiento.

Usamos este proceso como remedio para la escasez de juegos y lo usamos con plena consciencia de los procesos implicados en la comunicación en-dos-direcciones.

Es un proceso muy arduo y en casos difíciles requiere de cinco o diez horas para producir una comprensión de la existencia.

Este no es necesariamente un proceso recomendado. Es un proceso funcional, sí funciona, es rápido. Pero recuerda que tiene la fragilidad de la capacidad del propio auditor. Tiene la fragilidad de fracasar cuando no se mantiene una comunicación en-dos-direcciones con el preclear. Fracasará si el preclear, al dar voluntariamente la información, no encuentra ninguna atención del auditor. Fracasará si el auditor no da acuse de recibo al hecho de que el preclear lo ha hecho. Pero, si se tienen en cuenta estas cosas, funcionará.

El preclear puede usar incorrectamente este proceso. Puede desviarse de él. Se puede sentar ahí en la silla de auditación haciendo otras cosas.

Pero dependemos de la destreza del auditor para ver que el preclear no esté haciendo otras cosas y que realmente esté haciendo el proceso.

El preclear "limpiará su banco" en lugar de inventar, dudará que *está* inventando. Pero perseveramos; y triunfamos.

PROCEDIMIENTO INTENSIVO: L'Envoi

"...estas mismas personas, cuando se les recorre R2-16, día tras día, recorriéndoselo una hora o dos al día, han empezado a tener ganancias firmes y estables que han conservado".

Procedimiento Intensivo: L'Envoi

A modo de breve comentario acerca de estos procesos, no se puede insistir demasiado en que a un preclear que está psicótico, neurótico o que está teniendo alguna dificultad psicosomática, se le debe recorrer el Procedimiento de Apertura de 8-C (R2-16) durante muchas, muchas, muchas, muchas horas. Se descubrirá que con tales preclears el uso de procesos subjetivos, es decir, los procesos que abordan íntimamente el mundo interno del preclear, es infructuoso. Los procesos que producen grandes resultados y efectos no harán que el preclear se ponga bien.

Como un ejemplo de esto, a muchas personas se les han recorrido los "mejores procesos" durante cincuenta horas o más, y sus casos se han quedado estancados. Y después, estas mismas personas, cuando se les recorre R2-16, día tras día, recorriéndoselo una hora o dos al día, han empezado a tener ganancias firmes y estables que han conservado. Por lo tanto, cuando tengas duda con respecto a cualquier proceso, recorre R2-16. Y cuando el caso asegure que no está pasando nada, recorre R2-16. Y cuando el caso esté avanzando a tirones, con muchas pérdidas y pocas ganancias, recorre R2-16. Y cuando se haya recorrido R2-16 a conciencia, recorre entonces R2-17.

La razón de que R2-16 sea tan efectivo es que aborda directamente el problema de las barreras. Se descubrirá que al preclear que está teniendo dificultades lo están embrollando los factores mecánicos, es decir, las barreras de espacio, energía y masa, y que estas barreras han entrado en su propio universo, de manera que él mismo, en su propio pensamiento, está encontrando barreras. Haciendo que el preclear ponga su atención en objetos, paredes, suelos y techos, el preclear llegará finalmente a un estado en que él mismo esté haciendo que su vista se detenga en la barrera, en vez de que la barrera detenga la vista del preclear, porque toda percepción se lleva a cabo deteniendo la percepción en aquello que se mira. Esta es sólo una de las razones de que funcione el Procedimiento de Apertura de 8-C. Úsalo.

PROCESAMIENTO

"Mantenlos en contacto con el tiempo presente y fuera de su banco de facsímiles y lograrás Clears de Procesamiento de Grupo".

Seis

DE GRUPO

Capítulo Seis

Procesamiento de Grupo

PARA UN PROCESAMIENTO DE GRUPO PROVECHOSO, los siguientes puntos son prácticamente absolutos.

1 El Auditor de Grupo *debe* ser capaz de otorgarle beingness al grupo.

El miedo escénico y las órdenes tímidas no tienen cabida alguna en la Auditación de Grupo.

Un auditor que le teme a un grupo hará "Q y A" con el grupo (tan pronto como logre un efecto, él cambia el proceso; cambia de órdenes cuando el grupo cambia de aspecto).

2 Las órdenes deben ser simples, claras, concisas, deben estar espaciadas uniformemente, sin cambios repentinos de ritmo, ni intervenciones discordantes y estrepitosas.

3 Los procesos deben ser objetivos; dirigiéndose al entorno, no al thinkingness del grupo. El Procedimiento de Apertura, adaptado a un grupo, recorrido durante suficiente tiempo, exteriorizaría a todos los presentes.

4 Toda orden que se da debería recorrerse durante suficiente tiempo para agotar todo retardo de comunicación presente.

5 Todo proceso que se use se debe recorrer consecutivamente durante suficiente tiempo para "agotar" el proceso en sí.

6 Se debe obedecer por completo El Código del Auditor.

Si se siguen enérgicamente estas reglas, se pueden lograr buenos resultados en el Procesamiento de Grupo.

Estos son algunos procesos estándar para grupos. Cada uno es una sesión de una hora.

Sesión 1

"Localicen algunos puntos en la pared de enfrente",
"Localicen algunos puntos más",
"Localicen algunos puntos más", etc., durante algún tiempo.

Luego:

"Localicen algunos puntos en el suelo",
"Localicen algunos otros puntos en el suelo", etc., durante algún tiempo.

Luego:

"Sin darse la vuelta, localicen algunos puntos en la pared de atrás",
"Algunos puntos más", etc.

Luego localicen puntos en la pared de enfrente de nuevo, luego en el suelo, luego en la pared de atrás. Si se usa el techo en esto, el cuello se les cansa muy rápido.

Sesión 2

"Localicen algunos puntos en su cuerpo".

Pausa.

"Localicen algunos puntos en la sala".

Pausa.

"Localicen algunos puntos en su cuerpo".

Pausa.

"Localicen algunos puntos en la sala".

Alterna estas dos órdenes durante al menos una hora.

Sesión 3

"Examinen su silla".

Pausa.

"Examinen el suelo".

Pausa.

"Examinen su silla".

Pausa.

"Examinen el suelo".

Y altérnalas durante al menos una hora.

Sesión 4

"¿Dónde está su cara?".

Pausa.

"¿Dónde está su cara?".

Pausa.

"¿Dónde está su cara?".

Pausa.

"¿Dónde está su cara?".

Pausa.

Y así sucesivamente durante al menos una hora.

Sesión 5

"Comiencen a reír".

Pausa.

"Continúen riendo".

Pausa.

"Ríanse".

Pausa.

"Continúen riendo".

Sólo estas órdenes durante por lo menos una hora.

Sesión 6

"¿Dónde están?".

Pausa.

"¿Dónde están?".

Pausa.

"¿Dónde están?".

Pausa.

Durante al menos una hora.

Sesión 7
Procedimiento de Apertura por Duplicación

Un proceso muy arduo.

Haz que cada persona del grupo tenga dos objetos, uno en cada mano. Asegúrate muy bien, como auditor, de no variar tus órdenes:

"Llamen al objeto de su mano izquierda Objeto Uno",
"Llamen al objeto de su mano derecha Objeto Dos".

"Miren el Objeto Uno",
"¿De qué color es?".
"¿Temperatura?".
"¿Peso?".

"Miren el Objeto Dos",
"¿De qué color es?".
"¿Temperatura?".
"¿Peso?".

"Miren el Objeto Uno",
"¿De qué color es?".
"¿Temperatura?".
"¿Peso?".

"Miren el Objeto Dos",
"¿De qué color es?".
"¿Temperatura?".
"¿Peso?".

Usa estas órdenes una y otra vez durante al menos una hora. Nunca des menos de una hora de Procedimiento de Apertura por Duplicación; nunca lo hagas durante sólo media hora, y mucho menos quince minutos.

Este es el primer paso de lo que los scientologists llaman "30 Sucio".

Para comodidad del auditor se da esta lista:

Objeto Uno:
Color.
Temperatura.
Peso.

Objeto Dos:
Color.
Temperatura.
Peso.

Sesión 8
Duplicación por Atención

Este proceso es muy arduo.

Coloca dos trozos negros de tela un poco por encima del nivel de los ojos, con una separación de al menos 90 grados con respecto al preclear. Cuélgalos de las paredes, delante del grupo, de forma que todos puedan verlos. (Lo mejor es uno sobre la pared frontal derecha y uno sobre la pared frontal izquierda). Descríbeselos al grupo como Objeto Uno y Objeto Dos.

> *"Pongan su atención en el Objeto Uno",*
> *"Ahora pongan su atención en el Objeto Dos".*

> *"Ahora pongan su atención en el Objeto Uno",*
> *"Ahora pongan su atención en el Objeto Dos".*

Haz esto sin variación durante al menos una hora. Con los procesos de duplicación, normalmente alguien de la audiencia opina que esto es "hipnotismo", ya que *recorre completamente* el hipnotismo. Esto no induce ningún trance. La gente que piensa eso simplemente no sabe mucho de hipnotismo.

Sesión 9

Esta sesión tiene cuatro partes. Haz cada parte quince minutos exactamente. Se recorre teniendo al grupo con los ojos cerrados.

"Encuentren las dos esquinas de atrás de la sala, agárrense a ellas y no piensen".

El auditor repite esto calmadamente y en forma tranquilizadora a intervalos de pocos minutos hasta que hayan transcurrido quince minutos. Luego, quince minutos después, dice:

"Ahora encuentren una tercera esquina trasera de la sala",
"Agarren tres esquinas traseras de la sala",
"Siéntense quietos y no piensen".

Repite:

"Agarren tres de las esquinas traseras de la sala y siéntense quietos y no piensen".

A la media hora, dice:

"Ahora encuentren las cuatro esquinas traseras de la sala, agárrenlas y no piensen".

Repite a intervalos de pocos minutos:

"Las cuatro esquinas traseras de la sala, y no piensen".

Cuando han pasado cuarenta y cinco minutos del proceso, el auditor dice:

"Ahora, localicen las ocho esquinas de esta sala, agárrense, y no piensen", y repite: *"Ocho esquinas, no piensen"* a intervalos de pocos minutos.

Al cumplirse la hora, el proceso *podría* repetirse. En ese caso, hazlo de nuevo exactamente como se dice anteriormente.

Sesión 10
Procesamiento de Descripción

El Procesamiento de Descripción no se debería hacer en grupos en que la estabilidad de alguno de sus miembros sea dudosa. Con ese tipo de grupos usa sólo las Sesiones 1 a 6. Cuando a un grupo se le haya recorrido durante mucho tiempo, se puede usar casi cualquier forma de Procesamiento de Descripción. La Sesión 10, sin embargo, consta únicamente de una orden que no se cambia durante al menos media hora. Esta es:

"¿Qué tan cercano les parece su cuerpo ahora?".

Pausa.

"¿Qué tan cercano les parece su cuerpo ahora?".

Pausa.

"¿Qué tan cercano les parece su cuerpo ahora?", etc.

Resumen

Al procesar grupos, la duplicación de las órdenes es parte del proceso.

Mantenlo simple. Otórgales beingness. Mantenlos en contacto con el tiempo presente y fuera de su banco de facsímiles y lograrás Clears de Procesamiento de Grupo.

Hazlo complicado, haz que "cavilen", sé tímido, y el grupo no regresará.

Nunca te preocupes por aburrirlos.

La razón de que estén desquiciados es que "el cuerpo y la confusión eran muy interesantes".

"Scientology ha abierto las puertas a un mundo mejor".

REFERENCIAS

Referencias

ESTA ES SCIENTOLOGY, LA CIENCIA DE LA CERTEZA   273
El Diario de Scientology 16-G, junio de 1953

SOP 8-C:
LA REHABILITACIÓN DEL ESPÍRITU HUMANO   345
El Diario de Scientology 24-G, enero de 1954

SOP 8-O   373
1954

CURSO AVANZADO: DATOS Y PROCEDIMIENTO   387
10 de abril de 1954

SOP 8-D   407
15 de abril de 1954

SCIENTOLOGY, SUS ANTECEDENTES GENERALES   413
(BOSQUEJO DE LAS CONFERENCIAS DEL CURSO PROFESIONAL)
julio de 1954

Esta Es
La Ciencia

"El conocimiento en sí es certeza".

SCIENTOLOGY
DE LA CERTEZA

El Diario de Scientology 16-G
1 de junio de 1953

Prólogo	275
Los Factores	277
Esta Es Scientology	283
Procedimiento Operativo Estándar 8	321
8 Corto	341

PRÓLOGO

URANTE CASI UN CUARTO DE SIGLO, me he dedicado a la investigación de los fundamentos de la vida, el universo material y el comportamiento humano. Una aventura de este tipo lo lleva a uno por muchas autopistas y por muchas carreteras secundarias, al interior de muchos callejones de incertidumbre, a través de muchos estratos de la vida, te hace pasar muchas vicisitudes personales, te enfrenta a intereses creados, te lleva al borde del Infierno y a los mismos brazos del Cielo. Muchos antes que yo se han abierto camino a través de estos tumultuosos océanos de datos, donde cada gota de agua se parece a cualquier otra gota de agua y donde, sin embargo, debes encontrar *la* gota. Casi todo lo que he estudiado y observado se ha evaluado de otra manera en alguna parte y en algún momento, en relación con esto o con aquello.

¿Qué equipo debe uno tener para aventurarse en estos yermos? ¿Dónde están los libros de reglas, los mapas, las señales? Lo único que percibes, cuando escudriñas en la oscuridad de lo desconocido son los huesos solitarios de aquellos que intentaron adentrarse antes y se encontraron con las manos vacías y con sus vidas destruidas. Es un drama solitario; debes celebrar tus propios triunfos y llorar solitario en tu desesperación. La fría brutalidad del método científico fracasa muy al principio, casi en el punto de partida. Las etéreas volutas y los pavorosos misterios de la India, de los que me empapé, solamente conducían a trampas. La euforia de la religión, los éxtasis del culto y el libertinaje se vuelven tan carentes de sentido como la arena cuando uno busca en ellos la respuesta al enigma de toda la existencia. Muchos han deambulado por esta senda sin cartografiar.

Algunos han sobrevivido para decir una fracción de lo que sabían, algunos han observado una cosa y han dicho otra totalmente contraria, algunos parecían saber y no dijeron nada. Alguien que se dedique a tal búsqueda, ni siquiera sabe la respuesta a esa pregunta que es la más importante de todas: ¿Será bueno para el Hombre soltarle encima, como una rápida avalancha, el knowingness de la eternidad?

Hay quienes te dirían que solamente un demonio te liberaría y que la libertad conduce en el mejor de los casos a los infiernos más oscuros. Y hay quienes te dirán que la libertad es para ti y no para ellos. Pero hay también hombres de buen corazón que saben lo preciado que es el cáliz y lo apuran amplia e ilimitadamente. ¿Quién dirá si el Hombre se beneficiará de manera alguna de este conocimiento arduamente adquirido? Tú eres el único que lo puede decir.

La observación, la aplicación, la experiencia y la experimentación te dirán si la senda se ha recorrido y si se ha encontrado la respuesta. Pues esta es la ciencia de saber cómo saber. Es una ciencia que no incluye en sí datos fríos y desfasados, datos a ser aceptados por la fuerza sin inspeccionarlos ni aceptarlos. Esta es la senda de saber cómo saber. Recórrela y verás.

LOS FACTORES

(**R**esumen de las consideraciones y exámenes del espíritu humano y el universo material terminado entre 1923 y 1953 d. C.).

1   Antes del principio hubo una Causa y el propósito total de la Causa era la creación de un efecto.

2   En el principio y por siempre está la decisión y la decisión es SER.

3   La primera acción del beingness es adoptar un punto de vista.

4   La segunda acción del beingness es proyectar desde el punto de vista, puntos a los cuales ver, que son puntos de dimensión.

5   De este modo se crea el espacio, pues la definición de espacio es: punto de vista de dimensión. Y el propósito de un punto de dimensión es espacio y un punto al cual ver.

6   La acción de un punto de dimensión es alcanzar y retirarse.

7 Y del punto de vista a los puntos de dimensión hay conexión e intercambio: así se crean nuevos puntos de dimensión: entonces hay comunicación.

8 Y así hay LUZ.

9 Y así hay energía.

10 Y así hay vida.

11 Pero hay otros puntos de vista, y estos puntos de vista proyectan puntos a los cuales ver. Y se produce un intercambio entre puntos de vista; pero el intercambio nunca es de otro modo que en cuanto a intercambiar puntos de dimensión.

12 Al punto de dimensión lo puede mover el punto de vista, porque el punto de vista, además de capacidad creativa y consideración, posee volición e independencia potencial de acción: y el punto de vista, al ver puntos de dimensión, puede cambiar con relación a sus propios puntos o a otros puntos de dimensión o puntos de vista. Y así se producen todos los fundamentos que existen relativos al movimiento.

13 Todos y cada uno de los puntos de dimensión son *sólidos*, ya sean grandes o pequeños. Y son sólidos únicamente porque los puntos de vista dicen que son sólidos.

14 Muchos puntos de dimensión se combinan formando grandes gases, líquidos o sólidos: de este modo hay materia. Pero el punto más valorado es la admiración, y la admiración es tan fuerte que su sola ausencia permite la persistencia.

15 El punto de dimensión puede ser diferente de otros puntos de dimensión y por lo tanto puede poseer una calidad individual. Y muchos puntos de dimensión pueden poseer una calidad similar, y otros pueden poseer una calidad similar en sí mismos. Así se produce la cualidad de las clases de materia.

16 El punto de vista puede combinar puntos de dimensión y hacer formas y las formas pueden ser simples o complejas y pueden estar a diferentes distancias del punto de vista y así, puede haber combinaciones de forma. Y las formas son capaces de movimiento y los puntos de vista son capaces de movimiento y así puede haber movimiento de formas.

17 Y la opinión del punto de vista regula la consideración de las formas, su quietud o su movimiento, y estas consideraciones consisten en la asignación de belleza o fealdad a las formas, y estas consideraciones solas son arte.

18 Los puntos de vista opinan que algunas de estas formas deben perdurar. Así hay supervivencia.

19 Y el punto de vista nunca puede perecer; pero la forma puede perecer.

20 Y los muchos puntos de vista, en interacción, se vuelven mutuamente dependientes de las formas de cada uno, y no eligen distinguir completamente la propiedad de los puntos de dimensión y así se produce una dependencia de los puntos de dimensión y de los otros puntos de vista.

21 De esto resulta una constancia del punto de vista con respecto a la interacción de los puntos de dimensión y esto, regulado, es el TIEMPO.

22 Y hay universos.

23 Los universos, entonces, son tres en número: el universo creado por un punto de vista, el universo creado por cada uno de los otros puntos de vista, el universo creado por la acción mutua de puntos de vista que se ha acordado sostener: el universo físico.

24 Y los puntos de vista nunca se ven. Y los puntos de vista consideran más y más que los puntos de dimensión son valiosos. Y los puntos de vista intentan convertirse en los puntos de anclaje y olvidan que pueden crear más puntos, espacios y formas. Así se produce la escasez. Y los puntos de dimensión pueden perecer y de este modo los puntos de vista suponen que ellos también pueden perecer.

25 Así se produce la muerte.

26 Así se derivan las manifestaciones de placer y dolor, de pensamiento, de emoción y esfuerzo, de pensar, de sensación, de afinidad, realidad, comunicación, de comportamiento y de ser, y los enigmas de nuestro universo están aparentemente contenidos y resueltos en esto.

27 *Hay* beingness, pero el Hombre cree que sólo existe becomingness (condición de llegar a ser).

28 La solución de cualquier problema planteado aquí es el establecimiento de puntos de vista y puntos de dimensión, el mejoramiento de la condición y la confluencia entre los puntos de dimensión, y por tanto, los puntos de vista, y el remedio de la abundancia o escasez en todas las cosas, agradables o feas, mediante la rehabilitación de la capacidad del punto de vista para adoptar puntos de vista y crear y descrear, desatender, comenzar, cambiar y parar puntos de dimensión de cualquier clase según el determinismo del punto de vista. Se debe recuperar la certeza en los tres universos, porque la certeza, no los datos, es conocimiento.

29 En la opinión del punto de vista, cualquier beingness, cualquier cosa, es mejor que nada, cualquier efecto es mejor que ningún efecto, cualquier universo es mejor que ningún universo, cualquier partícula es mejor que ninguna partícula, pero la partícula de admiración es la mejor de todas.

30 Y por encima de estas cosas sólo podría haber especulación. Y por debajo de ellas está la participación en el juego. Pero el Hombre puede experimentar y conocer las cosas que están escritas aquí. Y algunos pueden querer enseñar estas cosas y algunos pueden querer usarlas para ayudar a los afligidos y algunos pueden desear emplearlas para hacer a los individuos y a las organizaciones más capaces y así podrían darle a la Tierra una cultura de la cual la Tierra podría estar orgullosa.

Ofrecidos humildemente por L. Ronald Hubbard como regalo al Hombre el 23 de abril de 1953

ᕮsta ᕮs Scientology

SCIENTOLOGY es la ciencia del conocimiento. Contiene muchas partes. Su división más fundamental es Scientology en sí y Para-Scientology.

Scientology

Bajo Scientology, agrupamos aquellas cosas de las que podemos tener *certeza* y sólo aquellas de las que podemos tener certeza. El conocimiento en sí es certeza. (El conocimiento no son datos. El knowingness en sí es certeza.) La cordura es certeza, siempre y cuando esa certeza no vaya más allá de la convicción de otro cuando la contempla. Para obtener una certeza, uno debe poder *observar*.

Pero, ¿cuál es el nivel de certeza que requerimos? ¿Y cuál es el nivel de observación que requerimos para que exista una certeza o un conocimiento? Si un hombre puede estar de pie frente a un árbol, y por la vista, el tacto u otra percepción, sabe que está frente a un árbol y puede percibir su forma y estar muy seguro de estar frente a un árbol, tenemos el nivel de certeza que necesitamos. Si el hombre no mirara al árbol o si, aunque visiblemente sea un árbol para otros, él descubre que es una brizna de hierba o un sol, entonces está debajo del nivel de certeza necesario y no sería capaz de captar Scientology. Alguna otra persona, inclinada a ayudar, tendría que dirigir la percepción de un hombre hacia el árbol hasta que percibiera sin coacción que lo que él tenía enfrente era de hecho un árbol. Ese es el único nivel de certeza que requerimos para clasificar el conocimiento. Pues el conocimiento es observación, y se brinda a los que *miran*.

Las cosas sobre las que hay dificultad de observación, como los laberintos de espejos, los elementos envueltos en humo y los objetos que se adivinan en la oscuridad, están fuera de los límites de Scientology.

Tres Universos

A fin de obtener conocimiento y certeza, es necesario poder observar, de hecho, *tres universos* en los que podría haber árboles.

El primero de ellos es el *universo propio*. Deberías poder crear un árbol para tu propia observación, con toda su forma, para percibirlo por completo.

El segundo universo sería el *universo material*, el cual es el universo de la materia, de la energía, del espacio y del tiempo, que es el punto común de encuentro de todos nosotros.

El tercer universo es en realidad una clase de universos que se podría llamar el *universo de otro*, puesto que él y toda la categoría de "otros" tienen universos propios.

Una claridad completa sobre los tres universos estaría muy por encima de cualquier meta que se haya intentado, incluso en Scientology, y no es necesario que uno tenga tanta certeza de los tres universos antes de que tenga certeza sobre Scientology. Porque la certeza sobre Scientology sólo requiere el mismo nivel de certeza que uno debería tener para saber que está frente a un árbol del universo físico.

Para-Scientology

Para-Scientology es ese gran recipiente que incluye todas las incertidumbres mayores o menores. Aquí están las cosas cuestionables, aquellas de las que el observador común y corriente no puede estar seguro con un poco de estudio. Aquí hay teorías, aquí hay grupos de datos, incluso grupos comúnmente aceptados como "conocidos".

Algunos de los cuerpos de datos clasificados que se incluyen dentro de Para-Scientology son: Dianética, los incidentes de la línea temporal completa, la inmortalidad del Hombre, la existencia de Dios, los engramas que contienen dolor e inconsciencia, y también toda percepción, los prenatales, los Clears, el carácter y muchos otros temas que, aun cuando se observen estrecha y minuciosamente, son inciertos para quienes los observan. Esos temas tienen verdad relativa. Para algunos, tienen un alto grado de realidad. Para otros, no existen. Requieren de un sistema sumamente especializado para observarlos siquiera. Trabajando con tales incertidumbres, uno puede producir resultados amplios y extensos. Puede hacer que los enfermos se recuperen, puede enmendar incluso el día en que le fue peor. Pero aquello que requiere de sistemas sumamente especializados de comunicación sigue siendo incierto para muchos.

Que a Dianética se le haya puesto en esta categoría no significa que se le repudie. Sólo significa que es algo especializado que se basa en una teoría que, sin importar lo funcional que sea, requiere de observación especializada. Eso no significa que Dianética vaya a dejar de funcionar, pero significa que Dianética no se lleva fácil o rápidamente a una certeza completa. Sin embargo, Dianética es más una ciencia exacta que muchas que anteriormente han llevado ese nombre. Y Dianética es una parte íntima de Scientology, porque los datos que se convirtieron en Scientology se consiguieron por medio de sus procesos especiales de comunicación.

También bajo el título de Para-Scientology, uno también pondría cosas como las vidas pasadas, las influencias misteriosas, la astrología, el misticismo, la religión, la psicología, la psiquiatría, la física nuclear y cualquier otra ciencia que se base en una teoría.

Un médico, por ejemplo, puede parecer completamente seguro de la causa de alguna enfermedad. Sin embargo, el que el lego acepte esa causa de la enfermedad depende de la certeza del médico. Aquí tenemos un sistema de comunicaciones especializado. Podemos tener un observador entrenado a conciencia, una observación altamente mecanicista que se basa en una teoría que no se acepta totalmente (ni siquiera en estos tiempos) incluso en los mejores círculos.

El hecho de que la penicilina cure ciertos males es una certeza para el médico, incluso cuando la penicilina deje de curar algo repentina e inexplicablemente. Cualquier fracaso inexplicable introduce una incertidumbre, que de ahí en adelante aparta el tema del ámbito de una "certeza fácilmente obtenida".

El hipnotismo, no importa cuánta certeza tenga el hipnotizador en que es eficaz con algunas personas, es una variable impredecible e incluso en un uso experto es una clara incertidumbre.

El uso de drogas o choques produce resultados tan variables que se clasifican muy abajo en una escala de gradiente, que comenzara con un buen grado de certeza y que terminara con una incertidumbre casi total.

Certeza y Cordura

Aquí tenemos, por tanto, un paralelismo entre la certeza y la cordura.

Cuanto menor sea la certeza que tiene el individuo en cualquier tema, menos cuerdo podría decirse que es acerca de ese tema. Cuanta menos certeza tenga de lo que ve en el universo material o de lo que ve en su propio universo o en el de otro, menos cuerdo podría decirse que está.

Se puede demostrar que el camino a la cordura es el camino al aumento de certeza. Comenzando en cualquier nivel, sólo es necesario obtener un grado adecuado de certeza sobre el universo MEST para mejorar considerablemente el propio beingness. Por encima de eso, uno obtiene cierta certeza del universo propio y cierta certeza del universo del otro.

La certeza es, entonces, claridad de observación. Por supuesto, por encima de esto, y esto es vital, está la certeza en cuanto a la creación. Aquí está el artista, aquí está el maestro, aquí está el espíritu sobresaliente.

A medida que uno avanza, descubre que lo que percibió primero como una certeza se puede mejorar considerablemente. Así, tenemos la certeza como escala de gradiente. No es un absoluto, sino que se define como "la certeza de que uno percibe", la "certeza de que uno crea lo que percibe", o la "certeza de que hay percepción". Por tanto, la cordura y la percepción, la certeza y la percepción, el conocimiento y la observación, son todas del mismo tipo. Y en medio de ellas tenemos a la cordura.

¿Qué hará Scientology? Muchas personas que no pertenecen a la sospechosa categoría del "observador cualificado", ya han observado que la gente que ha recorrido un camino hacia la certeza mejora en las numerosas maneras que la gente considera deseable mejorar.

El camino a la incertidumbre es el camino hacia la enfermedad psicosomática, las dudas, las ansiedades, los miedos, las preocupaciones y el desvanecimiento de la consciencia. A medida que la consciencia disminuye, disminuye la certeza. Y al final de este camino hay un "nothingness" muy opuesto al nothingness que es capaz de crear. Es un nothingness que es un efecto total.

Se podría sospechar que la simplicidad sería la idea básica de cualquier proceso, de cualquier sistema de comunicaciones que pusiera en las manos de una persona el mando de su propio beingness. La simplicidad consiste en la observación de tres universos.

El primer paso es la observación del universo propio y lo que ha ocurrido en ese universo en el pasado.

El segundo paso sería la observación del universo material y consultarlo directamente para descubrir sus formas, profundidades, vacíos y solideces.

El tercer paso sería la observación de los universos de los demás o su observación del universo MEST, pues hay una multitud de puntos de vista de estos tres universos.

Cuando se suprime, se oculta o se niega la observación de uno de estos tres universos, el individuo no puede elevarse hacia la certeza más allá de cierto punto.

El Triángulo
de Certeza de Consciencia

Aquí tenemos un triángulo, que no es diferente del de Afinidad, Realidad y Comunicación de Dianética. Estos tres universos son interactivos en la medida en que los tres se elevan, elevando uno. Pero puedes elevar dos sólo hasta cierto punto antes de que lo refrene la incertidumbre acerca del tercero. Así, cualquier punto de este triángulo es capaz de suprimir a los otros dos puntos y cualquier punto de este triángulo es capaz de elevar los otros dos puntos.

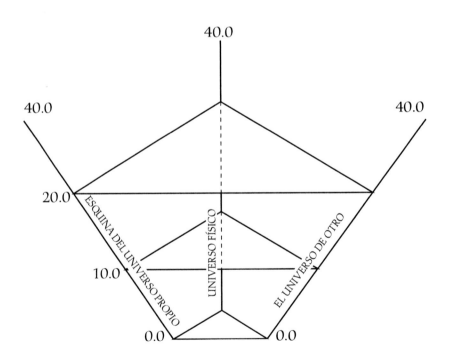

A este dibujo se le podría llamar Escala de Consciencia. También es la Escala de Acción y el Ciclo-de-Acción. Los números representan niveles completamente arbitrarios que, sin embargo, se puede descubrir que significan "niveles de actitudes predecibles". Sería normal descubrir que la humanidad en este momento, en cuanto a consciencia, ronda el nivel de 2.0 en la Escala Tonal (ligeramente por encima o ligeramente por debajo). Aquí hay escasamente algo de consciencia, si acaso, en comparación con la consciencia disponible. Es muy desconcertante para quienes están en niveles más altos de consciencia, porqué la gente se comporta hacia ellos como lo hace. Quienes están en niveles más altos no se han dado cuenta de que no se les ve, y mucho menos se les comprende. La gente en los niveles bajos de consciencia no *observa*, sino que sustituye la observación con *preconcepciones, evaluación, suposiciones* e incluso con *dolor físico* para lograr sus certezas.

En el campo del budismo zen, hay una práctica de propinar un golpe repentino, con el cual se obtiene una sensación de certeza. Es una certeza relativamente falsa, la certeza del impacto, aunque por debajo del nivel de 10.0, toda certeza *proviene*, de hecho, del impacto previo. Después de un accidente brutal o de una operación con anestesia, se puede observar que los individuos reaccionen a veces con una convicción enorme que, sin embargo, no parece basarse en ningún hecho. Se les ha inculcado una certeza en cuanto a impacto físico. Por tanto, no es una certeza auto-determinada; y la certeza auto-determinada nos lleva a niveles elevados. El uso equivocado que hacían los antiguos griegos del choque contra el demente, el uso de los azotes en el antiguo Bedlam, todo esto buscaba proporcionarle suficiente certeza al demente para lograr que estuviera menos demente. La certeza proporcionada por el impacto y el castigo es una certeza no-auto-determinada. Produce un comportamiento tipo estímulo-respuesta.

Por ejemplo, dado cierto estímulo, un perro al que se le haya golpeado reaccionará invariablemente, siempre y cuando se le haya golpeado lo suficiente. Pero si se le ha golpeado demasiado, el estímulo sólo tendrá como resultado una confusa perplejidad.

Así, la certeza inculcada por medio de golpes, por medio de la aplicación de la fuerza, produce al final una certeza tan absoluta como uno podría desear: una inconsciencia total.

La inconsciencia en sí es una certeza que buscan muchos individuos que han fracasado repetidamente al tratar de alcanzar cualquier nivel elevado de "certeza de consciencia". Entonces, estas personas desean una "certeza de falta de consciencia". Por lo tanto, parece que la sed de certeza puede llevar a la gente a la pérdida de conocimiento si la buscan como efecto.

Incertidumbre: "Quizás"

Una incertidumbre es el producto de dos certezas. Una de ellas es una convicción, ya sea que se llegue a ella por medio de la observación (causativa) o por un golpe (como efecto). La otra es una certeza negativa. Se puede estar seguro de que algo *es* y se puede estar seguro de que algo *no* es. Se puede estar seguro de que hay algo presente (no importa qué) y de que no hay nada presente. La mezcla de estas dos certezas crea una condición de incertidumbre conocida como un "quizás". Un "quizás" continúa manteniéndose en suspenso en la mente de un individuo simplemente porque él no puede decidir si no es nada o si es algo. Él capta y mantiene las certezas cada vez que se le han presentado pruebas o ha tomado la decisión de que eso es un somethingness y cada vez que haya llegado a suponer que es un nothingness. Cuando estas dos certezas de algo y de nada se relacionan con el hecho de que alguien continúe en un estado de beingness, y pueden influir notablemente en ello, o cuando uno supone simplemente que pueden influir en tal estado de beingness, surge un estado de ansiedad.

Así, la ansiedad, la indecisión, la incertidumbre, un estado de "quizás" sólo pueden existir en presencia de una observación deficiente o de una incapacidad para observar. Tal estado puede remediarse simplemente al eliminar algo del pasado del individuo:

Primero, la convicción de que el asunto es *importante;*

Luego, la convicción de que carece totalmente de *importancia;*

Luego, todas las ocasiones en que tenía la certeza de *somethingness;*

Y luego, todas las ocasiones en que el individuo tenía la certeza de *nothingness.*

Uno simplemente hace que el individuo observe en función de los tres universos.

Mentes Analítica y Reactiva

Nos enfrentamos, entonces, a dos tipos generales de mente.

Uno es algo analítico que depende para sus conclusiones de la percepción, o incluso de la creación de cosas *para* percibir, y que basa su juicio en la observación en función de los tres universos. A esto lo llamamos la "mente analítica". También podríamos llamarlo el "espíritu". También podríamos llamarlo la "unidad con consciencia de consciencia". Podríamos llamarlo "el propio individuo consciente en lo mejor de su beingness". Podríamos llamarlo con el término matemático "thetán". Cualquiera que fuera su nombre, tendríamos exactamente lo mismo: un punto de vista capaz de crear y observar cosas creadas, que llega a conclusiones y dirige acción en función de la observación directa del estado existente de tres universos.

El otro tipo de mente no parece otra cosa que un cerebro electrónico. Recibe sus datos como convicción, impartidos por la fuerza. La dirigen influencias ocultas, en lugar de influencias observadas, y reacciona ante ellas; es en gran medida la imagen inversa y tiene intenciones inversas a la mente analítica. La llamamos la "mente reactiva". Es una entidad real y actúa en función de experiencia y teoría. Establece maquinaria pensante en torno a las incertidumbres, y el curso de su pensamiento es descendente. Busca dirigir y dictar mediante el dolor y mediante el esfuerzo por evitar el dolor.

La diferencia primaria entre estas dos "mentes" es que una (la mente analítica) no tiene duración finita y la otra (la mente reactiva) es susceptible a la muerte.

Estas dos mentes son una certeza, puesto que cualquiera puede observarlas, incluso en sí mismo. Él sabe que está consciente de las cosas a su alrededor y sabe que tiene deseos concretos que son perfectamente razonables. Y sabe, si es un *Homo sapiens* o un animal, que las órdenes y compulsiones internas, incluso las que le dicen que coma y le dicen al corazón que palpite, no están directamente bajo su control.

Por tanto, todo el pensamiento puede dividirse, para nuestros fines, en:

Un pensar basado en *la observación directa* y en *conclusiones de la observación*; y,

Un pensar que tiene que *saber* antes de poder *ser* u *observar*.

El pensamiento analítico se puede llamar "pensamiento analítico" porque observa y analiza directamente lo que observa como observaciones que están inmediatamente presentes. La mente reactiva llega a conclusiones y actúa sólo en base a la experiencia, y sólo con una atención parcial a las cosas presentes que se podrían observar. La mente reactiva comienza y continúa con incertidumbres. Y mientras que el curso de la mente analítica es progresivamente ascendente, el curso de la mente reactiva es progresivamente descendente.

La mente reactiva nace como sirviente de la mente analítica y la mente analítica la instala para que trabaje con datos relacionados con la incertidumbre básica de que *podría haber algo* y *podría no haber nada* y para que los almacene. De modo que la mente reactiva continúa creciendo, y si la mente analítica no la vigila, de ser sirviente tiende a convertirse en el patrón.

Supervivencia

Las metas de las dos mentes no son metas separadas. La mente reactiva es un esfuerzo temporal del punto de vista para percibir las cosas que cree que son imperceptibles, excepto por comparación de incertidumbres. Ambas mentes están intentando persistir y perdurar a través del tiempo; es decir, *sobrevivir*. La mente analítica puede persistir *indefinidamente* (a menos que se vuelva demasiado incierta y, con esa incertidumbre, haya establecido también demasiados mecanismos reactivos). La mente reactiva sigue el ciclo de la *duración de la vida*.

La mente analítica trata de causar un efecto por medio de la *creación*. La mente reactiva trata de causar un efecto por medio de la *duplicación, el préstamo* y la *experiencia*. De modo que ambas mentes están tratando de causar un efecto y esta es toda su motivación para entrar en acción.

Cada uno de los tres universos trata de persistir indefinidamente. A cada uno se le causa continuamente, y cada uno está recibiendo un efecto continuamente. Cada uno tiene su propio criterio de lo que debería recibir como efecto y de lo que debería causar.

El tiempo en sí, consta de una interacción continua de los universos. Cada uno puede tener su propio espacio. Cada uno tiene su propia energía particular.

El impulso hacia la supervivencia de cualquiera de estos tres universos puede subdividirse, para cada uno de los tres universos, en ocho dinámicas.

Hay, entonces, cuatro grupos de ocho dinámicas cada uno:

Las ocho dinámicas del *universo propio;*

Las ocho dinámicas del *universo físico;*

Las ocho dinámicas del *universo del otro;* así como

Las ocho dinámicas del *triángulo* en sí.

Estas dinámicas podrían subdividirse como sigue:

La Primera Dinámica sería la más cercana al universo y se podría decir que es la dinámica que está impulsando la supervivencia del yo.

La Segunda Dinámica sería la de la persistencia de la admiración, en muchas formas, en el universo propio y en el del otro. Esta admiración podría tomar la forma de sexo, de comer o puramente de la sensación de creación (como el sexo y los hijos). En el universo físico sería esa emanación de luz similar a la luz solar.

Se podría decir que la Tercera Dinámica es la dinámica que abarca la persistencia de grupos de objetos o de entidades.

La Cuarta Dinámica se ocuparía de toda una especie.

La Quinta Dinámica se ocuparía de otras especies vivas y abarcaría a todas las demás especies vivientes.

La Sexta Dinámica englobaría, en lo que se refiere a la supervivencia, al espacio, la energía, la materia y las formas del universo, como tales.

La Séptima Dinámica sería el impulso de sobrevivir de los espíritus o de los aspectos espirituales de cada universo.

La Octava Dinámica sería la creatividad o la destructividad general como impulso continuo.

Cada impulso se ocupa enteramente con sistemas de comunicación. La comunicación, en su forma más elemental, requiere un *punto de vista* y un *destino*. Y a medida que se vuelve más compleja y más "importante", la comunicación se hace más rígida y fija en cuanto a sus códigos y líneas.

La razón de la comunicación es producir *efectos* y *observar* efectos.

Triángulo de Afinidad, Realidad y Comunicación

Cada uno de los tres universos tiene su propio Triángulo de Afinidad, Realidad y Comunicación. Estos tres elementos son interdependientes entre sí y uno no puede existir independientemente de los otros dos.

La Afinidad es la característica de la energía en cuanto a su vibración, condensación, rarefacción y en el universo físico, su grado de cohesión o dispersión.

La Realidad depende de la coincidencia o la no coincidencia de flujo y se caracteriza principalmente por la dirección del flujo. Es esencialmente acuerdo.

La Comunicación es el volumen de flujo o la falta de flujo.

De estas tres, la Comunicación es con mucho la más importante. La Afinidad y la Realidad existen para fomentar la Comunicación.

Escala Tonal

Bajo Afinidad, tenemos por ejemplo, todas las diversas emociones que van desde la Apatía en 0.1, pasando por Pesar, Miedo, Enojo, Antagonismo, Aburrimiento, Entusiasmo, Júbilo y Serenidad, en ese orden. La Afinidad y esta escala ascendente de características de emoción son lo que nos da la Escala Tonal. La Escala Tonal puede ser una certeza para cualquiera que haya visto reaccionar emocionalmente a otros seres, que haya sentido emoción él mismo y que haya visto los diferentes estados de ánimo del universo físico en sí. La tabla periódica de la química es en sí una especie de Escala Tonal.

Hay una espiral descendente y una espiral ascendente en la Escala Tonal. Estas espirales se caracterizan por la reducción de la consciencia o el aumento de la consciencia. Para subir en la escala, uno debe aumentar su poder para observar con certeza. Para descender por la escala uno debe disminuir su poder para observar.

Aquí hay dos certezas. Una es una certeza completa de la *consciencia* total, que estaría en 40.0 en la Escala Tonal. Y la otra es una certeza de la *inconsciencia* total que estaría en 0.0 en la Escala Tonal (o casi). Sin embargo, ninguno de los dos extremos es en sí un absoluto para la mente analítica, y la mente analítica puede descender por debajo del 0.0 de la mente reactiva. Sin embargo, estas dos clases de certeza están muy lejos de cumplir los requisitos de una certeza. Como los dos extremos de la escala son ceros en lo que se refiere al espacio, es posible confundir uno con el otro y por tanto hacer que parezca que la consciencia total sería inconsciencia total. La experiencia y la observación pueden desengañarnos de esta idea. La escala no es circular.

Las características y la potencialidad de la parte más alta de la escala, o de la zona cercana a ella, son:

Creación ilimitada
Flujo de salida
Certeza
La acción de alejarse
Explosión
Mantener separado
Extender
Dejar ir
Alcanzar
Metas de naturaleza causativa
Espacio que se amplía
Libertad con respecto al tiempo
Separateness (Condición de estar Separado)
Diferenciación
Condición de impartir sensación
Condición de vaporización
Condición de resplandecer

Condición de ligereza
Condición de blancura
Condición de de-solidificación
Consciencia total
Comprensión total
ARC total

La parte más baja de la escala y sus áreas cercanas incluyen:

Muerte
Flujo de entrada
Certeza
Condición de regresar
Implosión
Dejar-que-se-junte
Juntar
Mantener junto
Retirarse
Metas de efecto (ambición por ser un efecto en lugar de una causa)
Contraer el espacio
Nada de tiempo o tiempo infinito en un momento
Condición de estar conectado
Identificación
Identidad
Condición de recibir sensación
Condensación
Negrura
Solidificación
No-consciencia
Ninguna comprensión
Ningún ARC

Estas diferentes características o intenciones pueden observarse en cualquier dinámica y en cualquier universo.

Entre estos dos extremos está el término medio de la acción donde se ejerce la libertad completa de hacer cualquiera de estas cosas (de lo más alto o lo más bajo de la escala). Por lo tanto, en alguna parte entre 3.5 y 36.5 en la Escala Tonal, hay acción.

Las condiciones antes mencionadas de lo más alto y lo más bajo de la escala, desde luego, se alejan de los extremos y se acercan entre sí.

A medida que la consciencia se vuelve más fija, las intenciones se vuelven menos flexibles en cuanto a la acción, los sistemas de comunicación se vuelven más rígidos, más complejos y menos susceptibles de alteración. Sin embargo, estos sistemas de comunicaciones se alteran elevando o disminuyendo la certeza en los tres universos.

Punto de Vista

La diferencia principal entre la mente analítica (en un estado de consciencia en sí) y la mente reactiva es que la mente analítica, sumamente consciente, sabe que no es "la cosa" sino el "punto de vista" de las cosas. De esto puede tener mucha certeza a medida que aumenta en niveles de consciencia. La mente reactiva se concibe como "la cosa".

La mente analítica está en un estado de *llegar a ser* sin alcanzar el nivel de *ser*. La mente reactiva concibe que está en un estado de *ser* y por lo tanto se resiste a *llegar a ser*.

La mente analítica, teniendo un alto estado de consciencia, logra la percepción mediante sus propios flujos de salida y entrada, o recibiendo flujos de entrada a los que puede dar salida. La mente reactiva percibe únicamente por flujo de entrada y hace grabaciones completas del flujo de entrada.

La mente analítica es capaz de desarrollar su propia energía. La energía de la mente analítica es lo que da poder a la mente reactiva. Pero a la mente reactiva también le pueden dar fuerza la energía de otras mentes y la energía vital contenida en cualquier ser vivo. Así la mente reactiva puede convertirse en el sirviente de todas las cosas. Puede creer que es cualquier cosa. Puede creer que se le posee o que tiene la identidad de cualquiera, sin importar para quién fue creada para servirle. La mente analítica se sirve a sí misma con un conocimiento continuo de que se sirve a sí misma. Pero también sirve a los otros dos universos y lo sabe.

La mente analítica se extiende a partir de sus puntos, u observa puntos que se extienden a partir de ella, y así concibe espacio. El espacio es solamente "el punto de vista de dimensión". La dimensión depende de los puntos que marcan sus límites. Dentro de estas dimensiones, llamadas espacio, la mente analítica puede crear energía y forma, y así, mediante el cambio de forma, engendrar tiempo.

Energía: Universo de Dos Terminales

Ya sea que lo haya creado cualquiera de los tres universos o que haya sido creado dentro de cualquiera de ellos, el flujo de energía se logra estableciendo un terminal y haciendo fluir hacia él, desde un punto de vista, un flujo de energía. O, estableciendo dos terminales y causando un flujo entre ellos.

Se podría decir que cada universo es un *universo de dos terminales*, pero se pueden instalar flujos a base de más de dos terminales. La unidad básica de cualquier universo, en función de la energía, es dos. Esto, sin embargo, no restringe ni limita el número de puntos de vista que puede tener cualquier universo. Sin embargo, se puede ver que un universo físico es un universo de dos terminales y un universo de dos puntos. Y también es posible observar que los otros dos universos instalan, casi invariablemente, dos terminales o más y cada uno utiliza dos puntos de vista.

En lo que concierne a la consciencia, muy abajo en la escala la mente analítica concibe que ella misma es la mente reactiva, y por lo tanto, no actúa ni procede a poner fuera puntos de dimensión a fin de conseguir espacio, y no genera energía, por su propia responsabilidad. Sin embargo, siempre genera energía; ya sea que admita o no que lo está haciendo.

Atención

El interés de dos puntos de vista es la *atención*. Cada punto de vista puede tener curiosidad o deseo de la atención de otro punto de vista.

Admiración

La parte más valiosa de un intercambio de atención es la *admiración*. La admiración es una partícula especial. Es un solvente universal. Es la sustancia misma de una línea de comunicación. Y es aquello que se considera deseable en el juego de los tres universos. La admiración interviene en la interacción de los universos en forma de objetos concebidos o incluso en la forma de cuerpos. Estos objetos creados se podrían llamar "cuadros creativos". A medida que se vuelven más complejos en forma, adquieren el aspecto de una vida por derecho propio y se convierten en seres animados.

Dos puntos de vista, que estén estableciendo terminales para que los vea el otro punto de vista, se exigen atención mutua e inventarán todo tipo de "razones" para exigir la atención continua del otro punto de vista. Uno de los métodos primarios de actuación es hacer que el objeto propio, o la acción del objeto, sean tan extraños que el otro punto de vista no pueda mirar en otra dirección. Otra es hacer que el objeto, o la acción del objeto, sean tan artísticos, coloridos o interesantes que el otro punto de vista no pueda mirar en otra dirección. Otro método es dominar la atención por la fuerza. Otro método es inhibir la atención para atraerla solamente a los objetos de uno.

Esto se puede representar como un ciclo de Exigencia de Atención, con Curiosidad debajo de 40.0, Deseo por debajo de eso, Imposición en un nivel de la escala tan bajo como 1.5 e Inhibición de 1.1 hacia abajo. Los métodos inferiores de esta escala son bastante observables entre los hombres. Y muy abajo en la escala la acción primordial es la Inhibición de la atención *en otra parte*. Al cortar las líneas de comunicación de otro punto de vista, se crea en el otro punto de vista un efecto por el cual ese punto de vista se queda fijo, con cualquier emoción (puesto que cualquier atención es mejor que ninguna) en los productos o los objetos de quien cortó la línea de comunicación. Hay muchos métodos para cortar líneas de comunicación. Uno común podría resumirse así: "Allá es demasiado horrible para que mires". Así, se les da a entender a los puntos de vista que están rodeados de cosas horribles que nunca han percibido y que de hecho nunca han existido, pero que se dice que están ahí, de manera que se ven obligados a prestar atención.

Las influencias ocultas son los métodos más comunes de imponer atención. Por supuesto, cualquier mente analítica es en sí una influencia oculta puesto que no puede percibirse como tal. Sólo se puede percibir su energía y sus objetos. Surge así la adoración a la influencia oculta, el miedo a la influencia oculta y la neurosis relacionada con influencias ocultas.

Comer y Sexo

La meta de "llamar la atención" es recibir la partícula de admiración. Uno crea efectos simplemente para crear efectos. Pero se le da la bonificación de la admiración cuando crea suficiente efecto o, lo que es más importante, cuando exige, dirige y es capaz de causar admiración por coacción.

Podría decirse que el comer no existía hasta que uno estuvo tan furioso por no ser admirado que mató como castigo. Se podría decir en sentido jocoso que el tigre caminando por los bosques con sus hermosas rayas nunca habría comido nada y no estaría comiendo hoy si algún mono no le hubiera lanzado insultos en vez de admirarlo. El tigre exigió la admiración del mono atrapándolo y comiéndoselo. Puede observarse que el comer carne viva o células vivas proporciona al paladar una especie de admiración. Y se puede observar que bajo tortura, bajo toda clase de coacciones, el torturado admirará repentinamente a su torturador, aunque sea de forma degradada.

Los cuadros de energía que llamamos "mock-ups" son cosas creadas que en sí contienen admiración. Podría decirse que son anteriores a los cuerpos.

Después de la adquisición de admiración por medio de dolor, de comer o de devorar algo que pertenece a otro, vino posteriormente un mejor sistema de comunicaciones que impedía el comer a un nivel tan implacable. Esto fue el sexo, que es un intercambio de partículas condensadas de admiración que promueve la existencia de nuevos cuerpos. En lo que se refiere al cuerpo del *Homo sapiens* es evidente que su deseo de no ser comido tuvo respuesta en el sexo. Y el sexo realiza la función de supervivencia continua de la forma. Entonces, siempre y cuando uno tenga el símbolo del sexo para ofrecer, se siente relativamente seguro. Y cuando no tiene ese símbolo para ofrecer, se siente inseguro.

Pero como hemos empezado a observar, no tenemos un alto grado de certeza en lo que concierne a esta evolución de la admiración y de la evolución en sí. Y esto se presenta aquí como una explicación de por qué eso es algo que no necesitamos particularmente, y es algo de lo que tendremos o no tendremos una certeza futura a medida que subamos en la Escala de Consciencia. Muchas cosas son inexistentes abajo en la escala. Muchas cosas que son inciertas en los niveles bajos de la escala se convierten en certezas de alto nivel en la parte superior de la escala. Pero esta certeza depende solamente de lo concluyente de la observación o de lo concluyente de la observación que dice que la cosa no existe.

Procesamiento: Escala de Gradiente hacia la Certeza

Scientology no tiene el propósito de presentar una incertidumbre y luego exigir que se acepte. Puesto que tenemos aquí la escala de gradiente de un proceso por el cual uno puede llegar a tener más certeza. Si existiera la inmortalidad, o incluso la carencia de necesidad por parte de la mente analítica de ser un objeto específico, entonces uno lo descubrirá a su debido tiempo a medida que se le procesa. Pero si no existen, también lo descubrirá. Esta sería una cuestión de observación progresiva. Cuando algo existe en forma de incertidumbre, tiende a atormentar a la mente reactiva. Pues la mente reactiva en sí se ocupa sólo de incertidumbres y sus convicciones se basan enteramente en golpes y en dolor.

Aplauso: Causa y Efecto

Ocurre una incertidumbre muy básica en el tema del *aplauso*. Arriba en la escala, uno actúa para buscar un efecto y sabe que es un efecto, haya o no atención o admiración, es decir, aplauso. Un poco más abajo en la escala, uno desea un asentimiento o la sustancia real de la admiración. Si no llega, uno no se preocupa. Pero aún más abajo en la escala, el individuo invita y solicita activamente el aplauso. Por debajo de eso, se Enoja cuando no recibe aplauso. Por debajo de eso, muestra Miedo, Pesar y Apatía cuando le falta el aplauso. La Apatía es el darse cuenta de que nunca habrá ningún aplauso para ningún efecto.

Lo que no se admira tiende a persistir, pues la mente reactiva no destruye. Uno puede llegar a quedarse fijo en producir cierto efecto simplemente insistiendo en que se admire. Cuanto más tiempo no se admire el efecto, más tiempo podría uno seguir exigiendo que se le admire (es decir, exhibiéndolo), hasta que finalmente uno se hunde en la escala a un nivel inferior y se da cuenta de que no será admirado, momento en el que uno se convierte en efecto de ello. Aquí uno se ha convertido en efecto de su propia causa. Aquí está la enfermedad psicosomática que comenzó como un achaque fingido para crear un efecto. Quizás una vez se le aplaudió, pero no lo suficiente. Y poco después, no se le aplaudió en absoluto y uno mismo se vio obligado a aplaudirle y a creerle. Y así llegó a existir y fue una certeza para uno.

Este es también el curso de la responsabilidad que degenera en irresponsabilidad. En lo más alto de la escala, uno sabe que está causando el efecto. Más abajo en la escala, dice que no está causando el efecto (aunque lo está causando, sólo *él* sabe que lo causa). Aún más abajo en la escala, no da el paso intermedio. Causa un efecto y de inmediato cree que otra cosa causó el efecto en lugar de él, y que él es el efecto del efecto.

Se puede ver la causa y el efecto trabajando en términos de puntos de vista. Si a alguien no se le ha aplaudido por muchas cosas, comenzará a asumir la posición de la audiencia. Uno hace el truco, crea algo y luego pasa al frente, se sienta ante todo el teatro y le aplaude. Pues uno puede ser un punto de vista con conocimiento desde muchos lugares. Este es a menudo el caso de un escritor, que rara vez está cara a cara ante sus lectores. De hecho, la mayoría de los editores están tan bajos de tono que se quedan con todas las cartas de admiración que se le envían a un escritor y lo dejan preocupándose. Conforme otras cosas influyen en el escritor, él baja en la escala hasta un punto en que cree que lo que escribe no recibe admiración y por tanto, tiene que "salir y sentarse entre el público". Este es el primer paso para convertirse en el efecto de su propia causa. Poco tiempo después, piensa que él es el público. Cuando lo hace, ya no es el escritor. Así ocurre con el pintor y con cualquier persona.

Evaluación y Percepción

El niño está muy empeñado en causar efectos y hacer que las cosas se admiren. Lo están evaluando continuamente en cuanto a qué admirar.

La evaluación es el concepto de punto de vista que tiene la mente reactiva. La mente reactiva no *percibe, evalúa*. A veces a la mente analítica podría parecerle que la mente reactiva tiene un punto de vista. La mente reactiva no tiene punto de vista, tiene una *evaluación* del punto de vista. De modo que el punto de vista de la mente analítica es un punto real desde el cual uno percibe. La percepción se hace por medio de la vista, el sonido, el olor, el tacto, etc. El "punto de vista" de la mente reactiva es una opinión que se basa en otra opinión y en una cantidad muy pequeña de observación. Y esa observación estaría formada de incertidumbres. De ahí la confusión del término "punto de vista" en sí. Puede ser un punto desde el cual uno puede estar consciente (que es su definición analítica) y pueden ser las ideas de alguien sobre cierto tema (que es la definición reactiva).

Debido a que en los hombres la mente analítica y la mente reactiva pueden confundirse, uno es muy propenso a adoptar el punto de percepción de la persona que más haya evaluado por él. El padre y la madre, por ejemplo, han evaluado el arte, los hábitos, la bondad, el comportamiento, la maldad, la manera de vestir, en qué consisten los buenos modales, a tal punto que al niño le parece que no tiene ninguna alternativa, sino adoptar sus "puntos desde los cuales mirar". Y así, encontraremos al niño observando las cosas como las observaría su padre o su madre, e incluso usando los lentes de su padre o de su madre cuando sea mayor. Ha confundido la evaluación con la percepción real.

Cuando otro le ha dicho continuamente que él no es bien parecido, que es feo, ridículo, descortés, tosco y demás, su mente reactiva (que, como a una prostituta, no le importa nada su amo y sirve a cualquiera) hace que finalmente pierda su punto de vista sobre sí mismo y se vea como algo indeseable no por observación, sino por evaluación. Por supuesto, él preferiría ser algo en lugar de nada. Tiene, de hecho, horror a no ser nada. Así que es mucho mejor ser algo feo sobre lo cuál hace conjeturas que no ser nada en absoluto. Y así, persiste y continúa como es. Además, como le han hablado tanto sobre hablar, sobre mirar, sobre percibir en general, ha obtenido la idea de que su sistema de comunicaciones es inalterable. La totalidad de su vivir es realmente un sistema de comunicaciones que tiene la motivación de causar efectos. Así, cuanto más bajo esté en la Escala Tonal, más persiste sin cambiar; excepto hacia abajo.

Alcanzar y Retirarse

Anteriormente se han resumido las acciones características de la energía producida por la mente analítica, en lo que se refiere a la parte más alta y más baja de la escala. Sin embargo, las más importantes parecen ser *alcanzar* y *retirarse*. En el universo MEST, tenemos *comenzar, parar* y *cambiar* como las características del movimiento. La mente analítica, sin embargo, con sus puntos de dimensión se ocupa más de alcanzar y retirarse. Así es como percibe. Puede controlar creando o usando energía, como la del universo físico, y usa esta energía para comenzar, parar y cambiar otra energía. Pero en sí, su manejo de la dirección de los puntos de dimensión consiste en alcanzar y retirarse. El alcanzar compulsivo y el retirarse compulsivo causan muchas manifestaciones extrañas e interesantes.

La sensación de dolor es en realidad una sensación de pérdida. Es una pérdida de beingness, una pérdida de posición y de consciencia. Por lo tanto, cuando uno pierde cualquier cosa, tiende a percibir menos, ya que hay menos que percibir. Algo se ha retirado de él sin su consentimiento. Esta sería la definición de pérdida. Esto produce, finalmente, una condición de oscuridad. También se le podría llamar ruptura de ARC. Si uno ha perdido algo, el culpable está probablemente en los otros dos universos. El que ha causado la pérdida es el universo físico o el universo de otra persona. Así, tienes menos comunicación, puesto que estás renuente a comunicarte; es decir, a poner cosas en la dirección de algo que va a tomarlas y a llevárselas sin más consentimiento de tu parte. Esto produce una reducción del deseo de estar consciente, lo que es la reducción de la afinidad, la reducción del acuerdo (realidad) y la reducción de la comunicación en general. En un momento de profunda decepción del prójimo, el universo de hecho se vuelve oscuro alrededor de uno. Simplemente como experimento, puedes decirte que tienes el único punto de vista que hay, que todos los demás puntos de vista son simplemente mock-ups que has hecho. Y tendrás una disminución casi inmediata de la luminosidad a tu alrededor. Este es el mismo mecanismo que el mecanismo de la pérdida. El resultado de demasiada pérdida es la oscuridad.

Otro mecanismo de oscuridad e inconsciencia que le sobreviene a una persona se produce por la pérdida de un punto de vista que ha evaluado muchísimo por uno. Tuvo una madre o un padre que han evaluado excesivamente acerca de todo y luego este padre (tutor o aliado en la vida, como por ejemplo un profesor) murió o desapareció inexplicablemente. Uno dependía de la existencia continua de este individuo para mirar, ver y oír en realidad. De repente se va el individuo y todo se vuelve oscuro. Después de eso, uno es incapaz de percibir su propio universo. Pues la mayor parte del tiempo uno en realidad estaba percibiendo el universo de la persona que perdió y ahora ese universo ya no está ahí, lo que le da a uno la idea de que no tiene ningún universo que percibir. Por supuesto, esto incluso atenúa su percepción del universo físico debido a la interdependencia del triángulo de los tres universos.

Cuando alguien ha tenido una cantidad insuficiente de admiración por parte de compañeros sexuales, el cuerpo físico, que depende principalmente del sexo en cuanto a sensación y continuidad, casi en el mismo grado en que depende del comer, comenzará de hecho a cambiar de punto de vista sobre el otro sexo. Así, encontramos que algunos hombres mayores se vuelven como las mujeres, y que algunas mujeres mayores se vuelven como los hombres. Así tenemos el desequilibrio de andrógenos y estrógenos, y el consecuente decaimiento del cuerpo.

Aquí, en lo que se refiere al sexo, encuentras que el alcanzar y retirarse alcanzan magnitudes considerables. La mente reactiva, al dirigir el cuerpo, concibe que se retira y no sabe de lo que se está retirando. Porque se percibe bajo la compulsión de alcanzar, y no sabe lo que está alcanzando. En términos de procesamiento, se está retirando de compañeros sexuales o los está alcanzando. Cuando se retira mucho o ellos se han retirado de ella en gran medida, la mente reactiva concibe que el cuerpo está cubierto de negrura.

Esto se resuelve en términos de *sexo y comer*. Sin embargo, se debería comprender completamente que esta es la resolución del problema del cuerpo. Y esta resolución sólo se emplea cuando a la mente analítica en sí no se le puede llevar a una cúspide inmediata de consciencia usando SOP 8. Cuando uno aborda el cuerpo, en sí, y solamente el cuerpo, aborda el tema del *sexo* y el tema del *comer* en términos de *alcanzar y retirarse*.

Terminales Correspondientes y Terminales Dobles

Los procesos específicos que se usan en esto se llaman "Terminales Correspondientes" o "Terminales Dobles". Esto se hace de la siguiente manera:

Incluso cuando el individuo no puede crear formas propias, al menos puede crear dos ideas delante de él. Puede poner frente a sí una forma con una idea, o una idea en sí, frente a otra idea; las dos exactamente iguales:

> *"Retirarse de sexo"*,
> *"Alcanzar sexo"*.

Muy a menudo verá que aparecen repentinamente otras terminales que él no creó. Cuando haya recorrido retirarse, las cosas que ponga ahí serán negras y el objeto del cual se esté retirando será blanco. Él debe tener la idea de que el objeto blanquecino está alcanzando y el objeto negruzco se está retirando. Entonces debería recorrer esta terminal idéntica como si alguien más (no él mismo) la hubiera puesto ahí, de nuevo retirándose de la negrura, alcanzando lo grisáceo. Y luego debería recorrerlo como si alguien más lo estuviera poniendo (otro que no es él mismo). Estas tres causalidades ("brackets") relativas al poner esta idea idéntica frente a sí misma son *él mismo, otro por él* y *otros por otros*. Esto se llama Terminales Correspondientes.

En Terminales Dobles simplemente se ponen dos pares de terminales correspondientes. Los pares pueden ser, cada uno, de dos cosas distintas, pero cada par contiene algo que es igual al otro par. Es decir, marido y mujer son un par y marido y mujer son el otro par. Estos, en paralelo, le dan a uno el efecto de dos terminales, que es necesario para una descarga. Se verá que estas terminales se descargan una contra la otra. Sin embargo, esta es una técnica relacionada con el cuerpo físico y tiene un uso limitado. Si uno llega a ponerse muy enfermo al hacerlo, debería recurrir a lo que se llama (más adelante) una "técnica ilimitada". O debería hacer la penúltima lista de *Autoanálisis en Scientology*, y hacerla una y otra vez. O simplemente debería ir directamente al 8 Corto y hacerlo de principio a fin. Tiene muchos remedios.

El hacer Terminales Correspondientes (por uno, otros por uno y otros por otros) sobre el tema de alcanzar y retirarse respecto al sexo se puede, por supuesto, expandir considerablemente como técnica. Puede contener compulsión a alcanzar, compulsión a retirarse, compulsión a alcanzar mientras otro se está retirando y compulsión a no alcanzar. Y puede abordarse en relación con todos esos "complejos" y cosas que Sigmund Freud observó empíricamente mientras investigaba en su práctica*. Sigmund Freud observó, como tal vez has observado, que la preocupación y las dificultades de una persona con su cuerpo

---

*L. Ronald Hubbard estudió psicoanálisis freudiano bajo el tutelaje del Comandante Thompson (del Cuerpo Médico de la Marina de Estados Unidos), quien fue uno de los alumnos estrella de Freud. El Comandante Thompson estudió bajo la supervisión de Freud mismo en Viena para introducir la teoría y práctica del psicoanálisis a la Marina de Estados Unidos y fue enviado a Viena con ese propósito.

comenzaban normalmente en la pubertad. Y que en una curva de sus subidas y bajadas había cambios repentinos en los puntos donde lo derrotaban sexualmente, cuando su impotencia sexual dejaba de existir y cuando aumentaba. El Dr. Freud desafortunadamente no desarrolló ninguna técnica rápida ni profundamente práctica para resolver los problemas planteados por estas observaciones, ante todo porque la selección del sexo como motivador primario no fue la selección de los factores mecánicos básicos del beingness. Sin embargo, la brillantez de las teorías de Freud y sus extrapolaciones a partir de una cantidad limitada de datos, y su valor al enfrentarse al mundo entero y declarar que un tema impopular era la raíz de todo el mal, no tiene igual en la historia. Los complejos que mencionó, sin excepción, se pueden descubrir en la mente por observación directa o electropsicometría y se pueden resolver en el cuerpo mediante la técnica de "Terminales Correspondientes en Brackets" (que es el nombre correcto para lo anterior).

Cuando el nivel del caso sea Paso IV, Paso V o un nivel inferior (en SOP 8), es necesario liberar la mente analítica de la sujeción del cuerpo. La mente analítica no puede retirarse. Al cuerpo se le reduce a la obediencia con toda rapidez recorriendo la Segunda Dinámica. Esto está muy lejos de ser el fin de todo el procesamiento, pero es el método más rápido que he desarrollado para remediar la oclusión o lograr la exteriorización en casos de los pasos inferiores. En el sexo y el comer, el cuerpo desea ser efecto con todas sus fuerzas. Y en ellos se encuentra el deseo más fuerte del cuerpo, en cuanto a accesibilidad inmediata. La mente analítica, por otra parte, puede crear su propia sensación, pero se ha vuelto dependiente del cuerpo. Incluso así, es la parte del beingness que desea dar sensación más que recibirla. Así, se tiene, en la mente reactiva, el conflicto del deseo de dar sensación contrapuesto al deseo de recibir sensación. El deseo del cuerpo de recibir sensación es tan fuerte que se desarrolla una incertidumbre extremadamente poderosa y persistente ("quizás") y se presenta el conflicto primario de la mente analítica y la mente reactiva del cuerpo.

No puedo evitar ofrecer mi admiración por un hombre que, trabajando sin preparación previa, sin electropsicometría, sin física nuclear, sin ninguna observación amplia de tribus primitivas ni etnología en general, eliminó de sus conclusiones todos los convencionalismos de su tiempo, y sin embargo, localizó y presentó, sólo con el peso de la lógica, el núcleo de las alteraciones del cuerpo humano. No alcanzó a vivir para ver su teoría validada completamente. Lo abandonaron sus estudiantes quienes comenzaron a escribir teorías extravagantes, totalmente irrealizables y alejadas de lo sustancial, que sin embargo fueron mejor aceptadas. Desalentado al final de su carrera, escribió un artículo llamado *Psicoanálisis, Terminable e Interminable*. Freud, sin método alguno de observación directa, habló de prenatales, trauma del nacimiento y, verbalmente, aunque no por escrito, de existencias anteriores y de la inmortalidad ininterrumpida del individuo. No se puede alabar suficientemente a este hombre y el crédito que le doy por mi propia inspiración y obra se lo doy sin reservas ni límite alguno. Lo único que lamento es no saber dónde está hoy para mostrarle su teoría de la libido de 1894 completamente reivindicada y un psicoanálisis freudiano impartido, más allá de sus expectativas, en cinco horas de auditación.

Cómo Procesar la Mente Analítica

La mente analítica se puede procesar en forma directa y mejora simplemente al *cambiar de opinión* acerca de las cosas. Pero siempre que cree que depende mucho de la mente reactiva y del cuerpo, no puede cambiar sus opiniones. Estas opiniones, sin embargo, no son simples cambios de parecer. Son cambios de experiencia. La mente analítica debe descubrir que puede percibir, que puede percibir con precisión en tres universos, que no necesita depender del cuerpo y que puede manejar cualquier mente reactiva. Esto se hace aumentando sus poderes de *percepción*, aumentando la cantidad de puntos de vista que puede *adoptar*, aumentando su capacidad para *localizar* espacios, acciones y objetos en el tiempo y en el espacio y aumentando su capacidad, por encima de eso, para *crear* espacio, energía y objetos.

Esto se hace por medio de ejercicios y por medio de los procedimientos de los primeros tres pasos de SOP 8.

No se debería pensar ni por un momento que en Scientology estemos intentando realizar, con la escala de gradiente de aumento de certezas, todos los trucos y exhibiciones de que hablan los antiguos. Ni siquiera estamos vagamente interesados en mover objetos del universo físico, en lanzar rayos, ni en crear sólidos que otros puedan ver. Sólo nos interesa la rehabilitación de la mente analítica hasta el punto en que pueda manejar cualquier mente reactiva, sin importar cual sea su proximidad a esa mente reactiva. En otras palabras, no estamos interesados en la realidad objetiva (desde otro punto de vista) de las capacidades de la mente analítica para ejecutar diversas clases de trucos. Si se puede o no hacer estas cosas, cae en el ámbito de Para-Scientology, porque cuando a la mente analítica no se la ha hecho subir lo suficiente procesándola, y cuando el observador está muy abajo en la Escala Tonal, esto está completamente por encima de la "capacidad de tener certeza". No estamos intentando alcanzar la certeza del misticismo, de la necromancia ni, para ser franco, del truco de la cuerda hindú. Estamos intentando hacer seres sanos y cuerdos.

Cuando la mente analítica está muy próxima al cuerpo, sin darse cuenta está reestimulando continuamente a una mente reactiva que, según dicen algunos, ha evolucionado a través de etapas muy difíciles y salvajes. Como dijo Freud: la supresión que hay en la mente es la supresión de cosas tan bestiales y tan salvajes que el preclear que recibe procesamiento profesional se siente extremadamente horrorizado. Al procesar la mente reactiva se manifestará casi cualquier cosa y casi cualquier impulso, incluyendo una sed de dolor y un deseo de crear cualquier clase de efecto, sin importar lo malo que sea. El canibalismo, únicamente por la sensación, para conseguir los últimos restos de admiración del ser torturado y moribundo, se convierte en una certeza subjetiva para el preclear que recibe procesamiento, y se tiene que abordar su mente reactiva antes de que pueda ser *él mismo* (que es, por supuesto, su *mente analítica*). Cuanto más supresión recibe esta mente reactiva, más reestimula su bestialidad.

La mente analítica es básicamente buena. Ha sufrido con esta proximidad a la mente reactiva. Con razón Platón escribió lo que escribió en un ensayo sobre la conducta y el comportamiento del Hombre. No es sorprendente que los estados estén totalmente convencidos de que el Hombre es una bestia y se le debe controlar a punta de pistola. Lo sorprendente es que se cometan tan pocos crímenes en un mundo civilizado. Nuestro deseo es alcanzar la bondad básica del individuo y llevarlo a un nivel de actividad donde no tenga que hacer cosas terribles y espantosas para producir un efecto. A medida que uno asciende por la escala, hay diversos niveles en que estas manifestaciones parecen ser todo lo que hay en la existencia. Se llega a estar totalmente desmoralizado al pensar que se sube por la escala sólo para llegar a un punto en el que pueda matar, lisiar y dañar con impunidad. Tus sentimientos de honor, ética y todo lo mejor de tu beingness, se rebelan ante la idea de que esta sea, en realidad, la vida. En lugar de eso se debería decir que esta es la vida en un conflicto estúpido de incertidumbres. La meta no es ponerse por encima de tales cosas e ignorarlas. La meta es alcanzar la decencia básica innata en todos nosotros.

Técnicas de Procesamiento

Aunque aquí ya he dado Brackets de Terminales Correspondientes respecto al tema de alcanzar y retirarse, poniendo atención especial en el sexo, debes comprender que esta es una técnica para el auditor profesional. Los tres primeros pasos de SOP 8, cuando se pueden hacer, los pueden hacer personas alerta e interesadas. Del Paso IV para abajo, un auditor profesional no sólo es deseable, es totalmente necesario. La técnica que te he dado aquí activa la emoción que vemos en los manicomios y que se llama demencia, cuando se recorren sus aspectos compulsivos (en particular cuando se recorre *deber* alcanzar y *no poder* alcanzar). Y aunque la activación es breve y temporal y se desvanecería en unos tres días, un auditor inexperto podría asustarse bastante. Estas cosas podrían remediarse simplemente continuando con la técnica, regresando a "técnicas ilimitadas", o usando *Autoanálisis* con su penúltima lista. Pero estas técnicas caminan por el borde del Infierno cuando tratan casos por debajo del nivel del Paso IV. Si el sujeto a quien se le hace la prueba o el preclear no puede crear espacio (es decir, el Paso III de SOP 8), déjaselo a un auditor profesional. El auditor profesional, usando Brackets de Terminales Correspondientes de alcanzar y retirarse con atención al sexo, podrá exteriorizar a esta mente analítica y activar sus percepciones. Sin embargo, este es un trabajo experto que se vincula de manera un tanto alarmante con el aspecto más sórdido de la vida, para manos y mentes delicadas.

Incluso la acción de "desperdiciar", que hay en GITA Expandido, es capaz de activar una cantidad enorme de enfermedad y somáticos en el preclear. GITA Expandido es una "técnica limitada"; es decir, que tal vez sólo se puede auditar durante diez minutos y a lo sumo durante cincuenta o sesenta horas sin descubrir que el preclear empeora. Es necesario recurrir a una "técnica ilimitada", como la que hay en el 8 Corto, si el preclear se pone demasiado enfermo tratando de *desperdiciar* cosas.

Sólo porque una técnica ilimitada se clasifique como "ilimitada" no es razón para que sea una técnica débil. Estas técnicas ilimitadas son extremadamente potentes. Son muy simples, pero, insisto, cuando una de ellas se vuelve demasiado fuerte para el preclear, es necesario recurrir a algo más simple y más fácil.

Simplemente el tener en dos lugares la idea de *"Ahí no hay nada"*, (la idea frente a la idea, por así decirlo), activará una sensación de náusea en muchos preclears. Este miedo a no ser nada es muy grande. Está dispuesto a ser cualquier cosa en lugar de nada.

Una técnica segura es la técnica que siempre (repito, siempre) trata con cosas en las que el preclear tiene certeza. Cuando trata con incertidumbres, está tratando con circuitos. Uno puede utilizar Terminales Dobles (es decir, dos pares de terminales correspondientes) con el hecho de que el preclear tenga certeza de algo. Si uno quiere que el preclear siga subiendo por la Escala Tonal uno nunca le recorre cosas de las cuales no tenga certeza o de las cuales el preclear no tenga certeza, ni pone al preclear frente a ellas. Por ejemplo, con cualquier objeto, cosa o idea, con cualquier enfermedad psicosomática o cualquier parte entumecida del cuerpo, uno sólo tiene que recorrer:

"Hay algo ahí",
"No hay nada ahí".

Haz que lo diga:

"Hay algo aquí",
"No hay nada aquí".

Uno puede hacer todo un brácket con esto haciendo que la zona entumecida, adolorida o dañada diga:

"Hay algo aquí",
"No hay nada aquí".

Haciendo luego que diga:

"Hay algo ahí",
"No hay nada ahí".

Haciendo que el preclear diga con respecto al área:

"Hay algo ahí",
"No hay nada ahí".

Y luego el preclear dice acerca de sí mismo:

"Hay algo aquí",
"No hay nada aquí".

Esto completa un brácket. Activa y desactiva somáticos interesantes. Un auditor profesional podría hacer que el somático o el área de entumecimiento tuviera la sensación de que *eso* está alcanzando mientras que el *preclear* se está retirando, de que el *preclear* alcanza mientras *eso* se está retirando, y producir un cambio en cualquier somático.

Como estás tratando con sistemas de comunicaciones, debes darte cuenta de que la comunicación depende de la certeza del *envío* y de la *recepción* y de la certeza *de qué es* lo que se está enviando y recibiendo. Así uno no trata con incertidumbres. *"Hay algo"*, *"No hay nada"* son, por supuesto, certezas observables, porque una está en lo más alto de la escala, y la otra está en el fondo de la escala. Uno no dice lo que es el algo, y por supuesto, nothingness (condición de nada) no necesita ninguna calificación.

En el caso de la persona que ha *sido* algo y que está intentando *convertirse* de nuevo en algo, se deben recorrer por medio de "conceptos" los éxitos anteriores, los triunfos de esa persona y las ocasiones en que estuvo absolutamente segura de que había fracasado. Esto se hace con Terminales Dobles o Brackets de Terminales Correspondientes. Esta es una técnica profesional.

La Ruta a la Certeza

Meredith Starr, uno de los grandes místicos de Chipre, me mencionó que Jung tuvo una vez una gran experiencia y que desde entonces había intentado recuperarla. Mencionó esto como la opinión de otro hombre sobre Jung. Esto te da una cierta pista con respecto a lo que sucede con alguien que tiene un gran triunfo. No es que a partir de entonces siempre esté buscando duplicar el triunfo, está buscando el triunfo en sí. Esto lo pone atrás en la línea temporal. Esto puede decirse de los ancianos en particular. Por tanto, uno se aferra a las certezas. Las certezas son importantes. Las incertidumbres sólo son importantes por su producción de psicosis.

Es posible tomar a un animal enfermo y rehabilitar su idea de que es peligroso rehuyéndolo cada vez que arremeta contra ti, no importa cuán débilmente. Es posible rehabilitar a un individuo que esté muy bajo en la Escala Tonal simplemente animándolo a que alcance y toque el universo material y, al tocarlo, que tenga certeza de que está ahí y, habiéndolo tocado, que deje de tocarlo y que tenga certeza de que podría retirarse.

La certeza es algo maravilloso. El camino hacia entender qué es certeza, hizo que estas investigaciones atravesaran muchas incertidumbres. Uno tenía que descubrir qué *era*, antes de poder descubrir qué *podría ser*. Ese trabajo está hecho. Es posible tomar grupos grandes y, usando 8 Corto, poner a todos sin excepción en niveles más altos de certeza. Y el hecho de ponerlos en niveles más altos de certeza, los pone en niveles más altos de comunicación; comunicación no solamente con sus propios cuerpos, sino con otros y con el universo material. Y a medida que se aumenta ese nivel de consciencia, uno aumenta también la capacidad de *ser*, de *hacer*, de *vivir*.

En la actualidad, este mundo sufre de un aumento en la incidencia de neurosis causada por una dependencia de las cosas mecánicas que no piensan, que no sienten, pero que pueden infligir dolor a los que viven. Padece de una sobredosis de acuerdo acerca de que sólo hay un universo. Mientras crea que sólo hay un universo, que sólo hay un universo por estudiar, y que hay que estudiarlo, que sólo hay un universo con el cual estar de acuerdo, continuará buscando el extremo inferior de la escala; es decir, el punto donde todos los universos se convierten en un universo. Cuando el triángulo desaparece en un solo punto, este desaparece totalmente. Y cuando uno estudia sólo un vértice del triángulo e ignora los otros dos y sólo se pone de acuerdo con un vértice del triángulo (como el *universo físico*), uno tenderá hacia el punto en que ese vértice del triángulo coincide con los otros dos vértices. Y esto es la *muerte*.

La maldición de este mundo no es realmente su bomba atómica, aunque sea suficientemente mala. La maldición de este mundo es la irresponsabilidad de los que tratando de estudiar sólo un universo (el universo físico) intentan reducir a todos los seres al bajo nivel de cosas sin estética, motivadas mecánicamente y que no sueñan. La ciencia se ha deshonrado como palabra. Pues la palabra "ciencia" significa verdad y verdad significa luz. La fijación y la dependencia continuas en que sólo hay un universo, mientras se ignoran los otros dos universos, conduce a la oscuridad, a la desesperación y al nothingness. No hay nada malo en el universo físico. Uno no debería dejar de observar el universo físico, pero sin duda no debería concentrarse en él de tal modo que solamente pueda estar "de acuerdo" con él y con sus leyes. Uno tiene sus propias leyes. Es mejor, mucho mejor que el individuo se concentre en su propio universo, que concentrarse en el universo MEST. Pero esta no es en sí la respuesta final. Se alcanza un equilibrio en los tres universos y una certeza sobre ellos.

Todo control se efectúa introduciendo incertidumbres e influencias ocultas: "Mira lo mal que están las cosas ahí, así que tendrás que volver a mirarme a mí". Por tanto, la esclavitud sólo se lleva a cabo consiguiendo que la gente se quede fija en una cosa. Esa única cosa, en este caso, es el universo físico. Lo que se llama ciencia produce hoy aparatos para sonarte la nariz, produce aparatos que piensan por ti, produce todo argumento posible en cuanto a por qué deberías considerar que tu cuerpo es frágil e imprescindible. La ciencia, bajo la dominación del capital, crea escasez. Crea una escasez de universos pues te fija en un universo únicamente.

Las cosas que son escasas son aquellas en las que el individuo ha perdido su fe de crear y de tener. Un individuo que no puede crear tiene que aferrarse a lo que tiene. Esto lo conduce a aferrarse a lo que ha tenido. Cuando ha tenido en el pasado una certeza de que algo existió, comienza a acercarlo más y más a sí mismo. Su espacio disminuye, su beingness disminuye y se vuelve menos activo. La mente reactiva que no puede crear niños ha perdido su esperanza de creación. Entonces puede influir en la mente analítica para que crea que ya no puede crear. La mente analítica que crea artísticamente en el *universo* MEST, y no en *su propio universo* en absoluto, y no en los *universos de los demás* que pueda reconocer, baja por la escala hasta que encuentra a la mente reactiva en su propio nivel. Y aquí, en este nivel, encontramos al esclavizador, a la persona que hace que las cosas sean escasas, al individuo que utiliza su supuesta ética para imponer sus juicios toscos y para convertir en "cosas" a seres que podrían ser *hombres*.

Aquí, donde la mente reactiva y la mente analítica se han equiparado, tenemos el único efecto que se puede producir: el efecto del dolor. Cuando tenemos un deseo activo de dolor que se enmascara de mil formas, cuando cada buen impulso de la parte alta de la escala se transforma en un remedo, tenemos el crimen aquí, tenemos la guerra aquí. Estas cosas no son consciencia. Sólo actúan con un mecanismo de estímulo-respuesta.

En la parte alta de la escala, está la alegre y radiante amplitud de ser, la amplitud de la comprensión y la amplitud de la consciencia. Para llegar ahí, lo único que hay que hacer es hacerse consciente de la existencia de los tres universos mediante observación directa.

PROCEDIMIENTO OPERATIVO ESTÁNDAR 8

LA TECNOLOGÍA BÁSICA de este procedimiento operativo puede encontrarse en *Los Factores*, en *Scientology 8-8008* y en la Escuela Profesional.

Al usar este procedimiento operativo, el auditor debería prestar la máxima atención posible al Código del Auditor. Además, debería auditar al preclear en presencia de una tercera persona o de otro auditor.

Un auditor que ha sido entrenado completamente en todos los procesos que implican la reducción del pasado y sus incidentes, es quien mejor lleva a cabo este procedimiento operativo. El auditor que no está entrenado puede encontrar manifestaciones con las cuales sólo un auditor profesional estaría familiarizado.

Este procedimiento operativo conserva los métodos más funcionales de procedimientos anteriores y enfatiza en sí mismo, la *ganancia positiva* y el presente y el futuro, más que la *ganancia negativa* de la erradicación del pasado.

El thetán, exteriorizado y rehabilitado, puede manejar y remediar, por medio de la aplicación directa de su propia energía sobre el cuerpo y la eliminación de antiguos depósitos de energía, todas las disfunciones corporales o aberraciones mentales que los procesos anteriores atacaban. La meta de este procedimiento no es la rehabilitación del cuerpo sino la del thetán. La rehabilitación del cuerpo le sigue de forma incidental.

La meta de este procedimiento es *Thetán Operante*, una meta más elevada que la de procedimientos anteriores.

El auditor prueba al preclear en cada paso, desde el Paso I en adelante, hasta que encuentre un paso que el preclear pueda hacer. El auditor termina entonces este paso y luego el paso inmediato superior, hasta que el thetán se haya exteriorizado. Con el thetán exteriorizado, el auditor termina ahora los siete pasos sin tener en cuenta los pasos que se llevaron a cabo antes de la exteriorización. Puede completar todos estos pasos y todas las partes de estos pasos con rapidez. Pero deben hacerse para obtener un Theta Clear y deben hacerse a conciencia para obtener un Thetán Operante.

Las técnicas que se incluyen aquí se pusieron a prueba en una amplia variedad de casos. Es dudoso que a cualquier proceso anterior de cualquier tipo en cualquier época se le haya sometido a comprobación tan exhaustiva como este procedimiento operativo. Sin embargo, sólo funciona cuando se usa tal y como se indica. Los fragmentos desorganizados de esta información, a los que se den otros nombres y otros énfasis, pueden resultar dañinos. El uso irresponsable y sin preparación de este procedimiento no está autorizado. La exteriorización caprichosa o cuasi-religiosa del thetán, con otros fines que no sean la restauración de su capacidad y su auto-determinismo, es algo a lo que todo ser debería oponer resistencia. *La meta de este proceso es la libertad del individuo para el mejoramiento de la mayoría.*

Paso I

Pídele al preclear que esté un metro detrás de su cabeza. Si está estable ahí, haz que esté en varios lugares agradables hasta que se resuelva toda sensación de escasez de puntos de vista. Luego haz que esté en varios lugares desagradables, luego en varios lugares agradables. Luego haz que esté en un lugar ligeramente peligroso, luego, en lugares cada vez más peligrosos hasta que pueda estar en el centro del Sol. Asegúrate de seguir una escala de gradiente de fealdad y peligrosidad de lugares. No permitas que el preclear fracase. Luego haz los pasos restantes con el preclear exteriorizado.

Paso II

Haz que el preclear haga mock-up de su propio cuerpo. Si lo hace con facilidad y claridad, haz que haga mock-up de su propio cuerpo hasta que se deslice fuera de él. Cuando esté exteriorizado y lo sepa a conciencia (la condición de toda exteriorización) haz el Paso I. Si su mock-up no fue claro, ve de inmediato al Paso III.

Paso III: Espaciación

Haz que el preclear cierre los ojos y encuentre los rincones superiores de la sala. Haz que se siente ahí, sin pensar, negándose a pensar en nada, interesado sólo en los rincones, hasta que esté completamente exteriorizado y sin tensión. Entonces haz una Espaciación (construyendo el espacio propio con ocho puntos de anclaje y manteniéndolo estable sin esfuerzo) y ve al Paso I. Si el preclear fue incapaz de localizar los rincones de la sala con facilidad con los ojos cerrados, ve al Paso IV.

Paso IV: GITA Expandido

(Esto es una extensión del Procesamiento de Dar y Tomar). Pon a prueba al preclear para determinar si puede hacer un mock-up que pueda ver, sin importar lo vagamente que lo vea. Luego haz que *desperdicie, acepte bajo coacción, desee* y finalmente sea capaz de *tomar o dejar en paz* cada uno de los ítems que aparecen en la lista que se presentan abajo. Lo hace con mock-ups o con ideas. Tiene que llevar a cabo la secuencia de desperdiciar, etc., en el orden que se da aquí para cada ítem. Lo desperdicia por medio de tenerlo a distancias remotas en lugares en donde no servirá de nada, siendo usado o hecho u observado por algo que no puede apreciar. Cuando es capaz de desperdiciarlo en cantidades inmensas, el auditor hace entonces que lo acepte en forma de mock-up hasta que ya no sea antagonista a tener que aceptarlo aun cuando sea desagradable y se aplique una fuerza enorme para hacer que lo tome.

Luego, de nuevo con mock-ups, debe ser capaz de llevarse a sí mismo a desearlo incluso en su peor forma. Luego, mediante mock-ups de ese ítem en su forma más deseable, debe llegar a ser capaz de dejarlo en paz por completo o de tomarlo en su peor forma sin que le importe. El GITA Expandido remedia la abundancia y la escasez que son contrarias a la supervivencia. Se encontrará que antes de que uno pueda aceptar algo que es muy escaso (para él), tiene que darlo. Una persona con alergia a la leche debe ser capaz de dar, en mock-up, enormes cantidades de leche, desperdiciándola, antes de poder aceptar algo de leche para sí. Los ítems de esta lista se compilaron después de varios años de aislar los factores que eran más importantes que otros para las mentes. A la lista le faltan muy pocos de los ítems muy importantes, de faltarle alguno. No se debería intentar añadir ni sustraer nada de esta lista. Se debe poner mucho y frecuente énfasis y dársele prioridad al *punto de vista*, al *trabajo* y al *dolor*. Lo que sigue en importancia son *incidentes*, *mirar*, *sensación*, *hablar* y *saber*.

Desperdiciar, Que se te Imponga, Desear, Ser Capaz de Dar o Tomar, en ese orden, cada uno de los siguientes ítems (aquí el orden de los ítems se da al azar):

Punto de Vista, Trabajo, Dolor, Incidentes, Mirar, Sensación, Hablar, Saber, Belleza, Movimiento, Engramas, Fealdad, Lógica, Cuadros, Confinamiento, Dinero, Padres, Negrura, Policía, Luz, Explosiones, Cuerpos, Degradación, Cuerpos Masculinos, Cuerpos Femeninos, Bebés, Niños, Niñas, Cuerpos Extraños y Peculiares, Cuerpos Muertos, Afinidad (Amor), Acuerdo, Cuerpos Bellos, Gente, Atención, Admiración, Fuerza, Energía, Relámpago, Inconsciencia, Problemas, Antagonismo, Reverencia, Miedo, Objetos, Tiempo, Comer Cuerpos Humanos, Sonido, Pesar, Bella Tristeza, Influencias Ocultas, Comunicaciones Ocultas, Dudas, Rostros, Puntos de Dimensión, Puntos de Anclaje, Enojo, Apatía, Ideas, Entusiasmo, Desacuerdo, Odio, Sexo, Comerse a los Padres, Comido por los Padres, Comer Hombres, Comido por Hombres, Comer Mujeres,

Comido por Mujeres, Comienzos, Comunicaciones Habladas, Comunicaciones Escritas, Inmovilidad, Agotamiento, Mujeres Parando Movimiento, Hombres Parando Movimiento, Mujeres Cambiando Movimiento, Hombres Cambiando Movimiento, Bebés Cambiando Movimiento, Niños Cambiando Movimiento, Hombres Comenzando Movimiento, Mujeres Comenzando Movimiento, Niños Comenzando Movimiento, Objetos Comenzando Movimiento, Uno Mismo Comenzando Movimiento, Augurios, Perversidad, Perdón, Jugar, Juegos, Maquinaria, Tacto, Tráfico, Artículos Robados, Cuadros Robados, Hogares, Blasfemia, Cuevas, Medicina, Vidrio, Espejos, Orgullo, Instrumentos Musicales, Groserías (escritas en papel, en el aire), Espacio, Animales Salvajes, Mascotas, Aves, Aire, Agua, Comida, Leche, Basura, Gases, Excrementos, Cuartos, Camas, Castigo, Aburrimiento, Confusión, Soldados, Verdugos, Doctores, Jueces, Psiquiatras, Licor (Alcohol), Drogas, Masturbación, Recompensas, Calor, Frío, Cosas Prohibidas, Dios, el Diablo, Espíritus, Bacterias, Gloria, Dependencia, Responsabilidad, Incorrección, Corrección, Demencia, Cordura, Fe, Cristo, Muerte, Rango (Posición), Pobreza, Mapas, Irresponsabilidad, Saludos, Despedidas, Crédito, Soledad, Joyas, Dientes, Genitales, Complicaciones, Ayuda, Fingimiento, Verdad, Mentiras, Garantía, Desprecio, Previsibilidad, Imprevisibilidad, Vacíos, Nubes Blancas, Nubes Negras, Inalcanzables, Cosas Escondidas, Preocupación, Venganza, Libros de Texto, Besos, El Pasado, El Futuro, El Presente, Brazos, Estómagos, Entrañas, Bocas, Cigarrillos, Humo, Orina, Vómito, Convulsiones, Saliva, Flores, Semen, Pizarras, Fuegos Artificiales, Juguetes, Vehículos, Muñecas, Audiencias, Puertas, Paredes, Armas, Sangre, Ambiciones, Ilusiones, Traición, Ridículo, Esperanza, Felicidad, Madres, Padres, Abuelos, Soles, Planetas, Lunas, Esperar, Silencio, No Saber, Facsímil Uno, Recordar, Olvidar, Auditación, Mentes, Fama, Poder, Accidentes, Enfermedades, Aprobación, Cansancio, Interpretación, Drama, Vestuario, Sueño, Mantener Cosas Separadas, Mantener Cosas Juntas, Destruir Cosas, Enviar Cosas, Hacer que las Cosas Vayan Rápido, Hacer que Aparezcan las Cosas, Hacer que Desaparezcan las Cosas, Convicciones, Estabilidad, Cambiar a Gente, Hombres Silenciosos, Mujeres Silenciosas, Niños Silenciosos, Símbolos de Debilidad, Símbolos de Fuerza, Discapacidades, Educación, Idiomas, Bestialismo, Homosexualidad, Cuerpos Invisibles, Actos Invisibles, Escenarios Invisibles, Aceptar Cosas de Vuelta, Reglas, Jugadores, Reestimulación, Reestimulación Sexual, Reducción de Espacio, Reducción de Tamaño, Entretenimiento, Alegría, Libertad para que Otros Hablen, Actuar, Sentir Dolor, Estar Triste, Thetanes, Personalidades, Crueldad, Organizaciones, Nada. Intenta primero: Cuerpos Sanos, Cuerpos Poderosos, Buena Percepción, Buen Recuerdo.

PRECAUCIÓN: si tu preclear se inestabilizara o se alterara al hacer este proceso, llévalo al Paso VI. Luego vuelve a esta lista.

COMENTARIO: la mente es lo suficientemente complicada como para que podamos esperar que tenga computaciones sobre casi todo lo anterior. Por lo tanto, no existe un "botón" único para el clearing, y su búsqueda se efectúa siguiendo el mandato de un circuito, ya que el mecanismo de los circuitos es buscar algo oculto. De modo que tu preclear puede empezar a computar y a filosofar, y a tratar de encontrar el "botón" que liberará todo esto. Todo esto libera todos los botones, así que dile que se relaje y que continúe con el proceso cada vez que empiece a computar.

NOTA: recorrer lo anterior sacará a la superficie, sin que se le dedique más atención, la "computación del caso" y el facsímil de servicio. No los audites. Recorre GITA Expandido.

Paso V: Diferenciación de Tiempo Presente. Exteriorización por Escenario

Haz que el preclear estudie con los ojos de su cuerpo y vea la diferencia entre objetos reales similares, como las dos patas de una silla, los espacios entre el respaldo, dos cigarrillos, dos árboles, dos chicas. Debe mirar y estudiar los objetos, no es suficiente recordar los objetos. La definición de Caso V es "sin mock-ups, sólo negrura". Haz que continúe con este proceso hasta que esté alerta. Úsalo con generosidad y con frecuencia.

Luego haz que el preclear se exteriorice haciendo que cierre los ojos y mueva bajo él lugares reales de la Tierra, de preferencia lugares en los que no ha estado. Haz que los suba hacia él, que encuentre dos objetos similares en el escenario y que observe la diferencia entre ellos. Haz que se mueva sobre océanos y ciudades hasta que esté seguro de estar exteriorizado.

Luego, de preferencia mientras está exteriorizado, haz que haga el Paso I.

Este caso tiene que *saber* antes de poder *ser*. Su punto de vista está en el pasado. Dale puntos de vista de tiempo presente hasta que sea un Paso I, por medio de los métodos que se dan para el Paso V.

COMENTARIO: la Diferenciación de Tiempo Presente es una técnica general muy buena y resuelve somáticos crónicos y mejora el tono.

Adopta los puntos de vista de otras personas como ejercicio, no lo que piensan acerca de las cosas, sino la forma en que miran las cosas en el universo material. Trata de estar en donde está una hoja, una brizna de hierba, un faro de coche, etc., y observa el universo.

Paso VI: ARC Línea Directa

ARC Línea Directa usando la penúltima lista del libro *Autoanálisis en Scientology* (que le pide al preclear que recuerde algo que sea verdaderamente real para él, etc.). Luego usa las listas del libro *Autoanálisis*. Este es el nivel neurótico. Se identifica porque el preclear hace mock-ups que no persisten o que no desaparecen.

Usa también Diferenciación de Tiempo Presente. Luego ve al Paso IV. Ante cualquier descenso de tono, vuelve a poner al caso en el Paso VI.

Paso VII: Casos Psicóticos

(Ya sea que estén dentro o fuera del cuerpo). El psicótico parece estar en una situación tan desesperada que el auditor a menudo comete el error de pensar que se necesitan medidas desesperadas. Usa los métodos más suaves posibles. Dale al caso espacio y libertad siempre que sea posible. Haz que el psicótico *imite* varias cosas (no que haga mock-up de ellas). Haz que lleve a cabo Diferenciación de Tiempo Presente. Haz que capte la diferencia entre las cosas mediante tacto real. Haz que localice, distinga y toque cosas que sean verdaderamente reales para él (objetos o elementos reales). Si está inaccesible, imita con tu propio cuerpo cualquier cosa que haga, hasta que entre en comunicación. Haz que localice los rincones de la sala y los retenga sin pensar. En cuanto suba su comunicación, ve al Paso VI. Pero asegúrate muy bien de que haga cambios en cualquier mock-up hasta que sepa que es un mock-up, que existe y que él mismo lo hizo. No recorras engramas. Él es psicótico porque los puntos de vista en tiempo presente son tan escasos que se ha ido al pasado en busca de puntos de vista, que al menos sabe que existieron. Por medio de la Diferenciación de Tiempo Presente, por medio de la percepción táctil de objetos, restablece su idea de una abundancia de puntos de vista en tiempo presente. Si le han dado electrochoques, no proceses eso ni proceses ningún otro salvajismo. Trabaja con él durante periodos muy cortos, ya que la duración de su atención es breve. *Siempre* que trabajes con psicóticos, hazlo con otro auditor o un acompañante presente.

NOTA: todos los pasos son para todos los casos. En caso de duda en cuanto a la condición del caso, ponlo a prueba con el Paso VI.

NOTA: un Thetán Operante también debe ser capaz de producir partículas de admiración y fuerza en abundancia.

Apéndice para SOP 8 No. 1

(Cualquier alteración en SOP 8 se presentará en apéndices, pues se espera que sean leves y que no causen ningún cambio radical en el diseño de los pasos en general).

Paso I

El Thetán Operante debe ser capaz de crear y experimentar, a su entera satisfacción, todas las sensaciones incluyendo el dolor en forma de mock-up y todas las energías como son la admiración y la fuerza. Se encontrará que algunos casos de Paso I no pueden crear partículas de admiración.

Paso II

Ten mucho cuidado de no hacer que un preclear que está en un paso inferior, mientras todavía se encuentra en un cuerpo, haga un mock-up de su propio cuerpo durante demasiado tiempo. Cualquier mock-up aparecerá si tan sólo se pone ahí con suficiente frecuencia y durante suficiente tiempo, siempre y cuando el preclear no se desquicie en el proceso. La producción prolongada de mock-ups del propio cuerpo y de admiración podría no producir del todo los resultados que se esperan; las líneas de comunicación que deberían permanecer cerradas pueden abrirse con malos resultados. Estas líneas que están cerradas le parecen al preclear cables duros y negros.

Existen dos tipos de técnicas en general: *ganancia positiva y ganancia negativa* (tal y como se define en el texto anterior). Las positivas se pueden administrar en cantidades ilimitadas sin causar daño. Las técnicas de ganancia negativa, como la reducción de engramas y candados, Terminales Dobles, Negro y Blanco, frecuentemente están limitadas en cuanto a la cantidad de tiempo en que pueden ser suministradas. Después de unos cuantos cientos de horas de auditación del tipo que se hacía en los inicios, podría verse que el caso tiene una caída repentina.

Por lo tanto, tenemos en la ganancia positiva la técnica *ilimitada* que mejora la mente analítica. En la ganancia negativa tenemos una técnica *limitada* (en lo que se refiere al tiempo que puede auditarse). En SOP 8, los siguientes pasos y procesos pueden auditarse sin límite: Paso I, Paso III, Paso V, Paso VI, Paso VII. Los siguientes pasos son limitados y no deberían auditarse muchas horas sin cambiar a otro tipo (ilimitado) por un tiempo, después de lo cual se pueden reanudar los siguientes pasos: Paso II, Paso IV. Los siguientes pasos se pueden usar en grupos: Paso III, Paso V Parte 1 y Parte 2, Paso VI, Paso VII.

Apéndice para SOP 8 No. 2
Procesamiento de Certeza

La anatomía del "quizás" se compone de incertidumbres y se resuelve mediante el procesamiento de certezas. No se resuelve procesando incertidumbres.

Una incertidumbre se mantiene en suspenso sólo porque el preclear se está aferrando con mucha fuerza a las certezas. Lo básico a lo que se aferra es: "Tengo una solución", "No tengo ninguna solución". Una de ellas es positiva, la otra es negativa. Tanto un positivo total como un negativo total son, igualmente, una certeza. La certeza básica es, "Hay algo", "No hay nada". Una persona puede tener la certeza de que hay algo y puede tener la certeza de que no hay nada.

"Hay algo", "No hay nada" resuelve somáticos crónicos en este orden.

Se hace que el preclear haga que el centro de los somáticos diga:

"Aquí hay algo",
"Aquí no hay nada".

Luego hace que el centro del somático diga:

"Ahí no hay nada",
"Ahí hay algo".

Luego el auditor hace que el preclear diga, dirigiéndose al somático:

"Ahí hay algo",
"Ahí no hay nada".

Y luego hace que el preclear diga, acerca de sí mismo:

"Aquí hay algo",
"Aquí no hay nada".

Esta es una forma muy rápida de resolver los somáticos crónicos. Por regla general, tres o cuatro minutos de esto resolverán un estado agudo, y quince o veinte minutos resolverán un estado crónico.

Este asunto de las certezas va más allá. Mis más recientes investigaciones han determinado que la razón que hay detrás de lo que sucede es el deseo de una *causa* de producir un *efecto*. Algo es mejor que nada, lo que sea es mejor que nada. Cualquier circuito, cualquier efecto, lo que sea es mejor que nada. Si haces Terminales Correspondientes en los brackets con "No hay nada", verás que muchos de los preclears se ponen muy enfermos. Esto debería invertirse a "Hay algo".

La manera de hacer Terminales Correspondientes es poner al preclear frente al preclear o que su padre se ponga frente a su padre, en otras palabras, dos de cada uno de lo que sea, uno frente al otro. Estas dos cosas se descargarán, una sobre la otra, recorriendo así la dificultad hasta que desaparezca. Al decir "bracket" nos referimos, por supuesto, a recorrer estas cosas con:

El preclear poniéndolas como *él mismo hacia sí mismo;*

Como si las presentara *alguien más* (el *alguien más frente al alguien más);*

Y de nuevo el terminal correspondiente presentado por *otros frente a otros.*

La clave de todo esto es positivo y negativo en cuanto a certezas. El positivo más el negativo en conflicto constituyen una incertidumbre. Se pueden recorrer gran cantidad de combinaciones de cosas. Aquí se da una lista de las combinaciones.

El botón que está detrás del sexo es:

"Puedo comenzar la vida de nuevo",
"No puedo comenzar la vida de nuevo".

"Puedo hacer que la vida persista",
"No puedo hacer que la vida persista".

"Puedo parar la vida",
"No puedo parar la vida".

"Puedo cambiar la vida",
"No puedo cambiar la vida".

"Puedo comenzar la vida",
"No puedo comenzar la vida".

Un proceso muy efectivo es:

"Algo anda mal _____",
"Nada anda mal _____", contigo, conmigo, con ellos, con mi mente,
con la comunicación, con los diferentes aliados.

Una forma muy básica de resolver la falta de espacio de un individuo es localizar a esas personas y esos objetos que has estado usando como puntos de anclaje (como son padre, madre, etc.) y ponerlos en brackets de Terminales Correspondientes con esto:

"Hay padre",
"No hay padre".

"Hay abuelo",
"No hay abuelo".

En la línea compulsiva esto puede cambiarse a:

"No debe haber padre",
"Debe haber un padre".

Se toman todos los aliados de un individuo y se les recorre de esa forma.

La ley básica en que se basa esto es que la persona se vuelve el efecto de todo aquello de lo que haya tenido que depender.

Esto te indicará de inmediato que la Sexta Dinámica, el universo MEST, representa la mayor dependencia del individuo. Esto se puede recorrer por completo, pero por otro lado cualquier dinámica se puede recorrer por completo de esta manera:

"Hay un yo mismo",
"No hay un yo mismo".

Y así sucesivamente, subiendo por las dinámicas.

"(Cualquier dinámica) está impidiendo que me comunique",
"(Cualquier dinámica) no está impidiendo que me comunique", es sumamente efectivo.

Cualquier técnica de este tipo se puede variar aplicando la Escala por Debajo de Cero.

Uno recorre cualquier certeza por completo porque sabe que para esta certeza existe una certeza negativa opuesta y que entre ellas se encuentra un "quizás" y que el quizás se mantiene en suspenso en el tiempo. La operación básica de la mente reactiva es resolver problemas. Se basa en incertidumbres sobre la observación. Así, uno recorre por completo certezas de observación. La técnica más general de amplio alcance tendría que ver con:

"Hay sexo",
"No hay sexo".

"Hay fuerza",
"No hay fuerza".

Desde luego, esto se podría recorrer en forma de brackets de Terminales Correspondientes o incluso como conceptos. Pero no debe descuidarse el recorrer el fenómeno del acto hostil (es decir, haciendo que otro tenga el concepto).

El procesar certezas por completo abarcaría entonces:

"Tengo una solución",
"No hay solución".

Estos dos extremos opuestos se encargarían de cualquier individuo que estuviera atorado en la línea temporal con alguna solución, pues esa solución tenía su opuesto. La gente que ha estudiado medicina comienza estando segura de que la medicina funciona y acaba estando segura de que la medicina no funciona. Empiezan a estudiar psicología suponiendo que es la solución, y acaban creyendo que no es la solución. Esto también les sucede a los estudiantes superficiales de Dianética y Scientology. Así que también se debe recorrer:

"Dianética es una solución",
"Dianética no es la solución".

Esto sacaría a la persona del quizás en el tema.

En esencia estamos procesando sistemas de comunicaciones. Todo el proceso de la auditación se concentra en retirar comunicaciones del preclear, tal como se afirma sobre la base de que el cuerpo y el preclear no puedan manejar comunicaciones.

Por lo tanto:

"El preclear puede manejar comunicaciones",

"El preclear no puede manejar comunicaciones", es una técnica de amplio alcance que resuelve los quizás sobre sus comunicaciones.

Un aspecto sumamente interesante del Procesamiento de Certeza es que muestra en detalle dónde está aberrado el preclear. Aquí tenemos la técnica básica global. Se recorre:

"Hay _____",

"No hay _____", lo siguiente: *comunicación, conversación, cartas, amor, acuerdo, sexo, dolor, trabajo, cuerpos, mentes, curiosidad, control, imposición, compulsión, inhibición, comida, dinero, gente, habilidad, belleza, fealdad, regalos,* y tanto el extremo superior como el extremo inferior de la Tabla de Actitudes, en positivo y en negativo en cada uno.

El impulso del preclear por producir un efecto es básico en todo esto, así que se puede recorrer:

"Yo puedo producir un efecto sobre Mamá",

"Yo no puedo producir un efecto sobre Mamá", y así sucesivamente, para todos los aliados, y se resolverán las fijaciones de atención por parte del preclear.

Por lo tanto, el Procesamiento de Certeza resuelve las fijaciones de atención, al procesar por completo la producción de efecto.

En ocasiones, si uno lo desea, puede procesar el centro directo del quizás, (lo que significa, la duda en sí) en cuanto a Terminales Correspondientes. Esto, sin embargo, es arriesgado porque lanza al preclear a un estado general de duda.

La clave para cualquier procesamiento de ese tipo es la recuperación de puntos de vista.

"Puedo tener el punto de vista del abuelo",

"No puedo tener el punto de vista del abuelo", y así sucesivamente, en particular con los compañeros sexuales, demostrará ser sumamente interesante en un caso.

"Hay puntos de vista",
"No hay puntos de vista".

"Tengo un punto de vista",
"No tengo un punto de vista".

"_____ tiene un punto de vista",
"_____ no tiene un punto de vista", resuelve problemas.

Uno también debería darse cuenta de que cuando está procesando facsímiles, está procesando a la vez energía, sensación y estética. El facsímil es un cuadro. Al preclear le afectan principalmente los cuadros, y por tanto:

"No hay cuadros",

"Hay cuadros", hace que el caso avance hacia manejar los cuadros (es decir, los facsímiles).

Una persona tiende a aliarse con alguien a quien considera capaz de producir efectos mayores que ella misma, por tanto:

"(Yo, ella, él, eso) puede crear efectos mayores",

"(Yo, ella, él, eso) no puede crear ningún efecto", deberían recorrerse.

Cuando uno procesa, está tratando de retirar comunicaciones. Alcanzar y Retirarse son los dos fundamentos en la acción de theta. Debo Alcanzar y No Puedo Alcanzar, Debo Retirarme y No Puedo Retirarme son compulsiones que, cuando se recorren en combinación, producen la manifestación de demencia en un preclear.

"Puedo alcanzar",
"No puedo alcanzar".

"Puedo retirarme",

"No puedo retirarme", revelan el hecho de que recordar y olvidar dependen de la capacidad de alcanzar y retirarse.

Encontrarás que un preclear responderá a:

"Debes _____"
o
"Puedes _____",

"No debes _____"
o
"No puedes _____".

"Hay _____",
"No hay _____", olvidando y recordando.

La única razón por la que una persona se aferra a un cuerpo o a un facsímil es porque ha perdido la confianza en su habilidad para crear.

La rehabilitación de esta habilidad de crear se resuelve, por ejemplo, en una persona que ha tenido una ambición de escribir, con:

"Puedo escribir",
"No puedo escribir", y así sucesivamente.

La pérdida de esta habilidad creativa hizo que la persona se aferrara a lo que tenía. El hecho de que un preclear haya olvidado cómo generar fuerza o ya no pueda generarla, hace que se aferre a los depósitos de fuerza. Muy a menudo, el auditor los confunde con facsímiles. Al preclear no le importa el facsímil. Sólo le importa la fuerza que está contenida en el facsímil pues sabe que él mismo ya no tiene fuerza.

Debería tenerse en mente que Alcanzar y Retirarse producen muchísima reacción en el preclear. Pero el preclear que no responde a Alcanzar y Retirarse y a la Certeza en ello, está atorado en una condición muy especial: *está tratando de evitar que algo suceda.* También evita que suceda la auditación. Ha perdido aliados, ha tenido accidentes y está atorado en todos los puntos en la línea temporal en que siente que debía haber evitado que algo sucediera. Esto se resuelve recorriendo:

"Debo evitar que suceda",
"No puedo evitar que suceda".

"Debo recuperar el control",
"Debo perder todo el control".

La negrura es el deseo de ser un efecto y la incapacidad de ser causa.

"Puedo crear al abuelo (o al aliado)",
"No puedo crear al abuelo (o al aliado)", resuelve la escasez de aliados.

"Quiero estar consciente",
"No quiero consciencia", es una técnica básica en cuanto a las actitudes.

Recorre esto como lo demás, en brackets de Terminales Correspondientes o en GITA Expandido:

"Certeza de que hay un pasado",
"Certeza de que no hay un pasado".

"Certeza de que hay un futuro",
"Certeza de que no hay un futuro".

"Certeza de que significa algo distinto",
"Certeza de que no significa nada más".

"Certeza de que hay espacio",
"Certeza de que no hay espacio".

"Certeza de que hay energía",
"Certeza de que no hay energía".

"Certeza de que hay objetos",
"Certeza de que no hay objetos".

8 Corto

STA ES UNA FORMA ABREVIADA del Procedimiento Operativo Estándar 8. Se puede usar con cualquier preclear, sin ningún examen del caso, no lo meterá en dificultad alguna y debería resolver sus diversas computaciones. También se puede usar con grupos. Simplemente haz en orden los pasos señalados por letras.

A. La penúltima lista de *Autoanálisis* (recordar algo *real*, etc.) hasta que el auditor esté seguro de que el preclear lo ha hecho y lo puede hacer con facilidad. En un grupo, pide que levanten la mano en el momento en que recuerden algo real. Toma a los que levantaron la mano un par de segundos después y usa con ellos el resto del proceso. Pon a los que no levantaron la mano o a los que tardaron en levantarla, como grupo especial, a cargo de otra persona, y simplemente ejercítalos en este paso hasta que su velocidad sea bastante alta. Después ponlos de nuevo en el grupo principal, o mantenlos a todos en un único grupo y sigue adelante.

B. Examinar y comparar dos objetos o espacios similares de MEST, y reconocer la diferencia. Sigue con esto durante al menos veinte minutos. Se puede seguir con esto durante horas con una mejoría de caso asombrosa.

C. Recorre *desperdiciar* Cuerpos Sanos, luego *aceptarlos bajo coacción*, luego *desperdiciarlos y después aceptarlos bajo coacción*. Haz esto durante veinte minutos o una hora, hasta que el preclear o el grupo muestre signos de alivio o de diversión.

D. Recorre la penúltima lista de *Autoanálisis* durante cinco minutos.

E. Recorre Duplicación. Este proceso es la base de la creación de facsímiles. Haz que el preclear o el grupo mire un objeto MEST. Después haz que haga o hagan mock-up de un "mock-up" similar, pero colocado al lado del otro. Haz que se comparen el objeto MEST y el "mock-up" para distinguir la diferencia. Algunas personas no obtienen ningún duplicado durante un buen rato, pero al final lo obtendrán. Algunos empiezan a hacer objetos mucho más extravagantes del mismo tipo. Sea cual sea el resultado, sigue con esto durante veinte minutos.

F. Haz que el preclear o grupo cierre los ojos, localice las esquinas de atrás de la sala, siga interesado en esas esquinas y no piense durante varios minutos.

G. Haz que el preclear o el grupo mueva un escenario MEST debajo de ellos individualmente, pero bajo el control del auditor. El escenario es, de preferencia, uno que el preclear o los preclears no hayan visto antes. No permitas que invaliden lo que ven. Esto es Exteriorización por Escenario. Sigue con esto durante veinte minutos.

H. Haz la penúltima lista de *Autoanálisis*. Cinco minutos.

I. Examinar y comparar dos objetos de tiempo presente.

J. Haz que uno de los participantes vaya a la ventana y se asome. Haz que el resto del grupo adopte su punto de vista para ver lo que él ve por la ventana. Haz esto durante diez minutos.

K. Empieza desde el principio una vez más y usa la lista una y otra vez. Lo que *desperdician* cada vez que pasan por ello, se puede cambiar por "Trabajo" y "Puntos de Anclaje". Evita el dolor en este 8 Corto. En vez de eso, recorre "Cuerpos Sanos".

"La teoría más elevada de SOP 8-C es que
el ser está dedicado a un juego
llamado 'Universo físico'".

SOP 8-C

El Diario de Scientology 24-G
31 de enero de 1954

La Rehabilitación del Espíritu Humano   347

El Uso de SOP 8-C   353

SOP 8-C, Fórmulas y Pasos   355

SOP 8-C:
La Rehabilitación del Espíritu Humano

 **S** CIENTOLOGY, la ciencia de saber cómo saber, se ha desarrollado para diferentes aplicaciones en el campo de la experiencia humana.

Cuando la utilizan personas expertas para aumentar la capacidad y el conocimiento personales de los demás, el proceso que se recomienda es el Procedimiento Operativo Estándar 8-C (SOP 8-C).

El SOP 8-C se desarrolló después de casi un año de observar al SOP 8 en acción, en otras manos que no eran las mías y después de observar las debilidades y talentos de los auditores humanos. Podría llamarse al SOP 8-C "SOP 8 modificado para aplicaciones clínicas, de laboratorio y aplicaciones humanas individuales".

La meta de este sistema de operación es devolverle al individuo su conocimiento, destreza y knowingness, y mejorar su percepción, su tiempo de reacción y su serenidad.

Es totalmente secundario que el SOP 8-C sea eficaz con la enfermedad "psicosomática", con la aberración humana y con las dificultades sociales. La "reparación" no es la intención ni el propósito de Scientology. Esta ciencia es una ciencia creativa. A pesar del hecho de que la enfermedad, la incapacidad y la aberración humanas dejan de existir uniformemente debido a Scientology, tal efecto no es la intención primaria, y la meta de SOP 8-C no es remediarlas. De hecho, si SOP 8-C se usa solamente para remediarlas, falla como sistema.

SOP 8-C tiene éxito sólo cuando se enfoca a un knowingness y beingness más elevados. Irónicamente, al usarlo, los padecimientos humanos se desvanecen sólo cuando el auditor se concentra en las metas del sistema y desatiende las obvias incapacidades físicas del preclear.

Ya que uno crea aquello en lo que se concentra, un tratamiento de la enfermedad que la valide al tratarla siempre tenderá a fracasar.

SOP 8-C fue el tema del Curso B de Instrucción de Camden*, del 16 de noviembre al 23 de diciembre, como también lo fue del Congreso Internacional de Phoenix del 28 de diciembre de 1953.

Específicamente, el uso de estos procesos consigue, cuando se usan correctamente, sin evaluación adicional ni instrucción del preclear, el conocimiento de que no es un cuerpo, de que es una unidad creativa de producción de energía y le demuestra cuáles son sus propósitos y capacidades.

A esta unidad de producción de energía y espacio la llamamos "thetán", que es una palabra acuñada a partir de un símbolo matemático: la letra griega "theta". Este *es* el preclear. Uno no manda a "su thetán" a ninguna parte. Vas tú *como* thetán. Cuando se detecta a un preclear que está en un lugar y encuentra a "su thetán" en otro ("estoy *allá*"), no está exteriorizado. Para estar exteriorizado, el preclear tiene que estar *seguro* de que él está fuera de su cuerpo. Una "exteriorización" incierta requiere más trabajo antes de que se convierta en una exteriorización.

El SOP 8-C produce una condición conocida como "Theta Clear". Este es un término relativo, no absoluto. Quiere decir que la persona, esta unidad de pensamiento, está libre de su cuerpo, sus engramas y sus facsímiles, pero puede manejar y controlar un cuerpo con seguridad.

El estado de "Thetán Operante" es más alto que el de Theta Clear y quiere decir que la persona no necesita un cuerpo para comunicarse ni para funcionar. Se logra con SOP 8-O.

---

*2do *Curso Clínico Avanzado Americano.*

SOP 8-C
La Rehabilitación del Espíritu Humano

La teoría más elevada de SOP 8-C es que el ser está dedicado a un juego llamado "Universo Físico". Este es un juego que requiere barreras; es decir, paredes, planetas, tiempo y vastas distancias (las últimas dos también son barreras). Al participar en este juego, se ha vuelto finalmente tan consciente de las barreras que está limitado en sus acciones y pensamientos. Piensa, en el caso del *Homo sapiens*, que él es un cuerpo (una barrera) acorralado por vastas distancias (barreras) e inmovilizado en una corriente temporal (un sistema de barreras móviles) de tal manera que sólo alcanza el presente. Estas barreras combinadas se han vuelto tan enormes que ni siquiera se perciben bien pero, debido a lo fuertes que son, se han vuelto irreales para él. El asunto se complica más debido a "barreras invisibles", como son los ojos o los lentes.

En realidad, el thetán es un completo knowingness, cuando está en un estado Clear, quien, no obstante, puede crear espacio, tiempo y objetos para situarse en ellos. Reduce su knowingness sólo para tener acción. El knowingness se reduce asumiendo que uno no puede saber o que sabe erróneamente. El knowingness se reduce suponiendo que uno debe estar en ciertos lugares para percibir, y así saber, y que uno no puede estar en ciertos lugares.

El espacio es la primera barrera del knowingness, pero no tiene por qué serlo. Con Scientology, tenemos la primera definición de espacio: "El espacio es un punto de vista de dimensión". Dado un punto de vista y cuatro, ocho o más puntos a los cuales ver, uno tiene espacio. El espacio es un problema de observación, no de física.

No hay duda aquí de si el espacio, la energía o los objetos son *reales*. Las cosas son tan reales como uno tenga certeza de su realidad. La realidad es, aquí en la Tierra, "un acuerdo sobre lo que *es*". Esto no impide que las barreras o el tiempo sean enormemente *reales*. Tampoco significa que el espacio, la energía o el tiempo no sean ilusiones. Son como uno sabe que son. Ya que uno hace, mediante un proceso de duplicación automática continua, todo lo que percibe.

Hasta ahí la teoría. En la práctica, esta teoría obtiene resultados de magnitud considerable en cuanto a cambiar el beingness.

El thetán se dedica continuamente a ciclos-de-acción. El ciclo-de-acción básico es: *"Crear, resistir efectos (sobrevivir) y destruir"*. Esto se puede expresar de diversas maneras: "Crear un objeto, hacer que resista efectos (sobreviva) y luego destruirlo". O bien: "Crear una situación, hacer que continúe y cambiarla, y destruirla o terminarla". Cuando un thetán deja sin terminar un ciclo que para él es importante, tiende a esforzarse por terminarlo en alguna otra parte o más tarde en circunstancias inconexas. Además, puede que se concentre excesivamente en *crear* o en la persistencia *(sobrevivir)* o en *destruir*; y formar así un estado de beingness desequilibrado.

El tiempo existe en las cosas que crea un thetán. Es un cambio de partículas, haciendo siempre un nuevo espacio, siempre a una velocidad acordada. Un thetán no cambia en el tiempo pero, dado que puede ver las partículas (objetos, espacios, barreras) desde muchos puntos de vista, puede considerar que él está en una "corriente de tiempo", lo cual no es cierto. Las ideas de un thetán (postulados, órdenes, creencias) cambian. Las partículas cambian. El thetán no cambia, ni en el espacio ni en el tiempo.

Así como está haciendo un esfuerzo por hacer algo que no puede dejar de hacer, *Sobrevivir*, también está luchando en contra de hacer lo único que hace: permanecer fijo en una "posición".

El thetán, para producir interés y acción, actúa como una paradoja. No puede morir, por tanto insiste y prueba firme y continuamente que puede morir. Nunca cambia de ubicación, sólo ve nuevas ubicaciones, y vive constantemente en el terror de que se le fije en el tiempo y el espacio. Además de eso, conoce el pasado y el futuro y todo el presente, y por lo tanto lucha para sepultar el pasado y adivinar el futuro.

De forma menos teórica, al principio, el individuo al que se procesa está normalmente "dentro" del cuerpo y percibe con los ojos del cuerpo.

Cuando está exteriorizado (colocado a un metro detrás de su cabeza), está, de hecho, fuera del cuerpo y todavía "dentro" del espacio del universo físico. Exteriorizado, puede moverse de un lugar a otro y estar en diversos sitios, igual que si tuviera un cuerpo, viendo sin ojos, oyendo sin oídos y palpando sin dedos; normalmente lo hace mejor que con estas "ayudas". Esto no es como el "viaje astral", que se hace cuando el individuo "manda un cuerpo" o un punto de vista a algún otro sitio y percibe con él. Un thetán está tan presente ahí donde está como si estuviera ahí en un cuerpo. No es que "otra persona" diferente al preclear se esté moviendo vagamente por ahí. Él *es* el preclear; él *está* ahí. Al principio, puede no estar seguro de lo que está viendo. Esta facultad se mejora a medida que mejoran su capacidad de ver, oír y sentir, mientras está exteriorizado. SOP 8-C mejora esta percepción. Como el cuerpo sólo percibe lo que el thetán está percibiendo de todos modos, el ver, el sentir y oír del cuerpo son también mejores con SOP 8-C. Pero esto es sólo secundario.

Cuando un thetán está tan convencido de que es un cuerpo, por lo general es desdichado, tiene miedo, duda acerca de su propia existencia (da validez a la del cuerpo) y se preocupa por sus incapacidades. Cuando está fuera de la esfera de influencia del cuerpo (que es muy pequeña), se vuelve sereno, seguro y consciente. Puede manejar un cuerpo mejor, puede actuar más aprisa, puede recordar más y hacer más mientras está exteriorizado que cuando está en un cuerpo.

La sociedad, al estar sedienta de más control sobre más gente, sustituye la religión por el espíritu, el cuerpo por el alma, una identidad por el individuo y la ciencia y los datos por la verdad. En esta dirección se encuentran la demencia, una esclavitud creciente, un knowingness menor, mayor escasez y menos sociedad.

Scientology ha abierto las puertas a un mundo mejor. No es una psicoterapia. Es un cuerpo de conocimiento, que cuando se usa correctamente, le proporciona libertad y verdad al individuo.

Se podría decir que el Hombre existe en un estado parcialmente hipnotizado. Para su detrimento cree en el otro-determinismo sobre muchas cosas. Estará bien en la medida en que sea auto-determinado. Los procesos de Scientology podrían describirse como métodos de "deshipnotizar" a los hombres para que tengan una elección propia más libre y una vida mejor.

€L USO DE SOP 8-C

€STE PROCESO está diseñado para que lo administre una persona (el auditor) a otra (el preclear).

SOP 8-C se usa primero paso a paso, desde el Paso I en adelante, hasta que la persona a la que está dirigido *sabe* que está detrás de su cabeza y que ya no está en el cuerpo. Si el preclear es muy difícil de exteriorizar, se le debe remitir a un auditor entrenado en el Centro Clínico HAS (ya que hay métodos especiales de exteriorización para casos difíciles, que están presentes en SOP 8-C, pero no son visibles de inmediato). Los primeros tres pasos son pasos de exteriorización. Deberían repetirse una y otra vez hasta que haya cierta exteriorización.

El auditor puede hacer los primeros pasos de principio a fin muchas veces (uno tras otro) con el preclear, hasta que ocurra la exteriorización. Con una persona no exteriorizada debería minimizarse el uso de los Pasos del IV al VII. (Los SOP anteriores usaban los siete pasos para la exteriorización, una práctica que no se sigue en SOP 8-C, donde sólo se usan los tres primeros pasos).

Cuando el preclear se haya exteriorizado, se comienza entonces de nuevo con el Paso I y se continúa hasta el Paso VII (en orden) con el preclear exteriorizado. Aquí, en SOP 8-C, el énfasis está en un thetán exteriorizado. Cuando el auditor ha llevado al preclear exteriorizado concienzuda y *correctamente* por los Pasos I al VII por lo menos dos veces, se tiene entonces lo que podría considerarse un Theta Clear.

Para repetir, se usan los Pasos del I al III del SOP 8-C, en ese orden. En uno de estos, en la primera pasada, la mayoría de la gente se exterioriza con certeza. Tan pronto como tiene lugar la exteriorización, el auditor comienza de nuevo con el Paso I, lo hace concienzudamente con el preclear exteriorizado, luego el auditor aplica el Paso II concienzudamente, y así sucesivamente, hasta que se hayan hecho los siete.

El auditor sabe cuando se exterioriza el preclear preguntándole o porque el preclear lo dice voluntariamente.

PRECAUCIÓN: no le pidas al preclear que mire su cuerpo.

Si el preclear no se exterioriza en algún momento durante los primeros tres pasos, el auditor debería simplemente hacerlos de nuevo. Si el preclear no lo consigue la segunda vez, el auditor los repasa pacientemente una tercera vez, y así sucesivamente. Si el asunto parece demasiado difícil ponte en contacto con un auditor que la propia HAS haya entrenado a finales de 1953 (en Camden).

Lo menos que se puede lograr al repasar estos primeros tres pasos muchas veces será una condición bastante mejorada del preclear, superior a todos los resultados del pasado. Sólo muy pocos preclears no consiguen exteriorizarse después que se han repetido varias veces los Pasos del I al III.

PRECAUCIÓN: a pesar de que este proceso es tan infalible aplicándolo como se indica, se puede usar maliciosamente de esta manera: dándole al preclear pérdidas constantes; no darle oportunidad de ganar; amedrentándolo; evaluando por él; insistiendo en que está "fuera" cuando no lo está; invalidándolo; fingiendo verlo a él o a sus mock-ups; o, diciendo que los ves si él los ve.

SOP 8-C
FÓRMULAS Y PASOS

Procedimiento de Apertura:
(De Diez Minutos a Dos Horas, con el Cuerpo MEST)

a. Manda al preclear a lugares exactos de la sala, un lugar a la vez.

b. Haz que el preclear seleccione lugares de la sala y se mueva a ellos, uno a la vez, todavía bajo la dirección del auditor.

c. Haz que el preclear ejercite el aferrarse físicamente a objetos y espacios y dejarlos bajo su propia decisión de aferrarse y su decisión de dejarlos.

Paso 1: Ubicación

PRELÓGICA: *theta orienta objetos en el espacio y en el tiempo.*

AXIOMA: *en la experiencia de la vida, el espacio se convierte en beingness.*

FÓRMULA I:

Permitir al preclear descubrir con certeza dónde no están las personas y las cosas en el presente, pasado y futuro, recupera suficiente orientación para establecer su conocimiento y certeza de dónde está él y dónde están ellas. La aplicación de esto se logra mediante la orientación negativa de *beingness, havingness y doingness*, en cada una de las ocho dinámicas, en el *presente, pasado y futuro.*

Paso I

a. Pídele al preclear que esté a un metro detrás de la silla. Pídele cosas o personas que no están dándole instrucciones (órdenes). Cosas o personas a las que él no está dando órdenes. Cosas o personas que no están dándole instrucciones a otras cosas. Pídele al preclear metas que no tiene. Metas que otro no tiene. Metas que otros no tienen para otros. Metas que otro no tiene para él. Metas que él no tiene para otro. Personas que él no es. Animales que él no es. Objetos que él no es. Sitios en los que no está. Lugares donde otros no están. Lugares donde los animales no están. Dónde no están las bacterias. Dónde no están los objetos. Lugares en los que no está pensando.

NOTA: todo lo anterior se hace en "brackets" para el presente, pasado y futuro.

b. (Si está exteriorizado) Haz que ejercite, mientras esté exteriorizado, el aferrarse a objetos y dejarlos por su decisión explícita. Pídele que esté en lugares que sean seguros, peligrosos, agradables, desagradables, bellos, feos.

Paso II: Cuerpos

AXIOMA: *en la experiencia de la vida, la energía se convierte en doingness.*

AXIOMA: *la ubicación compulsiva precede al pensar compulsivo.*

AXIOMA: *lo que cambia al preclear en el espacio puede evaluar por él.*

FÓRMULA II:

Permite que el preclear descubra que maneja cuerpos y deja que maneje cuerpos, en mock-ups y en la realidad, y remedia su sed de atención que ha adquirido por contagio de los cuerpos.

Paso II

a. Haz que el preclear haga mock-up de cuerpos y que les haga unmock. Haz que capte los somethingnesses y nothingnesses de los cuerpos hasta que se sienta mejor acerca de ellos. Pídele que esté a un metro detrás de la silla.

b. (Si está exteriorizado) Haz que complete el IIa muchas veces y que luego mueva el cuerpo mientras está fuera.

Paso III: Espacio

PRELÓGICA: *theta crea espacio y tiempo y objetos que localizar en ellos.*

DEFINICIÓN: *el espacio es un punto de vista de dimensión.*

AXIOMA: *la energía procede de la imposición de espacio entre terminales y una reducción y expansión de ese espacio.*

FÓRMULA III:

Permite al preclear recuperar su capacidad de crear espacio e imponérselo a terminales, quitarlo de entre terminales y recuperar su seguridad en lo referente a la estabilidad del espacio MEST.

Paso III

a. Haz que el preclear sostenga dos esquinas de atrás de la sala y no piense.

b. (Si está exteriorizado) Haz que el preclear complete la Espaciación.

NOTA: si no está exteriorizado, vuelve al Paso I.

Paso IV: Havingness

AXIOMA: *en la experiencia de la vida, el tiempo se convierte en havingness.*

OBSERVACIÓN: *para un thetán, cualquier cosa es mejor que nada.*

OBSERVACIÓN: *cualquier preclear sufre problemas de demasiado poco havingness, y cualquier reducción de su energía existente, si no se repone, le hará bajar de tono.*

FÓRMULA IV:

a. El remedio de los problemas de havingness se logra creando abundancia de todas las cosas.

b. En vista de que el preclear ha hecho que sus deseos y su capacidad de crear y destruir sean automáticos, y en consecuencia ha puesto el havingness fuera de su control, el auditor debe poner bajo el control del preclear sus automatismos de havingness y no-havingness, y permitirle equilibrar su havingness por su propio auto-determinismo.

c. Cómo producir havingness: Haz que el preclear ponga fuera ocho puntos de anclaje de gran tamaño, creando así un espacio. Haz que tire de los ocho hacia dentro, hacia el centro, y haz que retenga la masa resultante. Haz esto usando como puntos de anclaje objetos grandes y diversos. Hazlo hasta que esté dispuesto a liberar *viejas* acumulaciones de energía, como engramas y riscos, pero que siga produciendo havingness.

Paso IV

Haz que el preclear remedie problemas de havingness haciendo mock-up y reuniendo conjuntos de ocho puntos de anclaje. Haz esto muchas veces. No le pidas que haga que los puntos de anclaje exploten de esta manera. Haz que guarde las masas que crea en esta forma. Haz que el preclear ajuste los puntos de anclaje en el cuerpo.

Paso V: Terminales

AXIOMA: *el espacio existe a causa de los puntos de anclaje.*

DEFINICIÓN: *un punto de anclaje es cualquier partícula o masa o terminal.*

AXIOMA: *la energía se obtiene de la masa al colocar cerca dos terminales en el espacio.*

AXIOMA: *el auto-determinismo está relacionado con la capacidad para imponer espacio entre terminales.*

AXIOMA: *causa es una fuente potencial de flujo.*

AXIOMA: *efecto es una recepción potencial de flujo.*

AXIOMA: *comunicación es la duplicación en el punto-receptor de lo que emanó en el punto-causa.*

AXIOMA: *wrongness (La Condición de Estar Equivocado) en cuanto a flujo es flujo de entrada.*

FÓRMULA V:

Al thetán se le rehabilita, en cuanto a energía y terminales, remediando sus postulados sobre el flujo de salida y el flujo de entrada, y mediante ejercicios relacionados con el flujo de salida y el flujo de entrada de energía, de acuerdo con los axiomas anteriores.

Paso V

a. Pídele al preclear ocasiones en que pudo hacer algo. Ocasiones en que no pudo hacer nada. Cosas que puede hacer. Cosas que no puede hacer. Cosas que otras personas pueden y no pueden hacer. Cosas que otras personas pueden hacer por otros. Cosas que otra persona concreta no puede hacer por él. Cosas que él no puede hacer por otro u otros.

b. Pídele al preclear objetos, acciones, personas, ideas que no está destruyendo. Objetos, acciones, personas, ideas que no está haciendo sobrevivir (persistir). Objetos, acciones, personas, ideas que no está creando. Presente, pasado y futuro. En brackets. (NOTA: lo más importante aquí son las ideas).

c. Pídele al preclear objetos, personas, energías, tiempos que no lo están tocando. Que él no está tocando. Que no están intentando alcanzarlo. Que él no está intentando alcanzar. Objetos, personas, tiempos de los cuales no se está retirando. Que no se están retirando de él. En brackets.

d. Pídele al preclear vistas que no lo cegarán. Personas a las que él no cegará si lo ven. Ruidos que no lo ensordecerán. Gente a la que él no ensordecerá. Palabras habladas que no le harán daño. Palabras habladas que no les harán daño a otros. En brackets.

e. Pídele al preclear ideas que no destruirán, causarán que sobrevivan (persistan), crearán ni alterarán a otros. En brackets.

f. Pídele al preclear ideas, sonidos, visiones que no fijarán a la gente a lugares específicos ni harán que deje de estar fija en ellos.

g. Pídele al preclear ideas que no está intentando fijar en cosas. Ideas que no está intentando hacer que dejen de estar fijas en cosas. En brackets.

h. Haz que haga unmock y haga mock-up de terminales, y que las junte y las separe hasta que pueda hacer que generen corrientes.

Paso VI: Simbolización

DEFINICIÓN: *un símbolo es una idea fija en cuanto a energía y móvil en el espacio.*

FÓRMULA VI:

El thetán al que los símbolos han estado cambiando de lugar se fortalece haciendo mock-ups, y cambiando de lugar y fijando en el espacio ideas que anteriormente lo han movido a él.

Paso VI

Haz que el preclear cree símbolos que no signifiquen nada.

Pídele al preclear ideas que no está intentando destruir. Ideas que no está intentando hacer sobrevivir (persistir). Ideas que no está intentando crear.

NOTA: lo anterior se hace en brackets. Haz que haga mock-up de ideas y que las cambie de lugar.

Paso VII: Barreras

AXIOMA: *el universo* MEST *es un juego que consiste en barreras.*

DEFINICIÓN: *una barrera es espacio, energía, objeto, obstáculos o tiempo.*

FÓRMULA VII:

Los problemas de barreras o su carencia se resuelven poniéndose en contacto y penetrando, creando y destruyendo, validando y desatendiendo barreras, cambiándolas o sustituyéndolas por otras, fijando y dejando de fijar la atención en su somethingness (condición de algo) y nothingness (condición de nada).

Paso VII

a. Haz que el preclear alcance y se retire (físicamente, luego como él mismo) de espacios, paredes, objetos, tiempos.

b. Haz que el preclear haga Seis Caminos a Nada.

c. Haz que cree y destruya barreras.

Paso VIII: Duplicación

FUNDAMENTO: *la acción básica de la existencia es la duplicación.*

LÓGICA: *todos los principios operativos de la vida se pueden derivar de la duplicación.*

AXIOMA: *la comunicación es tan exacta como se acerque a la duplicación.*

AXIOMA: *la renuencia a ser causa está regulada por la renuencia a ser duplicado.*

AXIOMA: *la renuencia a ser efecto está regulada por la renuencia a duplicar.*

AXIOMA: *la incapacidad para permanecer en una posición geográfica produce renuencia a duplicar.*

AXIOMA: *una fijación impuesta a una posición geográfica produce renuencia a duplicar.*

AXIOMA: *la degeneración primaria del thetán es una incapacidad de duplicar en cualquier dinámica.*

AXIOMA: *la percepción depende de la duplicación.*

AXIOMA: *la comunicación depende de la duplicación.*

AXIOMA: *en el universo MEST, el único crimen es la duplicación.*

FÓRMULA VIII:

La capacidad y disposición primarias del thetán para duplicar deben rehabilitarse mediante el manejo de deseos, imposiciones e inhibiciones relacionados con ello en todas las dinámicas.

Paso VIII

a. Pídele al preclear acciones, formas e ideas que duplican y no duplican a otras personas concretas. Acciones, formas e ideas, mediante las cuales otras personas concretas duplican y no duplican a otros. Acciones, formas e ideas de otros que lo duplican y no lo duplican a él.

b. Haz que el preclear duplique objetos físicos y personas, y que él posea los duplicados.

c. Haz que haga "no-duplicados" de objetos y personas.

d. Haz que duplique algos y "nadas".

Grupo C

"Grupo C" es un proceso que se usa con grandes masas de gente. Está compuesto de los siguientes pasos de SOP 8-C: Paso Ia, Paso IIa, Paso IIIa, Paso V de la a hasta la h, Paso VI, Paso VII y Paso VIII.

Glosario

PRECLEAR: persona a la que se está procesando.

MOCK-UP: imagen auto-creada que el preclear puede ver.

El BRÁCKET se hace como sigue: Para el preclear, para otro, otros para otros, otros para sí mismos, otro para el preclear, el preclear para otro. Véase el Paso Ia.

NOTA ESPECIAL: los primeros tres pasos de SOP 8-C se podrían clasificar como pasos de *beingness*. Los cinco pasos restantes de SOP 8-C podrían clasificarse como pasos de *havingness*. El propio SOP, los ocho pasos, constituye el *doingness*, aproximándose así (como se describe en *Scientology 8-8008*) al Triángulo de Espacio–Ser, Energía–Hacer, Tiempo–Tener.

NOTA ESPECIAL: en su conjunto, podría considerarse que SOP 8-C son diversos ejercicios relacionados con la Fórmula H, que abarca la acción más básica del thetán (que es alcanzar y retirarse).

NOTA ESPECIAL: se observará que las técnicas de orientación negativa se realizan de manera que hagan que el preclear, sin que se le diga, cree espacio. El auditor debería poner especial atención, cuando el preclear está descubriendo dónde *no* están las cosas, en hacer que el preclear observe específicamente en cada ocasión, la ubicación y posición exactas donde no existe la cosa. Esto llama la atención del preclear a diversas posiciones que, en sí, y localizadas de esta manera, crean espacio. Por lo tanto, en todo el SOP 8-C también se puede encontrar la rehabilitación del espacio, y la definición de espacio es: "Espacio es un punto de vista de dimensión".

NOTA ESPECIAL: si en su auditación, el auditor no obtiene un cambio de comunicación por parte del preclear cada cinco o diez minutos, ya sea para mejorar o empeorar, o bien el auditor está usando el paso equivocado en ese momento (en cuyo caso debería avanzar en los pasos) o bien el preclear, aunque diga que lo está haciendo, no está cumpliendo las órdenes del auditor. El auditor, por lo tanto, debería permanecer, lo más posible, en continua comunicación con el preclear y debería asegurarse muy bien de lo que está haciendo el preclear después de que indique que ha cumplido con la instrucción, y descubrir cada cinco o diez minutos si ha habido cambio en las certezas o en la comunicación.

Fuente de Fracasos

La fuente más normal de fracaso, en cualquier paso de SOP 8-C, es un fracaso del preclear a la hora de ejecutar las órdenes que se dan tal como se esperaba que se ejecutaran, o un fracaso del auditor al no asegurarse de si el preclear está ejecutando correctamente o si ha habido un cambio en la comunicación. Un examen cuidadoso de auditores y preclears que utilizan SOP 8-C ha demostrado, en cada caso donde su uso se estaba prolongando, que el auditor no se estaba asegurando de si el preclear había tenido o no cambios de comunicación. Y también se descubrió uniformemente que el preclear que no estaba obteniendo resultados mientras se le auditaba con SOP 8-C, no estaba haciendo los pasos como se le había señalado, sino que estaba evitándolos, no haciéndolos en absoluto (a pesar de que decía que los estaba haciendo) o bien no estaba comprendiendo la instrucción, y estaba, por lo tanto, ejecutando el paso de alguna otra manera.

Disposición del Preclear

La primera meta que debe lograr un auditor es la "disposición del preclear a recibir instrucciones".

La condición del preclear es tal que, en casi todos los casos, él ha escogido como punto principal de resistencia en la vida el que se le den "instrucciones que no sean las suyas". Ya que el universo físico está diseñado para resistir y vencer aquello que se le resista, una resistencia continua a "instrucciones distintas de la propia" tiene finalmente, como resultado, una pérdida de habilidad, en mayor o menor medida, para dirigirse uno mismo.

En vista de que lo que el auditor quiere devolverle al preclear es la capacidad para dirigirse a sí mismo, se le debe demostrar al preclear, únicamente por medio de buena auditación, que "la instrucción de alguien más" no es necesariamente dañina ni en detrimento del preclear. Así, hasta cierto punto deja de resistirse a la entrada de instrucciones, y al dejar de resistirse a ellas, ya no las valida como una barrera, y por lo tanto, no está concentrando su atención en resistirse a la dirección, sino que puede usarla libremente en su propia auto-dirección.

El auto-determinismo de un preclear es proporcional a la cantidad de auto-dirección que es capaz de realizar, y se deteriora considerablemente cuando una gran cantidad de su atención se dedica a impedir otra dirección. Al dirigirse a sí mismo, el preclear se vuelve capaz de llevar a cabo cosas. El impedir que se le dirija (resistirse a la dirección de los demás) produce una condición en la que ante todo, se dedica a resistirse a su entorno. Esto último da como resultado una disminución del espacio del preclear.

El primer paso en la rehabilitación del preclear en cuanto a la auto-dirección es por lo tanto, limitar la cantidad de resistencia que él está concentrando en la "dirección de otro" y demostrarle que el que siga los pasos de SOP 8-C, bajo la dirección de un auditor, no es dañino sino que, por el contrario, aumenta su dominio y control de sí mismo y lo trae finalmente al punto en que puede desatender e ignorar la continua actividad de estímulo-respuesta del universo físico.

De modo que se puede ver claramente que el auditor que se dispone a que se le resista fracasará, ya que el preclear está concentrándose principalmente en resistirse al auditor. Este es el factor primario en toda la auditación.

Se lleva al preclear a un punto de cooperación, en cuanto a la dirección, sin el uso de hipnosis ni drogas y sin discusión ni "convencimiento" por parte del auditor; con lo que queremos decir, conducta autoritaria. Al mismo tiempo, debería ser la única intención y actividad del auditor que el preclear lleve a cabo sus propias direcciones explícitamente y que se lleven a cabo con un mínimo de ruptura de comunicación y con un máximo de afinidad, comunicación y realidad.

Procedimiento de Apertura

Usando el axioma de: "Lo que cambia al preclear en el espacio puede evaluar por él", el auditor al usar SOP 8-C debería usar, al principio de la primera sesión y en cualquier sesión en que el preclear se vuelva irrazonablemente poco cooperativo al seguir instrucciones simples, el siguiente procedimiento:

El auditor hace que el preclear camine a puntos concretos en la sala, toque, sostenga y deje diversos objetos concretos. El auditor debería ser muy exacto en sus instrucciones. El auditor debe hacer esto al menos veinte minutos, aun en un caso que aparentemente coopera, antes de seguir con el siguiente paso del Procedimiento de Apertura.

Cuando el preclear, ejercitado de esta manera, finalmente se da cuenta (sin que se le diga) de que las instrucciones del auditor son calmadas, confiables, exactas y que deben llevarse a cabo, entonces y sólo entonces, el auditor usa este proceso:

Al preclear se le pide que se mueva a sí mismo a diversas partes de la sala y que haga cosas concretas. El auditor es muy concreto y exacto acerca de esto, pues hace que el preclear (y antes de que se mueva del punto donde está de pie) decida bajo su propio determinismo a qué parte de la sala se va a mover. Cuando el preclear lo ha decidido, y sólo entonces (pero no necesariamente diciéndoselo al auditor), el preclear se lleva a sí mismo a esa parte de la sala. El auditor debe ser muy exacto en cuanto a que la *decisión* de irse a cierta parte de la sala, y alcanzar o retirarse de cierta cosa, se hace antes de que el preclear lleve a cabo una acción real. Y luego, el auditor debería asegurarse de que el preclear ha hecho exactamente lo que él decidió que iba a hacer antes de moverse. De esta manera, adiestrado por el auditor, se lleva al preclear a moverse a sí mismo a diversas partes de la sala hasta que está enteramente seguro de que se está moviendo a ciertas partes de la sala y de que las órdenes no vienen de ningún otro, excepto él mismo. (Por supuesto, antes de que se escoja cada nuevo lugar, el auditor le dice al preclear que escoja un nuevo lugar y le dice cuándo ir allá).

La tercera etapa de este Procedimiento de Apertura es, entonces, como sigue:

El auditor hace que el preclear esté en un punto en la sala y luego hace que el preclear decida, estando ahí, ir a otro punto en la sala. El preclear va. El auditor hace que el preclear cambie de idea por sí mismo y vaya a otro punto diferente. Esto último se hace para reducir el temor del preclear a cambiar de opinión, para fortalecer su decisión y para reducir su reacción a sus propios errores.

Los últimos dos pasos del Procedimiento de Apertura se hacen durante bastante tiempo. Es provechoso (según la experiencia de muchos auditores) pasar hasta una hora en el Procedimiento de Apertura, incluso en un caso que no está en mal estado. Cuando se omite el Procedimiento de Apertura o no se ejecuta durante suficiente tiempo, el auditor podría descubrir que le llevará de cinco a diez horas "poner el caso en marcha". Este tiempo se ahorra al usar el Procedimiento de Apertura ya que consume mucho menos tiempo.

Aun cuando el preclear esté satisfecho de sí mismo, incluso cuando el preclear sea un "Paso I" obvio, incluso cuando el preclear no demuestre ningún signo exterior de resistencia a otra dirección distinta a la suya, la primera reducción del retardo de comunicación que va a percibir el auditor en el caso ocurrirá probablemente durante el uso del Procedimiento de Apertura. Es más, la certeza del caso aumenta. Es más, el Procedimiento de Apertura es un proceso excelente para cualquier nivel de caso.

El preclear que esté familiarizado con SOP 8 podría tener la idea de que está haciendo un paso que "está reservado para psicóticos". Se debería desengañar al preclear de tal concepto, ya que en la actualidad ese paso se usa con todos los casos.

En el caso de un preclear que sea muy resistivo, el Procedimiento de Apertura puede usarse con considerable provecho durante muchas horas. Para tal actividad, sin embargo, una sala de auditación de las dimensiones usuales es normalmente demasiado restrictiva y el ejercicio puede llevarse a cabo también al aire libre aunque sólo sea en una calle.

Fraseología del Auditor

La "fraseología" del auditor para la primera parte del Procedimiento de Apertura, sería:

"Ve a ese rincón de la sala y toca la pared".

El preclear lo hace.

"Ve a la lámpara y sostén la lámpara",
"Ahora suéltala".

"Ahora tómala",
"Ahora suéltala".

"Ve a la puerta y toca la manija",
"Ahora retírate de la manija".

"Ve hasta la silla y siéntate",
"Levántate y siéntate en la otra silla".

"Ve hasta la puerta y toca su parte superior", etc.

La fraseología del auditor para la segunda parte del Procedimiento de Apertura es:

"Sitúate en el rincón y decide a qué parte de la sala te vas a dirigir",

"Ahora, ¿has decidido acerca de un lugar?".

"Ve ahí", etc.

La fraseología del auditor para la tercera etapa del Procedimiento de Apertura sería:

"Sitúate ahí y decide alguna parte de la sala a la cual ir",

"Decídete sobre un punto exacto",

"¿Ya lo tienes?",

"Ahora cambia de idea y ve a otro punto", etc.

Es de notar que cuanto más exacto sea el punto al cual se le envía al preclear y cuanto más exacta sea la acción que va a realizar, mejores serán los resultados del proceso. Es probable que un preclear esté interiorizado durante la totalidad del Procedimiento de Apertura. El auditor no se molesta en averiguarlo, ni comienza a exteriorizar al preclear hasta que ha entrado al Paso Ia de SOP 8-C.

El Procedimiento de Apertura puede recorrerse usando un espacio mucho más amplio, con gran beneficio para un caso, después de que se le ha exteriorizado.

Cuando se termina el Procedimiento de Apertura, y sólo entonces, el auditor comienza en el Paso Ia.

Su fraseología sería como sigue:

"Ponte un metro detrás de tu silla". (La atención del preclear nunca se dirige al cuerpo y nunca se le pide que mire al cuerpo hasta que sus percepciones sean excelentes, o al menos hasta que haya hecho la porción sobre mock-ups del Paso II). El auditor no hace más indagaciones acerca de si se ha exteriorizado con certeza, o con incertidumbre, o no se ha exteriorizado en absoluto. El procedimiento sería el mismo, aunque es mucho mejor si se ha logrado una exteriorización segura o incluso una no segura. La auditación continua de un preclear *en* un cuerpo es destructiva. Además, en el caso de una exteriorización segura, el auditor no hace más referencia al asunto.

Ahora el auditor le dice al preclear que está sentado (no recostado):

"Dame tres metas que no completaste". (El preclear *no* las nombra. Asiente con la cabeza cuando las tenga).
"Ahora tres metas que otro no completó",
"Tres metas que otro no completó para alguien más",
"Tres metas que otro no completó para ti",
"Tres metas que no completaste para otro".

El auditor repasa esta lista muchas, muchas, muchas veces.

"Dame tres personas que no eres". (El preclear no expresa verbalmente quienes son estas tres personas, sino que simplemente asiente cuando tiene a las tres).
"Dame tres personas que no son tú",
"Dame tres personas que no son específicamente otras personas".
(La respuesta correcta es que "fulanito no es fulanito, fulanito no es fulanito, fulanito no es fulanito". La respuesta incorrecta sería "fulanito no es nadie más excepto él mismo").

Esto puede hacerse de nuevo, alrededor de dos o tres veces, o incluso durante un periodo muy largo, pero cuando lo ha hecho *una* vez el auditor debería preguntar:

"¿Haz notado algún cambio de percepción?".

Si el preclear no ha tenido ninguno, cuando el auditor ha hecho esto tres veces, el auditor debería ir inmediatamente al siguiente paso:

"Dame tres animales que no eres",

"Dame tres animales que no son tú",

"Dame tres animales que no son específicamente otros animales".

(Haz que el preclear sea específico, que cierto perro no es un gato, y así sucesivamente).

Si esto se continúa durante un periodo breve, resolverá los problemas relacionados con comer. Y como eatingness (condición de comer) está en el punto más bajo de la atención, el proceso puede ser muy efectivo.

"Dame tres objetos que tú no eres",

"Dame tres objetos que no son tú",

"Dame tres objetos que no son específicamente otros objetos".

El auditor puede lograr varios cambios de comunicación en el preclear mientras hace este punto del Paso Ia. Pero si no lo hace, debería pasar rápidamente a la siguiente parte del Paso Ia y no debería continuar interminablemente con la primera porción.

"Cuando se acaba de exteriorizar a una persona, pon su atención en el entorno".

SOP 8-O

1954

Metas de Thetán Operante   375
25 de enero de 1954

Ejemplo de Auditación   377
5 de febrero de 1954

SOP 8-O:
METAS DE
THETÁN OPERANTE

ETAS DE THETÁN OPERANTE:

1 Ser capaz de tolerar nothingness.

2 Ser capaz de tener o no tener sin consecuencias para la memoria.

3 Estar en los universos a voluntad con completa percepción en ellos.

4 Comunicar o recibir comunicaciones en todas aquellas formas que usa el cuerpo.

5 Separar y juntar en forma funcional todas las automaticidades.

6 Ser capaz de manejar cualquier clase de cuerpo.

7 ¿Cómo dotas y le arrebatas cualquier clase de cuerpo o nuevas clases de cuerpos de manera que seas capaz de crear nuevas formas de vida? Esto es un estudio y un arte.

Estas no se hacen exactamente en este orden. El individuo se vuelve más y más capaz en todo esto a medida que se llega al nivel de Thetán Operante.

El Thetán Operante debería ser capaz de fijar ideas en energía y hacer que dejen de estar fijas, en otras palabras, ser capaz de fijar en un coche una idea de que "no puede ser robado", y no lo será.

La demostración de valentía *como una prueba* es algo muy bajo de tono, el trabajo de un faquir.

Thetán Operante es simplemente un estado mental. Es una lucha entre ser un Thetán Operante y un prisionero del universo MEST. Este universo es un universo que interioriza y si el thetán se encuentra con una aberración, es el resistirse a la interiorización. Y uno se convierte en aquello a lo que uno se resiste. Este universo pone en el Thetán Operante el énfasis en resistir la interiorización a menos que él habitualmente se mantenga completamente apartado de cualquier fobia relacionada con el havingness.

La fobia por *tener* (obsesión por tener algo) sigue como resultado directo del ciclo DEI. El thetán *inhibe* el flujo de entrada y lo *desea*, luego lo *inhibe* y luego se le *impone*.

La interiorización es un flujo de entrada de 360 grados. Esta es la razón de que la exteriorización sea la meta principal al procesarlo. Él tiene la idea de que sus ideas están fijas en energía. Y cuanto más estén las ideas fijas en energía, menos *efectivas* serán como postulados; cuanto más fija en energía este una idea, menos *penetrante* es como postulado. La energía no tiene que acompañar a una idea de ningún modo, forma o manera para que sea efectiva. La idea es efectiva en la medida en que no esté cubierta de energía. Cuando se fija en energía, tira de un símbolo hacia dentro. Encontramos que esto es un índice directo de la cordura del individuo. Está cuerdo en la medida en que no tenga energía rondando en su banco.

SOP 8-O:
EJEMPLO
DE AUDITACIÓN

CUANDO SE acaba de exteriorizar a una persona, pon su atención en el entorno. La razón por la que el preclear está en el cuerpo es porque no ha sido capaz de dotar al entorno con vida.

No recorras "conceptos" cuando está exteriorizada. Recorrer un concepto es dotar a algo con vida.

A una persona le gustaría sentirse viva, así que hace que el cuerpo se sienta vivo. Las técnicas de Línea Directa que le dan un entorno diferente son las mejores:

"Finge que acabas de exteriorizarte de un león".

Nunca le pedimos a un individuo que mire a su cuerpo. La espiral descendente es un perímetro más pequeño de la condición de sentirse vivo hasta que la persona sólo está viva en el cuerpo. Pídele al preclear que expanda su consciencia:

"Siéntete vivo ahora en esta sala".

Cuando le pides que sea el espacio de su cuerpo, estás hasta cierto punto energizando al cuerpo. Haz que sea el espacio detrás de su silla, alrededor de su cuerpo y en el entorno.

Pídele al preclear que ponga emoción en algo y luego que él sienta una diferente:

"Selecciona el objeto más real en la habitación".

"Pon algo de apatía en él", mientras le dices al preclear: "Ahora siente algo de aburrimiento".

"Haz que la almohada sienta apatía mientras sientes resentimiento", etc.

Cuando el preclear observa el cuerpo, en cierta medida lo está energizando. La co-experiencia y compasión hacia el cuerpo hacen que una persona sienta que es un cuerpo.

Se puede deteriorar al thetán por medio de "not-knowingness". Así que le pides:

"Tres áreas de negrura acerca de las cuales no tengas que saber nada".

Esto desensibilizará su "not-knowingness". Si uno tiene una compulsión por saber, está admitiendo que no sabe. El caso negro está siendo efecto y la única razón por la que está siendo efecto es porque no sabe.

Las avalanchas han cumplido su propósito:

"Ahora deberías darte vuelta y activar la avalancha hacia el exterior".

Haz que arroje cosas en "mock-up" hasta que encuentres algo que puede "rechazar". Esto acabará con la computación de "nunca debe volver a suceder".

Comienza esta avalancha en reversa en un objeto a la vez. No conseguirás que salgan de él polvo y huesos, o formas de vida de un rango superior. Lo fortalecerás hasta un punto en que él pueda comenzar una avalancha de rechazo.

Nunca te equivocarás si mantienes su atención en el entorno. Mantén su atención fuera de su cuerpo.

SOP 8-O
Ejemplo de Auditación

EL EJEMPLO DE AUDITACIÓN QUE HARÁ AVANZAR A UN THETA CLEAR:

"Dame tres lugares donde no estás",
"Dame tres lugares donde no estás pensando",
"Dame tres lugares donde no tienes que ir",
"Dame dos partículas que no estás intentando mantener separadas",
"Dame dos partículas que no estás intentando mantener juntas".

"Dame tres lugares donde no estás",
"Dame tres lugares donde no tienes que ir",
"Dame tres lugares que no tienes que ser".

"Ponte a tres metros detrás de tu silla",
"Concibe la idea de que recientemente te haz exteriorizado del cuerpo de un gato",
"Duplícalo",
"Duplícalo",
"Duplícalo",
"Duplícalo",
"Duplícalo",
"Arrójalo lejos de ti".

"Duplica los ojos del gato",
"Duplica los ojos para usarlos",
"Arrójalos lejos de ti".

"Obtén tres barreras que no estén enfrente de ti",
"Obtén tres cosas de las que no tengas que huir",
"Obtén tres cosas que no te opones a tener en este momento".

"Obtén algo que puedas arrojar lejos de ti",
"Obtén más cosas que puedas arrojar lejos de ti".

"Dame tres lugares en el entorno que no te molestaría que estuvieran vivos".

"Obtén un nothingness alrededor de ti",

"Duplícalo",

"Duplícalo",

"Duplícalo".

"¿Cuál es el objeto más real en el área?".

La persona dice "micrófono".

"Muy bien. Pon la emoción de miedo en el micrófono, tú siente aburrimiento",

"Mantén miedo en el micrófono y tú siente resentimiento",

"Siente apatía",

"Ahora siente pesar",

"Siente júbilo",

"Siente que eres una persona agradable".

"Ahora cambia la emoción en el micrófono. Haz que el micrófono esté feliz",

"Mientras está feliz, enójate",

"Siéntete emocionado",

"Siéntete sereno",

"Siéntete apático",

"Siente pesar",

"Siente entusiasmo",

"Siéntete mucho más feliz".

"Date un nombre",

"Date un nombre distinto".

"Da un nombre al techo",

"Al piso",

"Vamos a darle un nombre al micrófono",

"Vamos a darle una personalidad",

"Mientras el micrófono tiene una personalidad, tú toma una personalidad diferente".

"Siéntete como tú mismo".

"Ponte arriba del techo".

"Dame tres lugares a los que no tengas que saltar".

"Vamos a eliminar tres metas que no tengas".

"Mientras estás sobre el techo, arroja un punto de vista remoto al tráfico",
"Ahora haz volar el punto de vista".

"Pon otro punto de vista en el tráfico",
"Hazlo volar".

"Sé un punto de escucha en el tráfico",
"Permanece sobre el techo",
"Hazlo volar".

"Pon un punto que escucha dentro de algo que sea muy ruidoso en la ciudad",
"Ahora escúchalo".

"Ponte a trescientos metros arriba",
"A trescientos metros por encima de la Luna",
"A trescientos metros por encima del Sol",

"A treinta metros por encima de la Tierra",
"Sobre el Sol",
"La Luna".

"La Tierra",
"El Sol",
"La Luna".

"La Tierra",
"El Sol",
"La Luna".

"Aquí".

"¿Sentiste alguna atracción de la gravedad?".

"Ponte cerca de la Luna",
"La Tierra".

"La Luna",
"La Tierra".

"Cambia rápidamente de la Luna a la Tierra una y otra vez".

"Ponte en un lugar muy caliente",
"Haz que se sienta más caliente",
"Hazlo que se sienta más frío".

"Frío",
"Caliente".

"Frío",
"Caliente".

"Ponte afuera de la Luna",
"En el centro de la Luna".

"Afuera",
"Centro".

"Afuera",
"Centro".

"Cambia una y otra vez tan rápidamente como puedas".

"Ponte en el lugar donde entraste al universo MEST",
"Ponte aquí".

"Entrada",
"Aquí".

"Entrada",
"Aquí".

"Entrada",
"Aquí".

"Entrada",
"Aquí", etc., etc.

"Afuera",
"Entrada",
"Afuera".

"Cambia una y otra vez".

"Estemos afuera de la estrella más grande que puedas encontrar en el universo MEST: una oscura".

"Ponte en el centro de ella",
"Ponte afuera de ella".

"Centro",
"Afuera".

"Centro",
"Poséela".

"Afuera de ella",
"Poséela".

"Afuera de ella",
"Dentro de ella".

"Afuera",
"Ponte en el centro de ella y disfrútala".

"Siente un poco de valor",
"Ponte dentro sintiendo valor y fuera sintiendo valor".

"Cambia hacia dentro y hacia fuera varias veces sintiendo valor".

"Ponte dentro y siente algo de diversión",
"Ponte fuera y siente algo de diversión".

"Adentro y afuera sintiendo diversión".

"Cambia una y otra vez sintiendo diversión".

"Ponte dentro y siente su densidad",
"Ponte afuera y siente la densidad".

"Ponte dentro y siente su densidad",
"Ponte fuera y siente su densidad".

"Ponte encima del techo",
"Ve toda el área azul",
"Ve toda el área color oro",
"Ve toda el área verde",
"Ve toda el área color oro",
"Ve toda el área azul",
"Ve toda el área negra",
"Ve toda el área azul",
"Ve toda el área roja",
"Ve toda el área infrarroja".

"Ve toda el área de todos los colores, a la vez",
"Ve toda el área y separa sus colores".

"Ve toda el área de todos los colores",
"Ve toda el área y separa sus colores".

"Vela en la forma que te plazca".

"Comienza una avalancha de sonido",
"Auméntala",
"Más clases diferentes de sonido cayendo en avalancha hacia dentro sobre ti".

"Pon algo más ahí afuera para que caiga en avalancha hacia dentro de ti",
"Empecemos a introducirlo selectivamente",
"Créalos y haz que empiecen a entrar".

"Arrójalos a todos hacia fuera de ti".

"Tengamos un flujo de salida de sonido",
"Algo más de sonido",

"Arrójalo".

"Ponte a trescientos metros de altura y cae en picada sobre el techo".

"Ponte a trescientos metros de altura y elévate sobre Phoenix* como una gaviota".

"Ahora ponte aquí".

"Fin de la sesión".

---

*Este proceso se entregó originalmente a estudiantes en Phoenix, Arizona.

CURSO

"Un problema con los universos es principalmente
un problema de espacios".

Avanzado
Datos y Procedimiento

10 de abril de 1954

Curso Avanzado: Hoja de Datos	389
Curso Avanzado: Procedimiento	397
Gran Tour	401

Curso Avanzado: Hoja de Datos

Metas:

La vida tiene soluciones para muchas cosas. Hasta hoy nunca ha tenido una solución para la aberración. El objetivo del auditor no es sólo erradicar la aberración. Es relegar la aberración a la categoría de problema resuelto.

En los procedimientos de auditación es fundamental lograr que el preclear cambie de idea. Cuando puede cambiar postulados con facilidad y a voluntad, seguirá estando en buen estado. Cuando no puede, su problema es un problema de otros universos en los que está "atrapado". En cualquier universo, uno está sujeto a los postulados del Dios de ese universo. Por lo tanto, cuando no se puede hacer que un preclear cambie sus postulados, debe estar teniendo dificultades con otros universos.

Un problema con los universos es principalmente un problema de espacios. En segundo lugar, es un problema de energía y materia. Cualquier preclear que está teniendo dificultades con otros universos está teniendo dificultades con el espacio.

La definición de espacio es "un punto de vista de dimensión". Así, otros puntos de vista crean otros universos. Cuando otro punto de vista ha movido mucho al preclear en el espacio, y cuando este tiene muchos impactos en común con él, puede creer que está en otro universo. Y, mecánicamente, así es. De esta manera, se puede encontrar a un preclear en el universo de la madre, en el del padre, en el de una mascota o en el de su cuerpo, y está, por supuesto, en el universo MEST, donde (eso cree) los postulados son postulados de Dios. El físico nuclear estudia los postulados de Dios.

Siempre que un preclear no puede cambiar fácilmente sus propios postulados, concebimos que está actuando a partir de otros postulados que no son suyos y, por tanto, él está en otro universo. Resolvemos el espacio únicamente en la medida en que necesitamos resolver otros universos.

Cuando el preclear está en un universo que actúa en base a postulados psicóticos, se le obliga de inmediato a enfrentar aberración.

Este problema (de los otros universos) es un problema que se aborda con el E-Metro y se resuelve preguntándole al preclear, estando al E-Metro, de quién obedecería órdenes; si del padre, de la madre, etc. El E-Metro experimentará su mayor caída en los universos donde está teniendo el mayor conflicto. Sin embargo, el E-Metro no responderá necesariamente a los universos en los que está completamente encerrado. Quitando uno por uno los universos "que reaccionan" (que tienen la mayor caída), exteriorizarás al preclear de todos los universos. La orden clave en todo el Procesamiento de Universos es:

"*Dónde estaría seguro* (padre, madre, esposa, mascota)".

Entonces, el preclear debe localizar puntos en el espacio donde esté seguro de que la persona en cuestión estaría segura. Luego ocurren diversos fenómenos regulares. Las respuestas, por supuesto, no son muy racionales. Hacer que el preclear localice puntos en el espacio es de fundamental importancia. Se le debe hacer localizar puntos en el espacio MEST.

Se descubrirá que para algunos preclears es casi imposible localizar un punto en el espacio. Dan condiciones, no ubicaciones. Y ni siquiera usando el Procedimiento de Apertura, pueden localizar fácilmente una ubicación en el espacio sin que su atención cambie repentina y rápidamente a los objetos.

Escala de Saber a Sexo:

Existe una escala de comportamiento, que sigue la pauta de la Escala Tonal, y que comienza con Saber en la parte más alta y continúa hacia abajo (de la siguiente manera). Es también una Escala de Tolerancia de Puntos de Vista, de Tolerancia de Espacio, o de Interiorización en Universos, y proporciona un diagnóstico rápido.

Saber: puede crear espacio.

Mirar: está creando espacio.

Expresar emoción: está combinando espacio y energía.

Esfuerzo: está condensando espacio.

Pensar: está vagando en espacios condensados.

Símbolos: ha sistematizado espacios transformándolos en palabras y otras significaciones.

Comer: está conforme con los espacios ya condensados, pero que pertenecen a otros.

Sexo: ningún espacio le parece tolerable para el beingness actual, sino que recurre a otros beingnesses y a beingnesses futuros como la única posibilidad de universos.

Comunicación:

La gráfica de la comunicación es:

Causa a Efecto

o

Causa, Distancia, Efecto

o

C Distancia E

Una comunicación perfecta ocurre cuando cualquier cosa que está en el punto-Causa se duplica exactamente en el punto-Efecto. Así, una comunicación perfecta contiene *duplicación*. Un thetán que trata de comunicar trata de enviar impulsos o partículas *sin forma*, desde sí mismo en C al punto-receptor en E. Así pues un thetán tiene la *no-forma* como condición de una comunicación perfecta. Por otra parte, un cuerpo, cuando comunica, pone la condición de *forma* en cualquier comunicación que envía. Así, un thetán que funciona obsesivamente trataría de producir *no-forma* en absoluto en todos los puntos-Efecto, mientras que un cuerpo intentaría crear *forma* en los puntos-Efecto. Un cuerpo trata de hacer algo con cada comunicación, por lo tanto, se tiene significación, "significados más profundos" y "causas previas". Un thetán trata de hacer que toda comunicación, sea una *no-forma*, por lo tanto un nothingness. Estos son los factores mecánicos de la comunicación. Son también los factores mecánicos del comportamiento humano. La duplicación perfecta de una comunicación rara vez es posible, de ahí la espiral descendente. *Pero* el daño en la comunicación sólo ocurre cuando no hay un *saber* acerca de la comunicación. La comunicación impulsiva u obsesiva es la única excepción: del thetán, a *algo*; y del cuerpo, a un *nothingness*.

Casos No-Exteriorizados:

Cuando los casos son difíciles de exteriorizar, el auditor se ve involucrado, básicamente, en un enredo de universos. El thetán no puede *mirar* porque está en otro universo donde está prohibido mirar (la creación de espacio). Las oclusiones de diversos tipos, el mirar facsímiles, están presentes sólo cuando el thetán está en un universo que no es suyo. En el suyo, puede mirar fácilmente, incluso otros universos. Por tanto, la oclusión y la no-exteriorización surgen de la misma causa:

CUANTO MÁS DIFÍCIL ES EL CASO, MENOS TOLERANCIA TIENE AL ESPACIO.

Esto se resuelve haciendo que el preclear localice espacio, usando o no la percepción del cuerpo. Puede hacer esto mediante el Procedimiento de Apertura así como localizando espacios de MEST distantes. El *punto* en el espacio es más importante que el objeto en el espacio. Por tanto, uno hace que localice puntos hasta que pueda hacerlo con facilidad. Luego, comienza la tarea de separarlo de universos, usando el Procesamiento de Universos.

Cambio de Espacio:

Este proceso ha sido estándar durante algún tiempo. No se usa con los preclears hasta que están exteriorizados. Haciendo que los casos que no se han exteriorizado localicen puntos en el espacio, se puede hacer una aproximación. La meta del Cambio de Espacio es llevar al preclear hasta tiempo presente en todos los espacios MEST. La localización rápida o el moverse rápidamente a diversas ubicaciones en las que el preclear haya estado en dificultades han sido la clave de la dificultad de este proceso.

Interiorización-Exteriorización:

El preclear debe ser capaz de interiorizarse en objetos y espacios y salir de ellos a voluntad. Los ejercicios que lo interiorizan y lo exteriorizan rápidamente, una y otra vez, del interior al exterior de rocas, planetas, animales y personas, remedian su capacidad. Se debe señalar, sin embargo, que esto disminuye el havingness y esta disminución se debe remediar.

Havingness:

El preclear lleva muchísimo tiempo *teniendo* que creer que debe *tener*. Esta falta de havingness se recorre descubriendo qué es aceptable para el preclear como masa y haciendo que empuje muchos objetos de ese tipo dentro de sí. Empujar adentro suficiente masa recorrerá completamente el banco de engramas. Los engramas están en reestimulación sólo porque representan energía de la que el preclear o el cuerpo tiran hacia adentro. El Procesamiento de Universos, recorrido correctamente, *no trastorna el havingness* y es el único proceso que escapa a esto. Al remediar el havingness avalanchas de planetas y estrellas pueden hacerse fluir hacia adentro y hacia fuera. Esto es benéfico, más que otra cosa. Tales avalanchas se deberían poner bajo el control del preclear, por medio de comenzar, parar y cambiar su flujo de entrada y de salida.

Gran Tour:

Este es el proceso de llevar al preclear recién exteriorizado a diversas ubicaciones de este sistema solar y constituye una mezcla de Cambio de Espacio e Interiorización-Exteriorización. Se envía al preclear a lugares cercanos a la Tierra, a la Luna, al Sol, a Marte, etc. Esto se hace rápidamente y muchas veces. Después se le exterioriza e interioriza de estos cuerpos celestes. Se le hace bajar a la superficie y al centro de los planetas, en contraposición con estar *en* posiciones, pero también se hace que esté en posiciones. En otras palabras, se le hace cambiar rápidamente en el espacio y, durante otros intervalos de tiempo, también se le hace atravesar espacio. Un Gran Tour se termina, de hecho, con Cambio de Espacio pasando por todos los puntos importantes del universo MEST (donde haya tenido experiencia en la línea temporal completa).

SOP 8-C:

Este proceso, tal y como se ha desarrollado, sigue teniendo éxito en manos no especializadas, se recomienda para la instrucción de auditores que no estén en el Curso Clínico Avanzado y para que lo usen los Auditores de Libro. Es un arma poderosa y está teniendo muchos éxitos.

Otros Procesos:

Hay muchos procesos para remendar y de emergencia. Tienen valores diversos. No se ha abandonado ninguno. Cuando un auditor los tiene como parte de su pericia, los debería usar en relación con la eficacia del proceso y de acuerdo a la experiencia del auditor. Sin embargo, no debería seguir compulsivamente con un proceso que no le parezca muy útil en sus manos, simplemente porque "hace nada" o "hace algo" del preclear. Algo importante de mencionar es el uso obsesivo que hacen muchos auditores de los primeros procesos de Dianética. Estos auditores se han quedado fijos en "hacer nada de los cuadros". En Scientology, tenemos mejores procesos y hemos tenido mejores procesos desde hace algún tiempo. De hecho, los procesos de Scientology son hasta tal punto mejores que esto, que pusimos fin al uso temporal de la palabra "Dianética". Los procesos más antiguos y especialmente los de emergencia, no se han invalidado. Los auditores descubrirían, por ejemplo, que se puede hacer que se desvanezcan los engramas haciendo que el preclear remedie su havingness o: *"Encontrando lugares en que los cuadros estarían seguros"* durante algunas horas. Cualquier fenómeno se puede remediar con 8-C o con Procesamiento de Universos. Sus resultados tienen la gran ventaja de ser estables cuando se logran.

Curso Avanzado: Procedimiento

RABAJANDO CONTINUAMENTE con estudiantes del Curso Avanzado, he podido sistematizar procedimientos de tal manera que funcionen con mucha uniformidad para los auditores.

Primero:

Establece una comunicación en-dos-direcciones con el preclear, ya sea hablando o preguntando sobre generalidades. Haz que hable un poco. Después recorre la penúltima lista de *Autoanálisis* para medir su retardo de comunicación para referencia futura y para evitar caer en la inconsciencia de "uno de *esos* casos".

Segundo:

Recorre entre diez minutos y dos horas de Procedimiento de Apertura (a) hasta que el preclear esté contento de recibir órdenes de un auditor y (b) hasta que el preclear pueda localizar puntos en el espacio sin que su atención cambie súbitamente a los objetos MEST.

Tercero:

Recorre SOP 8-C, Paso I. Si en este punto el preclear se exterioriza con certeza, recorre el resto de este procedimiento (Procedimiento del Curso Avanzado). Si el preclear no se exterioriza fácilmente, tiene un problema importante con los universos. Este problema con los universos se debe resolver hasta cierto punto antes de que se le pueda exteriorizar. Resuelve algunos de los problemas relacionados con universos, después pasa al segundo paso anterior (Procedimiento del Curso Avanzado), después recorre este paso (Paso I de 8-C) otra vez. Si todavía no se exterioriza, resuelve más problemas relacionados con universos. Para recorrer Procesamiento de Universos, haz primero que el preclear localice puntos en el espacio. Después haz que encuentre lugares donde la gente que reacciona al E-Metro (madre, padre, etc.) *"estén seguros"*. Esto es realmente todo lo que hay con respecto al proceso. Uno se queda con la persona seleccionada hasta que la carga haya disminuido en gran medida o hasta que tenga lugar el fenómeno de "separación de universos".

La orden clave es:

"¿Dónde están seguros los puntos de vista?".

Haz que el preclear localice realmente puntos en el espacio y asegúrate de que *esté* seguro de que el punto de vista (o la persona) esté segura allí. La clave de este "seguro" es, por supuesto, "supervivencia superior". El preclear entra en la valencia ganadora porque esa tenía supervivencia superior. Por tanto, él adopta los puntos de vista de objetos MEST o personas que tienen supervivencia superior. El Procesamiento de Beingness es otro proceso similar pero menos potente que el Procesamiento de Universos (aunque es su complemento).

Cuarto:

Procesamiento de Beingness, por medio del cual el auditor hace que el preclear *sea* diversas cosas hasta que encuentre cosas que el preclear puede ser con certeza. La meta aquí es hacer que el preclear sea capaz de ser cualquier cosa en cualquier universo o de ser cualquier universo; es decir, que adopte el punto de vista de cualquier cosa. Esto limpia puntos que el preclear no puede tolerar, también formas de las que tiene miedo. Cuando se descubre que el preclear está siendo algo compulsivamente, uno encuentra dónde *"estaría seguro"* (puesto que es una valencia ganadora). Esto incluye hacer que el preclear sea su primer fragmento de espacio, su primer fragmento de energía. La razón de hacer esto al final es "reducir" su primer periodo de "desconocimiento". Al preclear se le pide que sea el espacio, después él mismo, alternativamente, muchas veces. Luego que sea la energía, luego él mismo, alternativamente muchas veces. Una variación, cuando se descubre que el preclear está siendo algo compulsivamente, es hacer que sea eso, luego que encuentre lugares en los que un thetán estaría seguro desde el punto de vista de aquello que está siendo. De nuevo, la meta es llevar al preclear hasta un punto en que pueda ser cualquier objeto o espacio de cualquier universo.

Quinto:

Procesamiento de Universos y Paso I de 8-C en el preclear *exteriorizado*, alternando.

NOTA: cuando el preclear se ponga en Apatía en el Procesamiento de Universos o en el Procesamiento de Beingness, el auditor debería tener cuidado de que él mismo no haya provocado esa condición por medio de rupturas de comunicación. Recorrer el Procedimiento de Apertura en un caso que está muy atorado en Apatía es una buena medida de reparación. Pero la Apatía resulta en el Procesamiento de Beingness cuando el thetán ha sido algo compulsivamente y apenas está empezando a ser él mismo en esa situación. Pedirle que sea ese objeto y luego que sea él mismo, recorrerá por completo esta Apatía. La Apatía es la señal que hay a medio camino de salida de una valencia ganadora y es prácticamente inevitable. La Apatía contiene más vida que el objeto que el preclear estaba siendo.

Sexto:

El Gran Tour (véase el texto anterior). El Gran Tour ahora incluye Cambio de Espacio hasta el punto de entrada en el universo MEST, etc., etc., etc. Incluye también los ejercicios de Exteriorización-Interiorización.

NOTA: si el preclear experimenta boil-off o embotamiento, *remedia havingness*. Si esto no altera la condición, es un problema de universos y se debería usar el Procesamiento de Universos.

Séptimo:

Recórrele al preclear SOP 8-C en su totalidad, incluyendo un breve Procedimiento de Apertura.

Octavo:

SOP 8-O.

GRAN TOUR

ESTA ES UNA LISTA QUE SE DEBE RECORRER POR MEDIO DE PROCESAMIENTO DE CAMBIO DE ESPACIO:

1. La primera ubicación geográfica del thetán en el universo MEST tan pronto llegó del Universo Hogar

2. La ubicación geográfica donde creó su primer facsímil

3. Donde cometió el thetán su primer acto hostil en el universo MEST

4. Donde recibió el thetán su primer motivador en el universo MEST

5. Donde él comenzó la primera espiral. También el fin de la espiral. Haz esto con todas las espirales hasta tiempo presente.

6. La ubicación geográfica donde el thetán estuvo por primera vez en contacto con un cuerpo de cualquier manera

7. La Caja-de-Sorpresas

8. La Obsesión

9. El primer Cubrimiento

10. El Partidor

11. El Facsímil Uno

12. Antes de la Tierra

13. Antes del universo MEST

14. El Incorporador

15. La Asunción

16. Su primer Préstamo

17. Su primer Mordisqueo

18. El Cubo de Hielo

19. La primera área Entre-Vidas

20. El Emanador

21. La primera Trampa Theta

22. El Cuerpo en Prenda

23. El Constructor de Cuerpos

24. El Agitador

25. El Remolino

26. El Rebotador

27. El Girador

28. El Mecedor

29. El Boxeador

30. El Desplomador

31. La Educación

32. La Trampa para Moscas

33. El DED

34. El DEDEX

35. La Ayuda Fallida

36. La primera ubicación geográfica que el thetán adoptó en la Tierra

37. Luchas de Miradas Fulminantes

38. La primera vez que llegó a una Estación de Comparecencia

39. Estación de Implantes

"La verdadera meta de este proceso es llevar al preclear a tolerar cualquier punto de vista".

SOP 8-D

15 de abril de 1954

SOP 8-D

ESTE PROCEDIMIENTO es para que lo use un scientologist entrenado. Se puede usar junto con el Procedimiento del Curso Avanzado y su meta primaria es la entrega a casos difíciles. Sin embargo, se puede aplicar ampliamente a todos los casos. Es mejor recorrer bien 8-C a un Paso I antes de usar este proceso en él.

Procedimiento de Apertura:

Haz que el preclear mueva su cuerpo por la sala localizando puntos en el espacio MEST. Haz que localice muchos de esos puntos y que los señale con el dedo. Haz que haga esto hasta que lo pueda hacer muy bien y hasta que obedezca las instrucciones del auditor con facilidad.

Paso I:

Pídele al preclear que esté un metro detrás de su silla. Esta es la totalidad del paso. El auditor no insiste más sobre el asunto aunque el preclear sí lo haga.

Paso II:

Haz que el preclear mire a su entorno y que duplique muchas veces cualquier cosa que vea. Luego haz que duplique muchas veces un nothingness que él cree o encuentre.

Paso III:

Haz que el preclear sostenga las dos esquinas posteriores de la sala (por lo menos durante dos minutos, durante dos horas o más). Después haz que localice puntos en el espacio donde él no está.

Paso IV:

(Un paso con E-Metro). En este punto, hazle al preclear un assessment completo al E-Metro y pídele que nombre a las personas con las que ha estado relacionado desde su nacimiento. El auditor las anota e indica, con un símbolo después de cada nombre, si la acción de la aguja es atorada, pequeña, media o violenta. Si una aguja está permanentemente atorada, usa la penúltima lista de *Autoanálisis* hasta que la aguja se libere. Después elige a la persona que tuvo la mayor reacción al E-Metro y, usando a esta persona, haz que el preclear encuentre puntos o espacios en que esta persona estaría segura. El preclear debe tener certeza del hecho. La orden de auditación es:

"Encuentra algunos lugares donde _____ estaría seguro".

Uno continúa con esto, hasta que la aguja no muestre más reacciones, sólo en esta primera persona.

Luego pasa al Procedimiento de Apertura y comienza otra vez todos los pasos de principio a fin. Ahora se toma a la misma persona que el auditor eligió primero y recorre esta pregunta de procesamiento únicamente:

"Localiza algunas cosas que tu _____ no posea".

Esta es la única pregunta. (Un retardo de comunicación de una a dos horas podría no ser inusual). El auditor sigue haciendo esta pregunta, y el preclear sigue localizando cosas que esta persona no posea, hasta que la aguja esté relativamente inactiva. Después, el auditor pasa al Procedimiento de Apertura (anterior) y continúa haciendo todos los pasos. Pero ahora hace un nuevo assessment y procede exactamente como antes.

"Lugares donde _____ estaría seguro", es Procesamiento de Universos.

"Cosas que _____ no posee", es Procesamiento de Posesión.

El auditor no debería usar ningún tipo de variaciones en la orden, ya que estas no son dicotomías, y la variación puede ser muy dura para el preclear, e incluso puede hacer que se enferme. El auditor debería añadir: "El espíritu del hombre", "El espíritu de la mujer", "Dios" y "el cuerpo".

ESTUDIA BIEN ESTE PROCESO ANTES DE USARLO. NO TE DESVÍES DE ÉL NI LO VARÍES HASTA QUE EL PRECLEAR ESTÉ EXTERIORIZADO DE FORMA ESTABLE. LA VERDADERA META DE ESTE PROCESO ES LLEVAR AL PRECLEAR A TOLERAR CUALQUIER PUNTO DE VISTA.

SCIENTOLOGY,

"Scientology ha logrado la meta de la religión
expresada en toda la historia escrita del Hombre:
la liberación del alma por medio de la sabiduría".

Sus
Antecedentes
Generales

(Bosquejo de las Conferencias del
Curso Profesional)

julio de 1954

SCIENTOLOGY, SUS ANTECEDENTES GENERALES
(BOSQUEJO DE LAS CONFERENCIAS DEL CURSO PROFESIONAL)*

Scientology, Sus Antecedentes

O una historia del Conocimiento

Scientology

La continuación occidental anglicanizada de muchas formas anteriores de sabiduría. *Scio:* estudio.

La Versión más Antigua: Los Vedas

Knowingness o acervo sagrado

La literatura sagrada hindú más antigua, que comprende más de un centenar de libros existentes. Todos o cada uno de los cuatro que forman la colección canónica de himnos, oraciones y fórmulas que son la base de la religión védica.

El Rig-Veda

Yajur-Veda

Sama-Veda

Atharva-Veda

El Ciclo-de-Acción

El significado de Veda: knowingness

---

*Conferencias del 19 de julio de 1954, *Scientology: sus Antecedentes Generales* y del 20 de julio de 1954, *El Puente Entre Scientology y la Civilización.*

Mención del Libro de Job como la obra *escrita* más antigua; procede de la India

El Tao: El Camino

La comprensión del misterio de los misterios; es decir, la forma de alcanzar el knowingness

El *Tao Teh King* por Lao-tzu (604-531 a. C.) enseñaba la conformidad con el orden cósmico y la simplicidad en la organización social y política.

Se concentraba por completo en la mente y su disciplina

Contemporáneo de Confucio

El principio del control wu-wei (ausencia de afirmación o ausencia de compulsión) mediante permitir el Auto-determinismo

Dhyana: Knowingness y Lookingness

Data de tiempos míticos. Se le nombró en honor del legendario Sabio Hindú, Dharma, cuya numerosa progenie eran las personificaciones de la virtud y los principios religiosos.

Estamos más familiarizados con el Dhyana en forma de budismo.

Un Bodhi es alguien que ha alcanzado la perfección intelectual y ética por medios humanos, comparable a nuestro Theta Clear en Scientology.

Gautama Sakyamuni (563-483 a. C.)

Considerado el fundador del Dhyana.

Jamás dijo ser más que un ser humano, no manifestó traer ninguna revelación de una fuente sobrenatural, no se anunció como salvador. Manifestó que sólo enseñaba a los hombres a liberarse a sí mismos como él mismo se había liberado.

Del Dharmapada, una colección de versos que se dice escribió Gautama:

"Todo lo que somos es el resultado de lo que hemos pensado: se fundamenta en nuestros pensamientos, está hecho con nuestros pensamientos.

"La maldad la comete uno mismo; uno sufre debido a uno mismo; uno mismo deja sin efecto la maldad; uno se purifica por uno mismo. La pureza y la impureza le pertenecen a uno mismo; nadie puede purificar a otro.

"Ustedes mismos tienen que esforzarse; los Budas son sólo predicadores. Los sensatos que entran en el sendero se liberan de la esclavitud del pecado.

"El que no se levanta cuando es el momento de levantarse; el que, aunque es joven y fuerte, es indolente; aquel cuya voluntad y cuyos pensamientos son débiles, ese hombre vago y perezoso jamás encontrará el sendero hacia la iluminación.

"La industriosidad es el camino a la inmortalidad; la pereza es el camino a la muerte. Los industriosos no mueren; los perezosos es como si ya estuvieran muertos".

La religión del budismo, llevada por sus maestros, trajo civilización a las barbaries existentes en la India, China, Japón y el Cercano Oriente; es decir, a aproximadamente dos terceras partes de la población de la Tierra. Aquí tenemos la primera difusión de sabiduría que dio como resultado grandes culturas.

Los Hebreos

Su definición de Mesías es "un maestro o portador de Sabiduría". Sus textos sagrados, que conocemos como "Antiguo Testamento", se apoyan fuertemente en las fuentes que ya hemos mencionado.

Moisés

Portador de sabiduría y derecho

Jesús de Nazaret

La leyenda de sus estudios en la India

Edad de 30-33, enseñanza y curación

Uso de parábolas como Gautama

Principios budistas de amor fraternal y compasión

Muerte por Crucifixión

Propagación del Cristianismo en la barbarie de Europa

Religión con taparrabos de piel

Cierre de las Rutas Comerciales

Buscadores Occidentales de Sabiduría

La separación entre ciencia y búsqueda a partir de la religión; división artificial

Los Antiguos Griegos

Lucrecio

Spinoza

Nietzsche

Schopenhauer

Spencer

Freud

Los consideramos como el comienzo de nuestro intelectualismo. Lo aceleraron. La mayor parte de sus fuentes eran asiáticas.

Scientology: Scio, estudio 1932-1954

Estudio en Asia

Culturas primitivas

Física nuclear

Metodología científica

Dianética, una terapia

El puente desde los comienzos culturales más antiguos del Hombre para saber

El hombre ilustrado

La profecía de Maitreya

Definición de Religión: Webster

"3. La profesión o práctica de creencias religiosas; prácticas religiosas en colectividad; ritos".

"4. Devoción o consciencia de fidelidad".

Religión: filosofía religiosa

Scientology ha logrado la meta de la religión expresada en toda la historia escrita del Hombre: la liberación del alma por medio de la sabiduría.

Es una religión mucho más intelectual que la conocida por Occidente hasta 1950.

Si nosotros, sin terapia, simplemente enseñáramos nuestras verdades, podríamos traer civilización a un Occidente primitivo.

Apéndice

Estudio Adicional 421

Guía de los Materiales 434

Direcciones 436

Glosario Editorial de Palabras,
Términos y Frases 441

Índice Temático 485

£STUDIO ADICIONAL

LIBROS Y CONFERENCIAS POR L. RONALD HUBBARD

Los materiales de Dianética y Scientology componen el conjunto más grande de información jamás reunido sobre la mente, el espíritu y la vida, rigurosamente perfeccionado y sistematizado por L. Ronald Hubbard durante cinco décadas de búsqueda, investigación y desarrollo. Los resultados de ese trabajo están contenidos en cientos de libros y más de 3,000 conferencias grabadas. En cualquier Iglesia u Organización de Publicaciones de Scientology, se puede conseguir una lista y descripción completas de todas ellas, incluyendo las ediciones traducidas disponibles en tu idioma. (Véase la **Guía de los Materiales**).

Los libros y las conferencias mencionados a continuación forman los cimientos sobre los que se ha construido el Puente a la Libertad. Aparecen en la secuencia en que Ronald los escribió o los hizo disponibles. En muchos casos, Ronald dio una serie de conferencias inmediatamente después del lanzamiento de un libro nuevo para proporcionar una explicación y comprensión adicionales de estos hitos. Gracias a esfuerzos monumentales de traducción, esas conferencias están ahora disponibles y aparecen aquí junto con el libro que las acompaña.

Mientras que los libros de Ronald contienen los resúmenes de los avances sensacionales y de las conclusiones a medida que aparecían en el curso de la investigación y desarrollo, sus conferencias proporcionan el registro diario de la investigación y explican los pensamientos, conclusiones, pruebas y demostraciones que hay a lo largo de ese camino. En lo que a eso respecta, son el registro completo de todo el curso de la investigación, que proporcionan no sólo los avances sensacionales más importantes en la historia del Hombre, sino también el *porqué* y el *cómo* Ronald llegó a ellos.

Una ventaja importante del estudio cronológico de estos libros y conferencias es la inclusión de las palabras y términos que, cuando se usaron originalmente, se definieron con considerable exactitud por LRH. Más allá de una mera "definición", hay conferencias enteras dedicadas a la descripción completa de cada nuevo término de Dianética y Scientology: que hizo posible el descubrimiento, su aplicación en la auditación así como su aplicación a la vida en sí. Como resultado, uno no deja detrás ningún malentendido, obtiene una comprensión conceptual completa de Dianética y Scientology y capta los temas a un nivel que de otra manera es imposible.

A través de un estudio en secuencia, puedes ver cómo progresó el tema y reconocer los niveles más altos de desarrollo. La lista de los libros y conferencias que se presenta a continuación muestra dónde encaja *La Creación de la Habilidad Humana* en la línea de desarrollo. A partir de ahí puedes determinar tu *siguiente* paso o cualesquiera libros o conferencias anteriores que hayas podido pasar por alto. Entonces serás capaz de rellenar los huecos, no sólo adquiriendo conocimiento de cada descubrimiento, sino una mayor comprensión de lo que ya hayas estudiado.

Este es el camino hacia saber cómo saber que abre las puertas a tu futura eternidad. Síguelo.

Dianética: La Tesis Original • La *primera* descripción de Dianética que hizo Ronald. Originalmente estuvo en circulación en forma de manuscrito, fue copiada rápidamente y se pasó de mano en mano. Al correrse la voz se creó tal demanda de información adicional que Ronald concluyó que la única manera de responder a las preguntas era con un libro. Ese libro fue Dianética: La Ciencia Moderna de la Salud Mental, que ahora es el libro de autoayuda más vendido de todos los tiempos. Descubre qué lo comenzó todo. Pues estos son los cimientos sólidos de los descubrimientos de Dianética: los *Axiomas Originales*, el *Principio Dinámico de la Existencia*, la *Anatomía de la Mente Analítica* y de la *Mente Reactiva*, las *Dinámicas*, la *Escala Tonal*, el *Código del Auditor* y la primera descripción de un *Clear*. Aún más, estas son las leyes primarias que describen *cómo* y *por qué* funciona la auditación. Sólo se encuentra aquí, en Dianética: La Tesis Original.

Dianética: La Evolución de una Ciencia • Esta es la historia de *cómo* Ronald descubrió la mente reactiva y desarrolló los procedimientos para deshacerse de ella. Escrito originalmente para una revista nacional, publicado para que coincidiera con la publicación de Dianética: La Ciencia Moderna de la Salud Mental, inició un movimiento que se extendió como reguero de pólvora, casi de la noche a la mañana, tras la publicación de ese libro. Por tanto, aquí se encuentran, tanto los fundamentos de Dianética como el único informe del viaje de descubrimientos de Ronald a lo largo de dos décadas y de la manera en que aplicó la metodología científica a los problemas de la mente humana. Lo escribió para que lo supieras. Por eso, este libro es de lectura obligada para todo dianeticista y scientologist.

Dianética: La Ciencia Moderna de la Salud Mental • El inesperado acontecimiento que inició un movimiento mundial. Pues aunque Ronald había anunciado previamente su descubrimiento de la mente reactiva, eso sólo había avivado el fuego de los que querían más información. Más concretamente: era humanamente imposible que un hombre llevara a Clear a todo un planeta. Ronald proporcionó el manual completo del procedimiento de Dianética, que abarcaba todos sus descubrimientos anteriores y las historias de caso de la aplicación de esos avances sensacionales, para entrenar auditores a usarlos en todas partes. Habiendo sido un best-seller durante más de medio siglo y habiéndose impreso decenas de millones de ejemplares, Dianética: La Ciencia Moderna de la Salud Mental se ha traducido a más de cincuenta idiomas y se usa en más de 100 países de la Tierra; es sin discusión el libro más leído y más influyente sobre la mente humana que se haya escrito jamás. Y por eso siempre se le conocerá como el *Libro Uno*.

Conferencias y Demostraciones de Dianética • Inmediatamente después de la publicación de *Dianética*, LRH comenzó a dar conferencias en auditorios atestados de gente por todo Estados Unidos. Aunque se dirigía a miles de personas al mismo tiempo, la demanda siguió creciendo. Para satisfacer esa demanda, se grabó su presentación en Oakland, California. En estas cuatro conferencias, Ronald relató los acontecimientos que provocaron su investigación, y su viaje personal hacia sus descubrimientos pioneros. Después continuó con una demostración personal de auditación de Dianética: la única demostración de Libro Uno que hay disponible. *4 conferencias.*

CONFERENCIAS DEL CURSO PROFESIONAL DE DIANÉTICA: *UN CURSO ESPECIAL PARA AUDITORES DE LIBRO UNO* • Tras seis meses de viajar de costa a costa, dando conferencias a los primeros dianeticistas, Ronald reunió a los auditores en Los Ángeles para un nuevo Curso Profesional. El tema era su siguiente descubrimiento arrollador acerca de la vida: el *Triángulo ARC*, que describe la interrelación de la *Afinidad,* la *Realidad* y la *Comunicación.* A lo largo de una serie de quince conferencias, LRH anunció muchas primicias, incluyendo el *Espectro de la Lógica,* que contiene una infinidad de gradientes desde lo correcto hasta lo incorrecto; el *ARC y las Dinámicas;* las *Escalas Tonales de ARC;* el *Código del Auditor* y cómo se relaciona con el ARC; y la *Tabla de Accesibilidad,* que clasifica un caso y dice cómo procesarlo. Aquí están, entonces, tanto la declaración final sobre los Procedimientos de Auditación del Libro Uno como el descubrimiento que serviría de base para toda la investigación posterior. Durante más de cincuenta años se pensó que los datos de estas conferencias se habían perdido y que sólo estaban disponibles en notas de estudiantes publicadas en Notas sobre las Conferencias. Ahora se han descubierto las grabaciones originales, lo que ha hecho que estén ampliamente disponibles por vez primera. La vida en su estado más elevado, la *Comprensión,* está compuesta de Afinidad, Realidad y Comunicación. Y como dijo LRH: la mejor descripción del Triángulo de ARC que se puede encontrar está en estas conferencias. *15 conferencias.*

LA CIENCIA DE LA SUPERVIVENCIA: *LA PREDICCIÓN DEL COMPORTAMIENTO HUMANO* • El libro más útil que tendrás jamás. Desarrollado en torno a la *Tabla Hubbard de Evaluación Humana,* La Ciencia de la Supervivencia proporciona la primera predicción exacta del comportamiento humano. Esta tabla incluye todas las manifestaciones del potencial de supervivencia de un individuo, graduadas desde la más alta hasta la más baja, lo que hace que este sea el libro completo sobre la Escala Tonal. Conociendo sólo una o dos características de una persona y usando esta tabla, puedes trazar su posición en la Escala Tonal, y de este modo conocer las demás, y obtener así un índice exacto de *toda* su personalidad, conducta y carácter. Antes de este libro el mundo estaba convencido de que los casos no podían mejorar, sino sólo deteriorarse. La Ciencia de la Supervivencia presenta la idea de diferentes estados de caso y la idea completamente nueva de que uno puede subir por la Escala Tonal. Y ahí se encuentra la base de la actual Tabla de Grados.

CONFERENCIAS DE LA CIENCIA DE LA SUPERVIVENCIA • Como fundamento del desarrollo de la Escala Tonal y la Tabla de Evaluación Humana había un descubrimiento monumental: La *Teoría Theta-MEST,* contiene la explicación de la interrelación entre la Vida *(theta)* con el universo físico de Materia, Energía, Espacio y Tiempo: MEST. En estas conferencias, impartidas a los estudiantes inmediatamente después de la publicación del libro, Ronald dio la más amplia descripción de todo lo que hay detrás de la Tabla de Evaluación Humana y su aplicación a la vida en sí. Además, también incluye la explicación de cómo la proporción entre *theta* y *entheta (theta enturbulada)* determina la posición de alguien en la Escala Tonal y los medios para ascender a los estados más altos. *4 conferencias.*

AUTOANÁLISIS • Las barreras de la vida son en realidad simplemente sombras. Aprende a conocerte a ti mismo, no sólo una sombra de ti mismo. Contiene la más completa descripción de la consciencia, Autoanálisis te lleva a través de tu pasado, a través de tus potencialidades, de tu vida. En primer lugar, con una serie de autoexámenes y utilizando una versión especial de la Tabla Hubbard de Evaluación Humana, te sitúas en la Escala Tonal. Después, aplicando una serie de procesos ligeros, aunque poderosos, te embarcas en la gran aventura del autodescubrimiento. Este libro contiene también principios globales que alcanzan a *cualquier* caso, desde el más bajo hasta el más elevado, incluyendo técnicas de auditación tan eficaces que Ronald se refiere a ellas una y otra vez, durante todos los años siguientes de investigación en los estados más elevados. En resumen, este libro no sólo eleva a la persona en la Escala Tonal, sino que puede sacarla casi de cualquier cosa.

PROCEDIMIENTO AVANZADO Y AXIOMAS • Con los nuevos y sensacionales descubrimientos sobre la naturaleza y anatomía de los engramas: "Los engramas son efectivos sólo cuando el propio individuo determina que lo serán", vino el descubrimiento del uso por un ser de un *Facsímil de Servicio:* mecanismo empleado para explicar los fracasos en la vida, pero que luego encierra a una persona en pautas de comportamiento perjudiciales y fracaso adicional. En consecuencia, llegó un nuevo tipo de procesamiento dirigido al *Pensamiento*, la *Emoción* y el *Esfuerzo*, detallado en los "Quince Actos" del Procedimiento Avanzado, y orientado a la rehabilitación del *Auto-determinismo* del preclear. De aquí que este libro también contenga una explicación global y sin excusas posibles de la *Responsabilidad Total*, la clave para desatarlo todo. Más aún, aquí está la sistematización de las *Definiciones*, *Lógicas* y *Axiomas*, que proporcionan tanto el compendio de todo el tema como la dirección de toda la investigación futura. *Véase el Manual para Preclears, escrito como manual de auto-procesamiento que acompaña a Procedimiento Avanzado y Axiomas.*

PENSAMIENTO, EMOCIÓN Y ESFUERZO • Con la sistematización de los Axiomas llegaron los medios para abordar puntos clave en un caso que podrían desenredar toda la aberración. *Postulados Básicos, Pensamiento Primario, Causa y Efecto,* y su efecto sobre cualquier cosa desde la *memoria* y la *responsabilidad* hasta el propio papel que juega un individuo en el hecho de conceder poder a los *engramas*, estos temas sólo se abordan en esta serie. También se incluye aquí la descripción más completa que existe del *Facsímil de Servicio,* y por qué su resolución elimina las incapacidades que el individuo se ha autoimpuesto. *21 conferencias.*

Manual para Preclears • Los "Quince Actos" de Procedimiento Avanzado y Axiomas son paralelos a los quince Actos de Auto-procesamiento que se dan en el Manual para Preclears. Además, este libro contiene varios ensayos que dan la descripción más extensa del *Estado Ideal del Hombre*. Descubre por qué las pautas de comportamiento se vuelven tan sólidamente fijas; por qué parece que los hábitos no se pueden romper; cómo las decisiones de hace mucho tiempo tienen más poder sobre una persona que sus decisiones recientes; y por qué una persona mantiene en el presente experiencias negativas del pasado. Todo se explica claramente en la Tabla de Actitudes, un avance histórico sensacional que complementa la Tabla de Evaluación Humana, marcando el estado ideal de ser y las *actitudes y reacciones* de uno respecto a la vida. *El Manual para Preclears se usa en auto-procesamiento junto con Autoanálisis.*

La Continuidad de Vida • Acosado por peticiones de conferencias acerca de sus últimos avances, Ronald respondió con todo lo que querían y más en la Segunda Conferencia Anual de Auditores de Dianética, que describe la tecnología que hay detrás de los pasos de auto-procesamiento del *Manual*, aquí está el *cómo* y el *porqué* de todo: el descubrimiento del *Continuum de Vida*, el mecanismo por el cual un individuo se ve compelido a continuar la vida de otro individuo que ha muerto o se ha marchado, generando en su propio cuerpo los padecimientos y hábitos del que partió. Combinadas con la instrucción del auditor sobre cómo usar la Tabla de Actitudes para determinar cómo iniciar cada caso en el gradiente correcto, aquí también, se dan instrucciones para la diseminación del Manual y por lo tanto, los medios para empezar el clearing a gran escala. *10 conferencias.*

Scientology: El Primer Hito • Ronald empezó la primera conferencia de esta serie con seis palabras que podrían cambiar el mundo para siempre: "Este es un curso sobre *Scientology*". A partir de aquí, Ronald no sólo describió el enorme alcance del que hasta entonces era un tema completamente nuevo sino que también detalló sus descubrimientos sobre vidas pasadas. De ahí pasó a la descripción del primer E-Metro, y de su uso inicial para poner al descubierto la *línea theta* (la línea temporal completa de la existencia del thetán), como algo completamente distinto de la *línea genética del cuerpo* (línea temporal completa de los cuerpos y su evolución física), haciendo pedazos la mentira de la "vida única" y revelando la *línea temporal completa* de la existencia espiritual. Aquí está entonces el verdadero génesis de Scientology. *22 conferencias.*

La Ruta al Infinito: Conferencias de la Técnica 80 • Como Ronald explicó: "La Técnica 80 es la Técnica del *Ser o No Ser*". Con eso, dio a conocer la base crucial sobre la cual se apoyan la habilidad y la cordura: *la capacidad del ser para tomar una decisión.* Aquí están entonces: la anatomía del "quizás", las *Longitudes de Onda del ARC,* la *Escala Tonal de las Decisiones,* y los medios para rehabilitar la capacidad de un ser para *Ser*... casi *cualquier cosa. 7 conferencias. (Para la Técnica 88, se requiere tener conocimiento sobre la Técnica 80, como se describe en Scientology: Una Historia del Hombre; que viene a continuación).*

SCIENTOLOGY: UNA HISTORIA DEL HOMBRE • "Esta es una descripción verdadera y hecha con total frialdad de tus últimos 76 billones de años". Así empieza Una Historia del Hombre, anunciando la revolucionaria *Técnica 88*, que revela por vez primera la verdad acerca de la experiencia de la línea temporal completa y el enfoque exclusivo de la auditación en el thetán. Aquí está la historia desentrañada con el primer E-Metro, que define y describe los principales incidentes en la línea temporal completa que se pueden encontrar en cualquier ser humano: los *implantes electrónicos*, las *entidades*, la *línea temporal genética*, los *incidentes de entre-vidas*, *cómo evolucionaron los cuerpos y por qué te quedaste atrapado en ellos*; todos ellos se detallan aquí.

TÉCNICA 88: INCIDENTES EN LA LÍNEA TEMPORAL ANTES DE LA TIERRA • "La Técnica 88 es la técnica más hiperbólica, efervescente, espectacular, inexagerable, ambiciosa, superlativa, grandiosa, colosal y espléndida que la mente del Hombre pudiera imaginablemente abarcar. Es tan grande como la línea temporal completa y todos los incidentes en ella. Es aquello a lo que la aplicas; es lo que ha estado ocurriendo. Contiene los enigmas y secretos, los misterios de todos los tiempos. Podrías resaltar el nombre de esta técnica como hacen con las atracciones de las ferias, pero nada que pudieras decir, ningún adjetivo que pudieras usar, describiría adecuadamente ni siquiera una pequeña fracción de ella. No sólo aporrea la imaginación; te hace avergonzarte de imaginar cualquier cosa", es la introducción que Ronald hace de esta serie de conferencias que nunca antes había estado disponible, y que desarrolla todos los demás temas que aparecen en Una Historia del Hombre. Lo que te espera es la propia línea temporal completa. *15 conferencias.*

SCIENTOLOGY 8-80 • La *primera* explicación de la electrónica del pensamiento humano y del fenómeno de la energía en cualquier ser. Descubre cómo incluso las leyes del movimiento del universo físico tienen su reflejo en un ser, por no mencionar la electrónica de la aberración. Aquí está la unión entre theta y MEST revelando qué *es* la energía, y cómo la *creas*. Fue este avance sensacional lo que puso de manifiesto el tema de los *flujos* del thetán, lo que a su vez se aplica en *cada* proceso de auditación hoy en día. En el título del libro: "8-8" significa *Infinito-Infinito*, y "0" representa al estático, *theta*. Se incluyen las *Longitudes de Onda de la Emoción*, la *Estética*, la *Belleza* y la *Fealdad*, el *Flujo de Entrada* y el *de Salida* y la *Escala Tonal por Debajo de Cero*, que es aplicable sólo al thetán.

LA FUENTE DE LA ENERGÍA DE LA VIDA • Comenzando con el anuncio de su nuevo libro, Scientology 8-80, Ronald no sólo dio a conocer sus grandes avances sensacionales sobre theta como Fuente de la Energía de la Vida, sino que detalló los *Métodos de Investigación* que utilizó para hacer ese y todos los demás descubrimientos de Dianética y Scientology: las *Qs* y las *Lógicas*; métodos de *pensar* aplicables a cualquier universo o proceso de pensamiento. De modo que aquí se encuentran ambos: *cómo pensar* y *cómo evaluar* todos los datos y el conocimiento, y por lo tanto, el eje para la comprensión total tanto de Scientology como de la vida en sí. *14 conferencias.*

El Mando de Theta • Mientras estaba preparando su nuevo libro y el Curso de Doctorado que estaba a punto de dar, Ronald reunió a los auditores para un nuevo Curso Profesional. Como dijo: "Por primera vez con esta clase, estamos dando pasos que van más allá de la palabra *Supervivencia*". Desde ese punto de vista, el Mando de Theta da la tecnología que tiende un puente al conocimiento desde 8-80 hasta 8-8008, y proporciona la primera explicación completa sobre el tema de la *Causa* y un cambio permanente de orientación en la vida de MEST a *Theta*. *10 conferencias.*

Scientology 8-8008 • La descripción completa del comportamiento y potenciales de un *thetán*, y el libro de texto para las conferencias del Curso de Doctorado de Filadelfia y Los Factores: Admiración y el Renacimiento del Beingness. Como dijo Ronald, el título del libro sirve para fijar en la mente del individuo una ruta por la cual se puede rehabilitar a sí mismo, sus capacidades, su ética y sus metas: el logro del *infinito* (8) mediante la reducción del *infinito* aparente (8) del universo MEST a *cero* (0) y el incremento del *cero* aparente (0) del universo propio hasta el *infinito* (8). Aquí se encuentran condensadas más de 80,000 horas de investigación, con un resumen y una ampliación de cada descubrimiento realizado hasta esa fecha y la trascendencia total que tienen esos avances sensacionales desde el nuevo punto de vista del *Thetán Operante*.

Conferencias del Curso de Doctorado de Filadelfia • Esta renombrada serie se yergue como el conjunto más grande de trabajo sobre la anatomía, el comportamiento y las potencialidades del espíritu del Hombre que jamás se haya reunido, proporcionando los fundamentos en que se basa la ruta hacia Thetán Operante. Aquí se encuentran con todo detalle la relación del thetán con la *creación*, el *mantenimiento* y la *destrucción de universos*. Tan sólo en lo que a eso se refiere, aquí está la *anatomía* de la materia, la energía, el espacio y el tiempo, y de cómo *postular* universos haciendo que existan. Aquí está también la caída del thetán desde las capacidades de la línea temporal completa, y las *leyes universales* por las cuales se restauran. En resumen, aquí está la sistematización de Ronald de los niveles más altos del beingness y el comportamiento de theta. En una conferencia tras otra desarrolla completamente cada concepto del libro de texto del curso: Scientology 8-8008, proporcionando el alcance total que tú tienes en el estado nativo. *76 conferencias y se adjuntan las reproducciones de los 54 diagramas originales de las conferencias hechos a mano por LRH.*

Los Factores: Admiración y el Renacimiento del Beingness • Tras establecer completamente las *potencialidades* de un thetán, vino una mirada hacia afuera que tuvo como resultado el monumental descubrimiento de Ronald de un *solvente universal* y las leyes básicas del *universo* theta, leyes que, siendo bastante literales, son superiores a cualquier cosa: *Los Factores: Resumen de las Consideraciones del Espíritu Humano y el Universo Material.* Tan espectaculares fueron estos avances, que Ronald expandió el libro Scientology 8-8008, clarificando descubrimientos previos y añadiendo capítulo tras capítulo que, estudiado con estas conferencias, proporciona un nivel de postgraduado al Curso de Doctorado. Aquí están, pues, las conferencias que contienen el conocimiento de la *verdad universal*, desentrañando el enigma de la creación en sí. *18 conferencias.*

LA CREACIÓN DE LA HABILIDAD HUMANA: *UN MANUAL PARA SCIENTOLOGISTS* • (*Este libro*). Inmediatamente después del descubrimiento del Thetán Operante vino un año de investigación intensiva, para explorar el ámbito de un *thetán exterior*. A base de auditación e instrucción, además de 450 conferencias en este mismo lapso de doce meses, Ronald sistematizó todo el tema de Scientology. Y todo está incluido en este manual, desde un *Resumen de Scientology* hasta los fundamentales *Axiomas y Códigos*. Además, aquí está el *Procedimiento Intensivo* que contiene los afamados Procesos de Exteriorización de la *Ruta 1* y la *Ruta 2*, procesos diseñados directamente a partir de los Axiomas. Cada uno está descrito en detalle: *cómo* se utiliza el proceso, *por qué* funciona, la tecnología axiomática que subyace a su uso, y la explicación completa de cómo un ser puede romper los *acuerdos falsos* y las *barreras autocreadas* que lo esclavizan al universo físico. En resumen, este libro contiene el sumario definitivo de la habilidad OT de un thetán exterior y su consecución de forma permanente.

LAS CONFERENCIAS DE PHOENIX: LA LIBERACIÓN DEL ESPÍRITU HUMANO • Aquí se encuentra la visión panorámica completa de Scientology. Habiendo sistematizado el tema de Scientology en La Creación de la Habilidad Humana, Ronald impartió entonces una serie de conferencias de media hora para acompañar específicamente a un estudio completo del libro. Desde los puntos *esenciales* que subyacen a la tecnología: *los Axiomas, las Condiciones de la Existencia y las Consideraciones y los Factores Mecánicos*, hasta los procesos del *Procedimiento Intensivo*, incluyendo doce conferencias que describen uno a uno los procesos del thetán exterior de la *Ruta 1*, todo está tratado por completo, suministrando una comprensión conceptual de la *ciencia del conocimiento* y la *habilidad OT del estado nativo*. Por tanto, aquí están los principios que forman los fundamentos sólidos sobre los que descansa todo lo demás en Scientology, incluyendo la integradora exposición de la religión y su patrimonio: *Scientology, Sus Antecedentes Generales*. Por tanto, esta es la serie de conferencias decisivas sobre la propia Scientology, y los fundamentos axiomáticos para toda búsqueda futura. *42 conferencias.*

¡DIANÉTICA 55!: *EL MANUAL COMPLETO DE LA COMUNICACIÓN HUMANA* • Junto con todos los sensacionales descubrimientos logrados hasta la fecha, se había aislado un factor único que era igual de crucial para el éxito en todo tipo de auditación. Como dijo LRH: "La comunicación es tan absolutamente importante hoy en día en Dianética y Scientology, (como lo ha sido siempre en la línea temporal completa), que se podría decir que si pusieras a un preclear en comunicación, lo pondrías bien". Y este libro traza la anatomía y fórmulas *exactas,* pero anteriormente desconocidas, de la comunicación *perfecta.* La magia del ciclo de comunicación es *el* fundamento de la auditación y la razón primordial de que la auditación funcione. Los sensacionales avances que hay aquí abrieron nuevas perspectivas a la aplicación; descubrimientos de tal magnitud que LRH llamó a ¡Dianética 55! el *Libro Segundo* de Dianética.

EL CONGRESO DE UNIFICACIÓN: ¡COMUNICACIÓN! LIBERTAD Y CAPACIDAD • El histórico Congreso que anunció la reunificación de los temas de Dianética y Scientology con la presentación de *¡Dianética 55!* Hasta ahora, cada una había actuado en su propia esfera: Dianética se dirigía al Hombre *como Hombre*, las primeras cuatro dinámicas, mientras que Scientology se dirigía a *la vida en sí*, las Dinámicas de la Cinco a la Ocho. La fórmula que serviría como fundamento para todo el desarrollo futuro estaba contenida en una simple palabra: *Comunicación*. Fue un avance capital, al que Ronald llamaría más adelante, "el gran avance sensacional de Dianética y Scientology". Aquí están las conferencias de cuando ocurrió. *16 conferencias y las reproducciones adjuntas de los diagramas originales de las conferencias hechos a mano por LRH.*

Scientology: Los Fundamentos del Pensamiento–*El Libro Básico de la Teoría y la Práctica de Scientology para Principiantes* • Designado por Ronald como el *Libro Uno de Scientology*. Tras haber unificado y sistematizado completamente los temas de Dianética y Scientology, llegó el perfeccionamiento de sus *fundamentos*. Publicado originalmente como un resumen de Scientology para su uso en traducciones a lenguas distintas al inglés, este libro es de valor incalculable tanto para el estudiante novicio de la mente, el espíritu y la vida, como para el avanzado. Equipado únicamente con este libro, uno puede comenzar una consulta y producir aparentes milagros y cambios en los estados de bienestar, capacidad e inteligencia de la gente. Contiene las *Condiciones de la Existencia*, las *Ocho Dinámicas*, el *Triángulo de ARC, Las Partes del Hombre*, el análisis completo de la *Vida como un Juego*, y más, incluyendo procesos exactos para la aplicación de estos principios en el procesamiento. De modo que aquí, en un libro, está el punto de partida para llevar Scientology a la gente en todas partes.

Las Conferencias del Curso Profesional Hubbard • Si bien Los Fundamentos del Pensamiento es una introducción al tema para principiantes, también contiene una síntesis de los fundamentos para cada scientologist. Aquí están las descripciones profundas de esos fundamentos, cada conferencia es de media hora de duración y proporciona, uno por uno, un dominio completo de cada avance sensacional de Scientology: *Los Axiomas del 1 al 10; La Anatomía del Control;* el *Manejo de Problemas; Comenzar, Cambiar y Parar;* la *Confusión* y el *Dato Estable; Exteriorización; Valencias* y más: el *porqué* detrás de ellos, *cómo* es que ocurrieron y sus factores mecánicos. Y todo está unido por el *Código del Scientologist*, punto por punto, y su uso para crear realmente una nueva civilización. En pocas palabras, aquí están las conferencias de LRH que producen un *Scientologist Profesional*, alguien que puede aplicar el tema a todos los aspectos de la vida. *21 conferencias.*

Libros Adicionales que Contienen los Elementos Esenciales de Scientology

Trabajo

Los Problemas del Trabajo: *Scientology Aplicada al Mundo del Trabajo Cotidiano* • Habiendo sistematizado todo el tema de Scientology, Ronald comenzó de inmediato a proporcionar el manual del *principiante* para que cualquiera lo aplicara. Como él lo describió: la vida está compuesta de siete décimas partes de trabajo, una décima parte de familia, una décima parte de política y una décima parte de descanso. Aquí está la aplicación de Scientology a esas siete décimas partes de la existencia incluyendo las respuestas al *Agotamiento* y el *Secreto de la Eficiencia*. Aquí está también el análisis de la vida en sí: un juego compuesto de reglas exactas. Si las conoces prosperas. Los Problemas del Trabajo contiene la tecnología sin la que nadie puede vivir, y que la pueden aplicar inmediatamente tanto scientologists, como los neófitos en el tema.

Los Fundamentos de la Vida

Scientology: Un Nuevo Punto de Vista sobre la Vida •Los elementos esenciales de Scientology para cada aspecto de la vida. Las respuestas básicas que te ponen en control de tu existencia, verdades para consultar una y otra vez: *¿Es Posible Ser Feliz?*, *Dos Reglas para una Vida Feliz*, *Integridad Personal*, *La Personalidad Anti-Social* y muchas más. En cada parte de este libro encontrarás verdades de Scientology que describen las condiciones de tu vida y proporcionan modos *exactos* para cambiarlas. Scientology: Un Nuevo Punto de Vista Sobre la Vida contiene un conocimiento que es fundamental para cada scientologist y una introducción perfecta para cualquier neófito en el tema.

Axiomas, Códigos y Escalas

Scientology 0-8: El Libro de los Fundamentos • El compañero de *todos* los libros, conferencias y materiales de Ronald. Este es *el* Libro de los Fundamentos, que incluye datos indispensables que consultarás constantemente: los *Axiomas de Dianética y Scientology*; *Los Factores*; una recopilación completa de todas las *Escalas*, más de 100 en total; listas de los *Percépticos* y *Niveles de Consciencia*; todos los *Códigos* y *Credos* y mucho más. En este único libro se condensan las leyes superiores de la existencia, extraídas de más de 15,000 páginas de escritos, 3,000 conferencias y docenas de libros.

La Ética de Scientology: La Tecnología de la Supervivencia Óptima

INTRODUCCIÓN A LA ÉTICA DE SCIENTOLOGY • Una nueva esperanza para el Hombre llega con la primera tecnología funcional de la ética, una tecnología para ayudar a un individuo a levantarse de su caída por la vida y llegar a una meseta superior de supervivencia. Este es el manual global que proporciona los fundamentos cruciales: *Los Fundamentos de la Ética y la Justicia;* la *Honestidad;* las *Condiciones de la Existencia,* las *Fórmulas de las Condiciones* desde Confusión hasta Poder, los *Fundamentos de la Supresión* y su manejo; así como los *Procedimientos de Justicia* y su uso en las Iglesias de Scientology. Aquí está la tecnología para superar cualesquiera barreras en la vida y en el viaje personal de subir por el Puente a la Libertad Total.

Purificación

CUERPO LIMPIO, MENTE CLARA: *EL PROGRAMA DE PURIFICACIÓN EFICAZ* • Vivimos en un mundo bioquímico, y este libro es la solución. Mientras investigaba los efectos dañinos que el consumo anterior de drogas tenía en los casos de los preclears, Ronald hizo el importante descubrimiento de que muchas drogas de la calle, en particular el LSD, permanecían en el cuerpo de una persona mucho tiempo después de haberse tomado. Observó que los residuos de las drogas podían tener efectos graves y duraderos, incluyendo el desencadenar "viajes" adicionales. La investigación adicional reveló que una gran gama de sustancias (drogas médicas, alcohol, contaminantes, productos químicos domésticos e incluso los conservantes de la comida) se podían alojar también en los tejidos del cuerpo. Por medio de la investigación de miles de casos, desarrolló el *Programa de Purificación,* para eliminar sus destructivos efectos. Cuerpo Limpio, Mente Clara detalla cada aspecto del régimen, totalmente natural, que puede liberarle a uno de los efectos dañinos de las drogas y otras toxinas, abriendo el camino al progreso espiritual.

MANUALES DE CONSULTA

¿QUÉ ES SCIENTOLOGY?

La obra de consulta enciclopédica esencial y completa sobre el tema y la práctica de Scientology. Este libro se diseñó para ser usado y contiene los datos pertinentes sobre cada aspecto del tema:

• La vida de L. Ronald Hubbard y su senda de descubrimientos

• El Patrimonio Espiritual de la religión

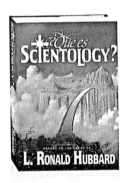

• Una descripción completa de Dianética y Scientology

• La auditación: qué es y cómo funciona

• Los cursos: qué contienen y cómo están estructurados

• La Tabla de Grados de Servicios y cómo uno asciende a estados superiores

• El Sistema de Ética y de Justicia de Scientology

• La Estructura Organizativa de la Iglesia

• Una descripción completa de los muchos programas de Mejoramiento Social que la Iglesia apoya, incluyendo: Rehabilitación de Drogadictos, Reforma de Criminales, Alfabetización y Educación y la tarea de inculcar verdaderos valores de moralidad

Más de 1,000 páginas con más de 500 fotografías e ilustraciones, este texto además incluye los Credos, los Códigos, una lista completa de todos los libros y materiales así como un Catecismo con respuestas a prácticamente cualquier pregunta relacionada con el tema.

Tú Preguntas y Este Libro Responde.

EL MANUAL DE SCIENTOLOGY

Los fundamentos de Scientology para uso cotidiano en cada aspecto de la vida que representan 19 cuerpos de doctrina tecnológica independientes. Es el manual más exhaustivo sobre los fundamentos de la vida jamás publicado. Cada capítulo contiene principios y tecnologías clave que puedes usar continuamente:

• La Tecnología de Estudio

• Las Dinámicas de la Existencia

• Los Componentes de la Comprensión: Afinidad, Realidad y Comunicación

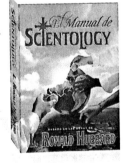

• La Escala Tonal

• La Comunicación y sus Fórmulas

• Ayudas para Enfermedades y Lesiones

• Cómo Resolver los Conflictos

• La Integridad y la Honestidad

• La Ética y las Fórmulas de las Condiciones

• Soluciones para la Supresión y para un Entorno Peligroso

• El Matrimonio

• Los Niños

• Herramientas para el Trabajo

Más de 700 fotografías e ilustraciones te permiten aprender fácilmente los procedimientos y aplicarlos de inmediato. Este libro es realmente el manual indispensable para todo scientologist.

La Tecnología para Construir un Mundo Mejor.

ACERCA DE
L. RONALD HUBBARD

"Para realmente conocer la vida", escribió L. Ronald Hubbard, "tienes que ser parte de la vida. Tienes que bajar y mirar, tienes que meterte en los rincones y grietas de la existencia. Tienes que mezclarte con toda clase y tipo de hombres antes de que puedas establecer finalmente lo que es el hombre".

A través de su largo y extraordinario viaje hasta la fundación de Dianética y Scientology, Ronald hizo precisamente eso. Desde su aventurera juventud en un turbulento Oeste Americano hasta su lejana travesía en la aún misteriosa Asia; desde sus dos décadas de búsqueda de la esencia misma de la vida hasta el triunfo de Dianética y Scientology, esas son las historias que se narran en las Publicaciones Biográficas de L. Ronald Hubbard.

L. Ronald Hubbard: Imágenes de una Vida presenta la perspectiva fotográfica general sobre el gran viaje de Ronald. Tomada de la colección de sus propios archivos, esta es la vida de Ronald como él mismo la vio.

En lo que se refiere a los muchos aspectos de esa rica y variada vida, están las Series de Ronald. Cada publicación se centra en una profesión específica de LRH: *Auditor, Filántropo, Filósofo, Artista, Poeta, Compositor, Fotógrafo* y muchas más, incluyendo sus artículos publicados en *Freedom* y sus *Letters & Journals* personales. Aquí está la vida de un hombre que vivió por lo menos veinte vidas en el espacio de una.

PARA MÁS INFORMACIÓN, VISITA:
www.lronhubbard.org

Guía de los Materiales

¡Estás en una Aventura!
Aquí está el Mapa.

- Todos los libros
- Todas las conferencias
- Todos los libros de consulta

Todo ello puesto en secuencia cronológica con descripciones de lo que cada uno contiene.

Tu viaje a una comprensión completa de Dianética y Scientology es la aventura más grande de todas. Pero necesitas un mapa que te muestre dónde estás y adónde vas.

Ese mapa es la Guía de los Materiales. Muestra todos los libros y conferencias de Ronald con una descripción completa de su contenido y temas, de tal manera que puedas encontrar exactamente lo que *tú* estás buscando y lo que *tú* necesitas exactamente.

Como cada libro y conferencia aparece en secuencia cronológica, puedes ver *cómo* se desarrollaron los temas de Dianética y Scientology. ¡Y lo que eso significa es que simplemente estudiando esta guía te esperan una cognición tras otra!

Las nuevas ediciones de cada libro incluyen extensos glosarios con definiciones de todos los términos técnicos. Como resultado de un programa monumental de traducciones, cientos de conferencias de Ronald se están poniendo a tu alcance en disco compacto con transcripciones, glosarios, diagramas de conferencias, gráficas y publicaciones a los que se refiere en las conferencias. Como resultado, obtienes *todos* los datos y puedes aprenderlos con facilidad, consiguiendo una comprensión *conceptual* completa.

Y lo que eso supone es una nueva Edad de Oro del Conocimiento que todo dianeticista y scientologist ha soñado.

Para conseguir tu Guía de los Materiales y Catálogo GRATIS, o para pedir los libros y conferencias de L. Ronald Hubbard, ponte en contacto con:

Hemisferio Occidental:
**Bridge
Publications, Inc.**
4751 Fountain Avenue
Los Angeles, CA 90029 USA
www.bridgepub.com
Teléfono: 1-800-722-1733
Fax: 1-323-953-3328

Hemisferio Oriental:
**New Era Publications
International ApS**
Store Kongensgade 53
1264 Copenhagen K, Denmark
www.newerapublications.com
Teléfono: (45) 33 73 66 66
Fax: (45) 33 73 66 33

*Libros y conferencias también disponibles en las iglesias de Scientology.
Véase* **Direcciones.**

DIRECCIONES

Scientology es la religión de más rápido crecimiento en el mundo hoy en día. Existen iglesias y misiones en ciudades de todo el mundo y se están formando nuevas continuamente.

Para obtener más información o localizar la iglesia más cercana a ti, visita la página web de Scientology:

www.scientology.org
e-mail: info@scientology.org

También puedes escribir a cualquiera de las organizaciones continentales, que aparecen en la siguiente página, que te dirigirán directamente a una de las miles de iglesias y misiones que hay por todo el mundo.

Puedes conseguir los libros y conferencias de L. Ronald Hubbard desde cualquiera de estas direcciones o directamente desde las editoriales que aparecen en la página anterior.

ORGANIZACIONES CONTINENTALES DE LA IGLESIA:

LATINOAMÉRICA
IGLESIA DE SCIENTOLOGY
OFICINA DE ENLACE CONTINENTAL
DE LATINOAMÉRICA
Federación Mexicana de Dianética
Calle Puebla #31
Colonia Roma, México, D.F.
C.P. 06700, México
info@scientology.org.mx

ESTADOS UNIDOS
CHURCH OF SCIENTOLOGY
CONTINENTAL LIAISON OFFICE
WESTERN UNITED STATES
1308 L. Ron Hubbard Way
Los Angeles, California 90027 USA
info@wus.scientology.org

CHURCH OF SCIENTOLOGY
CONTINENTAL LIAISON OFFICE
EASTERN UNITED STATES
349 W. 48th Street
New York, New York 10036 USA
info@eus.scientology.org

CANADÁ
CHURCH OF SCIENTOLOGY
CONTINENTAL LIAISON OFFICE
CANADA
696 Yonge Street, 2nd Floor
Toronto, Ontario
Canada M4Y 2A7
info@scientology.ca

REINO UNIDO
CHURCH OF SCIENTOLOGY
CONTINENTAL LIAISON OFFICE
UNITED KINGDOM
Saint Hill Manor
East Grinstead, West Sussex
England, RH19 4JY
info@scientology.org.uk

ÁFRICA
CHURCH OF SCIENTOLOGY
CONTINENTAL LIAISON OFFICE AFRICA
6th Floor, Budget House
130 Main Street
Johannesburg 2001, South Africa
info@scientology.org.za

EUROPA

AUSTRALIA, NUEVA ZELANDA Y OCEANÍA

Afíliate

a la Asociación
Internacional de Scientologists

La Asociación Internacional de Scientologists es la organización de afiliación de todos los scientologists unidos en la cruzada de más importancia sobre la Tierra.

Se otorga una Afiliación Introductoria Gratuita de Seis Meses a cualquiera que no haya tenido ninguna afiliación anterior de la Asociación.

Como miembro tienes derecho a descuentos en los materiales de Scientology que se ofrecen sólo a Miembros de la IAS. Además recibirás la revista de la Asociación llamada *IMPACT*, que se emite seis veces al año, llena de noticias de Scientology alrededor del mundo.

El propósito de la IAS es:

"Unir, hacer avanzar, apoyar y proteger a Scientology y a los scientologists de todas las partes del mundo para lograr las Metas de Scientology tal y como las originó L. Ronald Hubbard".

Únete a la mayor fuerza que se dirige a un cambio positivo en el planeta hoy día y contribuye a que la vida de millones de personas tengan acceso a la gran verdad contenida en Scientology.

Únete a la Asociación Internacional de Scientologists.
Para solicitar la afiliación,
escribe a la Asociación
Internacional de Scientologists
c/o Saint Hill Manor, East Grinstead
West Sussex, England, RH19 4JY
www.iasmembership.org

GLOSARIO EDITORIAL
DE PALABRAS, TÉRMINOS Y FRASES

Las palabras a menudo tienen varios significados. Las definiciones que se usan aquí sólo dan el significado que tiene la palabra según se usa en este libro. Los términos de Dianética y Scientology aparecen en negrita. Al lado de cada definición encontrarás la página en que aparece por vez primera para que puedas remitirte al texto si quieres.

Este glosario no pretende sustituir a los diccionarios normales del idioma ni a los diccionarios de Dianética y Scientology, los cuales se deberían consultar para buscar cualesquiera palabras, términos o frases que no aparezcan en el glosario.

–Los Editores

aberración: desviación del pensamiento o comportamiento racional. Del latín *aberrare:* desviarse; del latín, *ab:* lejos, y *errare:* andar errante. Básicamente significa equivocarse, cometer errores o, más específicamente, tener ideas fijas que no son verdad. La palabra se usa también en su sentido científico. Significa desviarse de una línea recta. Si una línea debiera ir de A a B, entonces, si está "aberrada", iría de A a algún otro punto, a algún otro punto, a algún otro punto, a algún otro punto, a algún otro punto, y finalmente llegaría a B. Tomada en su sentido científico, significaría también falta de rectitud o ver las cosas de forma torcida, como por ejemplo: un hombre ve un caballo, pero cree ver un elefante. Pág. 183.

absoluto: aquello que se encuentra libre de toda duda o incertidumbre; definitivo, de una certeza total. Pág. 255.

acervo: hechos, tradiciones o creencias acumulados sobre un tema concreto. Pág. 413.

adherir: mostrarse de acuerdo con algo. Pág. 17.

admiración: la *admiración* es atención con aprobación que se expresa a algo; opinión favorable hacia algo; mirar con placer. Se ha reconocido que la partícula llamada admiración es la partícula necesaria para la construcción de una línea de comunicación. Pág. 279.

Agente 666: título de una obra teatral de Broadway en 1912 en la que un hombre de negocios adinerado vuelve a la ciudad y descubre que un ladrón está viviendo en su casa y se hace pasar por él. Le da a un agente de la policía (el *Agente 666*) 500 dólares para que le preste su uniforme y así atrapar al ladrón él mismo. Pág. 206.

agotado (un retardo de comunicación): continuado hasta obtener un espacio uniforme entre las respuestas de un preclear haciendo la pregunta de auditación. Pág. 39.

agotar (un proceso): continuar recorriendo un proceso mientras produzca cambio. Si un proceso no está produciendo cambio uno va al siguiente proceso. Pág. 255.

algo importante de mencionar: ejemplo relevante o bueno de lo que se está considerando o de lo que se está hablando. Pág. 395.

Alquitrán, Bebé de: muñeca de alquitrán que aparece en un cuento muy conocido del periodista y escritor americano Joel Chandler Harris (1848-1908). En el cuento *El Bebé de Alquitrán,* una zorra hace una muñeca de alquitrán y la pone al lado de una carretera para atrapar al Mano (hermano) Conejo (un personaje del libro). El Mano Conejo se acerca a la muñeca de alquitrán y empieza a hacerle preguntas. La muñeca nunca contesta ("no dice nadita"). Enojado por esto, Mano Conejo le pega a la muñeca y se queda con las manos, los pies y la cabeza pegados a la muñeca de alquitrán. Pág. 235.

andrógeno: cualquiera de varias sustancias químicas producidas naturalmente en el cuerpo masculino responsable del desarrollo de los órganos sexuales masculinos y de otras características sexuales masculinas. Pág. 307.

ángel guardián: ser sobrenatural que se cree que protege a una persona en particular, del peligro o del error. Pág. 207.

anglicanizado: adaptado a las costumbres, actitudes, habla, punto de vista o filosofía de la cultura del mundo de habla inglesa. Pág. 413.

antiguos, los: pueblos de civilizaciones, naciones o culturas de tiempos antiguos. Pág. 289.

Antiguo Testamento: la primera parte de la Biblia que narra la historia de los judíos antes del nacimiento de Jesucristo, su relación con Dios y sus creencias, como la futura aparición del *Mesías,* el Rey de los judíos, que traerá una era de paz y libertad. Un *testamento* es una alianza (acuerdo o pacto) entre los seres humanos y Dios. El *Antiguo Testamento* es el nombre cristiano para la Biblia de los judíos, ya que ellos creen que sus leyes y profecías se cumplen en la persona de Jesús, cuya misión se describe en el Nuevo Testamento. Pág. 415.

aplomo: seguridad y tranquilidad con confianza en uno mismo, especialmente en circunstancias difíciles o desafiantes. Pág. 63.

ARC Línea Directa: *véase* **Línea Directa**.

arduamente: con energía, fuerza o esfuerzo agotador; vigorosamente. Pág. 276.

arduo: muy difícil. Pág. 201.

arte: la aplicación sistemática de la destreza o el conocimiento para efectuar un resultado deseado. Pág. 279.

As-isness: es la condición de creación inmediata sin persistencia, y es la condición de existencia que hay en el momento de la creación y en el momento de la destrucción, y es diferente a otras consideraciones en el hecho de que no contiene supervivencia (del inglés *as-is*, como es, y *-ness*, sufijo que significa condición o estado de). Pág. 28.

aspecto: naturaleza, cualidad o carácter de algo. Pág. 24.

astrología: el estudio de cómo las posiciones del Sol, la Luna, los planetas y las estrellas están supuestamente relacionadas e influyen en la vida y los sucesos que ocurren en la Tierra. La *astrología* se basa en la creencia de que los cuerpos celestes forman pautas que pueden revelar el carácter o futuro de una persona. Pág. 285.

atenerse: ajustarse o ceñirse (a un método, regla, principio, etc.). Pág. 82.

Atharva-Veda: uno de los cuatro libros de los *Vedas*, antiguas escrituras sagradas que contienen la primera expresión escrita de la relación del Hombre con el universo y el ciclo-de-acción de la vida: nacimiento, vida y muerte. Pág. 413.

atoramiento: acción y efecto de encontrarse detenido o suspendido. Pág. 27.

augurio: anuncio o señal de lo que puede suceder en el futuro. Pág. 325.

Autoanálisis en Scientology: versión del *Autoanálisis* original que incluía el Procesamiento Creativo. Pág. 309.

Auto-determinismo: condición de determinar las propias acciones. El *Auto-determinismo* es un determinismo de Primera Dinámica. Es decir, "Yo puedo determinar mis propias acciones". Pág. 12.

automatismo: algo no controlado; cualquier cosa que sigue funcionando fuera del control del individuo. Pág. 172.

avalancha: el efecto *avalancha* es simplemente el hecho de que el universo MEST ha golpeado al individuo por setenta y seis billones de años, hasta un punto donde la persona tiene un apetito enorme por él. El individuo tiene una avalancha a punto de ser disparada. Está ahí. Uno hace que el preclear haga mock-up de masas pesadas densas: Tierras, soles, estrellas oscuras y así sucesivamente y que las haga salir en avalancha a una velocidad precipitada. Después de un momento, baja la velocidad y uno hace que el individuo haga flujo hacia dentro con una gran cantidad de estrellas, planetas, soles, etc., a los que está haciendo mock-up. Al hacer esto encuentras una solución para la automaticidad de este tipo de havingness en su totalidad. Las *avalanchas* se describen en la conferencia de LRH del 2 de febrero de 1954 "Havingness: Líneas de Comunicación" en el 3ᵉʳ ACC Americano y en la conferencia de LRH del 16 de marzo de 1954 "Bosquejo de los Procesos" en el 4ᵗᵒ ACC Americano. Pág. 276.

baladí: que tiene poca importancia o poco valor. Pág. 140.

banda: rango más o menos bien definido de algo, como un nivel en una escala. Pág. 62.

Bardo de Stratford-on-Avon: William Shakespeare (1564-1616), poeta y dramaturgo inglés. Llamado así por su lugar de nacimiento, Stratford-on-Avon, ciudad del centro de Inglaterra, a orillas del Río Avon. "El mundo entero es un escenario y todos los hombres y las mujeres son meramente actores" de la obra, *Como gusten*. (Un *bardo* es un poeta). Pág. 205.

Bebé de Alquitrán: muñeca de alquitrán que aparece en un cuento muy conocido del periodista y escritor americano Joel Chandler Harris (1848-1908). En el cuento *El Bebé de Alquitrán*, una zorra hace una muñeca de alquitrán y la pone al lado de una carretera para atrapar al Mano (hermano) Conejo (un personaje del libro). El Mano Conejo se acerca a la muñeca de alquitrán y empieza a hacerle preguntas. La muñeca nunca contesta ("no dice nadita"). Enojado por esto, Mano Conejo le pega a la muñeca y se queda con las manos, los pies y la cabeza pegados a la muñeca de alquitrán. Pág. 235.

becomingness: condición de llegar a ser, el estado o cualidad de *convertirse*, crecer o llegar a ser (del inglés *becoming*, convertirse, y *-ness*, sufijo que significa condición o estado de). Pág. 281.

Bedlam: antiguo manicomio (su nombre completo es, *Saint Mary of Bethlehem*) en Londres, conocido por su tratamiento inhumano y su ambiente sucio. Los internos eran encadenados a las paredes o al piso y cuando estaban inquietos o violentos, se les golpeaba, se les azotaba o se les sumergía en agua. Pág. 289.

beingness: condición o estado de ser; existencia (del inglés *being*, ser, y *-ness*, sufijo que significa condición o estado de). Pág. 23.

bestialidad: cualidad o comportamiento de una *bestia*, es decir, tosco o salvaje; por debajo del rango de la razón o humanidad; marcado por instintos o deseos inhumanos o inmoderados o que los indica. Pág. 313.

boil-off: manifestación de periodos anteriores de inconsciencia que va acompañada de atontamiento. Se dice que esta inconsciencia tiene un boil-off (reducción por ebullición). *Boil-off* se refiere a la reducción de la cantidad de un líquido por la conversión de este en vapor. El *boil-off* se describe en *Dianética: La Ciencia Moderna de la Salud Mental*. Pág. 102.

brácket: uno recorre las cosas en *brackets*. La palabra "brácket" se toma del campo de la artillería y significa encerrar en una salva (explosión súbita de balas u otros proyectiles) de fuego. Un brácket se recorre como sigue: primero, uno obtiene el concepto de *algo que le está ocurriendo al preclear*. Luego el concepto de *el preclear haciendo que le suceda (o pensándolo o diciéndolo) a otro*. Luego uno obtiene el concepto de *ser dirigido por otro hacia otros*. Pág. 174.

Buda, Gautama: Gautama Siddhartha Buda (563–483 a. C.), filósofo religioso hindú y fundador del budismo, una de las más grandes religiones del mundo. Después de experimentar la iluminación por sí mismo, Buda buscó lo mismo para otros, aconsejándoles que se liberaran de todos los deseos y cosas materiales. *Buda* significa: "El Iluminado". Pág. 23.

budismo: religión mundial basada en las enseñanzas de Gautama Siddhartha Buda (563–483 a. C.), filósofo religioso de la India y fundador del budismo. El budismo enfatiza la liberación del mundo físico y la ruptura de la cadena interminable de nacimientos y muertes. Pág. 414.

budismo zen: forma de budismo que enfatiza la meditación y la consciencia personal más que la doctrina y el estudio de las escrituras. *Zen* es la palabra japonesa que equivale a la palabra sánscrita *Dhyana*, que significa "knowingness" y "lookingness". Pág. 289.

Cambio de Espacio (Procesamiento): *véase* **Procesamiento de Cambio de Espacio**.

campo: espacio que un preclear ve u observa con los ojos cerrados. Pág. 125.

canónico: de o que tiene relación con un *canon*, cualquier conjunto de libros sagrados reconocido oficialmente. Pág. 413.

capital: referencia a los capitalistas colectivamente y a su dinero, influencia, intereses políticos, etc. Pág. 318.

capitalista: partidario del capitalismo o alguien que participa en él. El *capitalismo* es un sistema económico en que los negocios e industrias del país son controlados y operados por propietarios privados para obtener ganancias y no por el gobierno, y donde el dinero (capital) se invierte o se presta para conseguir un beneficio. Pág. 227.

carbonero: persona que lleva o palea carbón; obrero; se usa en referencia a la gran cantidad de ítems diferentes que pueden usarse en R2-21, Otorgar Beingness, lo que incluye las diferentes clases de la sociedad, como en la frase: *"Gatos, perros, reyes y carboneros"*. Pág. 97.

carnicería: tratamiento rudo de algo o alguien. Se usa en sentido figurado. Pág. 144.

carretera secundaria: carretera más chica, situada al lado de la principal y que lleva un volumen menor de tráfico. Pág. 275.

caso abierto de par en par: caso que tiene percepción completa excepto somática. *Abierto de par en par* no se refiere a un individuo alto de tono, sino a uno que está por debajo de 2.0 con quien debería ser fácil trabajar, pero que a menudo es inaccesible y a quien le resulta difícil recuperar un somático y le resulta sencillo recuperar percepción. El caso abierto de par en par se describe completamente en la serie de conferencias de la Técnica 88: Incidentes en la Línea Temporal Antes de la Tierra. Pág. 200.

central eléctrica: edificios donde se genera la electricidad. Pág. 41.

Centro Clínico HAS: organización (1954-1955) que dirigía la Asociación de Scientologists Hubbard (HAS) que entrenaba auditores y ofrecía procesamiento. Pág. 353.

Cercano Oriente: región que comprende países del sudoeste de Asia y generalmente se considera que incluye Turquía, Irak, Israel, Arabia Saudita, como también las naciones del noreste de África. Pág. 415.

ciclo de DEI: ciclo-de-acción. Primero, uno simplemente desea tener. Y sólo es *desear* o *querer*. Y luego eso se deteriora a *tener que tener*, que es impuesto. Y luego eso pasa de inmediato a *inhibido*, que es no poder tener. Pág. 217.

ciencia: conocimiento; comprensión de los hechos o principios, clasificados y puestos disponibles en el trabajo, la vida o la búsqueda de la verdad. Una ciencia es un cuerpo conexo de verdades demostradas o de hechos observados y clasificados sistemáticamente y unificados bajo leyes generales. Incluye métodos fiables para descubrir nuevas verdades y denota la aplicación de métodos científicos en campos de estudio que antes se consideraba que sólo estaban abiertos a teorías basadas en criterios abstractos, subjetivos, históricos o imposibles de demostrar. La palabra *ciencia*, cuando se aplica a Scientology, se usa en este sentido (el significado más fundamental y tradicional de la palabra) y no en el sentido de las ciencias *físicas* o *materiales*. Pág. 18.

Ciencia de los Asuntos Humanos: ciencia que trata con las preocupaciones, situaciones, asuntos e intereses característicos de las personas o relacionados con ellas. Pág. 23.

ciencia oculta: práctica que incluye influencias, agentes o fenómenos sobrenaturales como la magia o la brujería; algo misterioso o sobrenatural como un conocimiento oculto o secreto que se dice está más allá de la comprensión normal y que no está atado a las leyes estrictas de las ciencias. Pág. 93.

ciencias físicas: cualquiera de las ciencias, como la física y la química, que estudian y analizan la naturaleza y propiedades de la energía y de la materia sin vida. Pág. 23.

cinco estrellas: de la más alta calidad. Esto alude al sistema de calificar la calidad de algo poniendo un número de estrellas al lado de su nombre o título, normalmente el más alto es cinco estrellas. Pág. 168.

V Negro: caso fuertemente ocluido que se caracteriza por ausencia de mock-ups, sólo tiene negrura. El término "V (cinco) Negro" provenía de la aplicación de SOP 8 (Procedimiento Operativo Estándar 8), mediante el cual el auditor examina al preclear en cada paso, del Paso I en adelante, hasta encontrar un paso que el preclear pueda hacer y comienza el procesamiento en ese paso. Al preclear que tenía que iniciarse en el Paso V del proceso se le llamaba un "Caso V". Este nivel de caso no podría conseguir mock-ups sino sólo negrura, de ahí "V Negro". Pág. 232.

circuito: pseudopersonalidad (personalidad falsa) extraída de un facsímil, lo suficientemente fuerte para ordenar al individuo y SER el individuo. Véase *Dianética: La Ciencia Moderna de la Salud Mental*. Pág. 86.

círculo: grupo exclusivo de personas que comparten características o intereses; clase de la sociedad que consiste de personas que se asocian. Pág. 285.

civilización occidental: el tipo de cultura y sociedad desarrollada por los países de Europa Occidental y las Américas. Pág. 23.

clarividencia: poder aparente para percibir cosas o sucesos del futuro o más allá del contacto sensorial normal. Pág. 146.

clínico: que tiene que ver con una clínica o con métodos usados en una *clínica*, un lugar, como algo que está relacionado con una escuela u otra institución educativa, que sirve al público y donde se entrena a los estudiantes en datos avanzados y se espera que obtengan resultados, a menudo a través de trabajo directo con individuos o que están bajo un profesional entrenado. A diferencia del estudio experimental o de laboratorio. Pág. 1.

cohesión: acción y efecto de reunirse o adherirse las cosas entre sí, o la materia de que están formadas; en sentido figurado, unión no material. Pág. 295.

coincidencia: acuerdo exacto o correspondencia en cuanto a sustancia, naturaleza, carácter, etc. Pág. 295.

coincidir: ocupar el mismo lugar o posición en el espacio. Pág. 317.

Colinas Occidentales: cordillera en China, situada al noroeste de Beijing (la capital de China). La cordillera es conocida por sus numerosos templos y desde mucho tiempo ha sido un retiro religioso. Pág. 23.

coloquial(mente): característico de la conversación o del lenguaje que se usa normalmente. Pág. 124.

Comandante Thompson: Joseph Cheesman Thompson (1874-1943), comandante y cirujano en la Marina de los Estados Unidos, que estudió análisis freudiano con Sigmund Freud en Viena con el propósito de introducir la teoría y la práctica del psicoanálisis en la Marina de Estados Unidos. Pág. 309.

como corderos en medio de lobos: un *cordero* es una oveja joven, y como a los lobos les gusta comer cordero, *"envío como corderos en medio de lobos"* significa enviar a aquellos que son inocentes o pacíficos entre aquellos que son peligrosos y malvados. Pág. vii.

complejo: en psicoanálisis, grupo de impulsos interrelacionados, ideas y emociones de las cuales el individuo no es consciente, pero que tienen gran influencia en sus actitudes, sentimientos y comportamiento, en una actividad particular. Pág. 309.

comprometer: disminuir o devaluar; cediendo parcialmente la posición, principios o estándares propios. Pág. 12.

computación: técnicamente, es aquella evaluación y postulado aberrados de que uno debe encontrarse constantemente en cierto estado para tener éxito. La computación puede significar pues que uno debe "ser divertido para estar vivo" o que debe "ser respetable para tener éxito" o que debe "poseer mucho para vivir". Pág. 326.

computación del caso: técnicamente, computación es esa evaluación y postulado aberrado de que uno debe estar continuamente en cierto estado para tener éxito. Así, la computación puede ser que uno debe "entretener para estar vivo" o que uno debe ser "digno para tener éxito" o que uno debe "poseer mucho para vivir". Pág. 326.

concéntrico: dicho de varias figuras geométricas, que tienen el mismo centro. Pág. 154.

conceptos: referencia al *Recorrido de Conceptos*, procesamiento en el que el preclear "obtiene la idea" de "conocer" o "no ser" y la retiene, mientras mira a su línea temporal. El concepto o el somático que traiga, se recorren completamente y el concepto en sí se recorre. No se dirige a incidentes individuales sino a cientos. El Recorrido de Conceptos se describe en *Scientology 8-80*. Pág. 178.

condensación: acción de condensarse; hacerse una cosa más densa. Pág. 52.

condensación, rarefacción: referencia a un flujo de energía como un flujo eléctrico u ondas de sonido. Cuando esa energía viaja por un cable, no son partículas que se muevan a lo largo de un pasaje (como el agua a través de una tubería) sino una pauta rítmica de compresión (condensación) y expansión (rarefacción) de ondas. Lo que porta la onda son moléculas que chocan con moléculas vecinas. De hecho, las moléculas no viajan por la ruta, sólo se mueve la energía. La repetición de estos ciclos de condensaciones y rarefacciones recibe el nombre de vibración y la cantidad de vibraciones que ocurre en cada unidad de tiempo recibe el nombre de frecuencia. Véase la siguiente ilustración. Pág. 295.

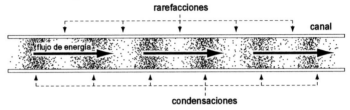

condensar: hacer más denso o compacto; crear menos espacio. Al aplicar esto a la Escala de Saber a Sexo, Saber se deteriora a Mirar, Mirar se deteriora a Emoción, Emoción se condensa en Esfuerzo, Esfuerzo se condensa en Thinkingness, Thinkingness se condensa en Símbolos (porque los Símbolos son sólo paquetes de pensamiento), los Símbolos se condensan en Comer y Comer se condensa en Sexo. Pág. 52.

confluencia: comunicación; intercambio. De *con* que significa junto y *fluencia* que significa flujo. Pág. 281.

Confucio: (aprox. 551-479 a. C.) filósofo y maestro chino cuya filosofía de ética enfatizaba dos virtudes: las reglas para la conducta apropiada y el amor hacia la humanidad. Sus enseñanzas trataban con elevados estándares morales y éticos y con el papel de los individuos en la sociedad. Pág. 414.

Congreso Internacional de Phoenix: congreso internacional de dianeticistas y scientologists celebrado en Phoenix, Arizona, del 28 al 31 de diciembre de 1953. Durante veintidós conferencias LRH lanzó una nueva versión del SOP 8-C y la tecnología completa de cómo ser Auditor de Grupo. Pág. 348.

conjetura: explicación o suposición vacilante o incierta acerca de algo. Pág. 24.

consejo, sigue tu propio: consulta contigo mismo, aconséjate en cuanto a acciones o asuntos correctos e incorrectos. Pág. 13.

constancia: estado o cualidad de no cambiar. Pág. 53.

contemplar: percibir; observar; mirar o ver. Por tanto, también comprender. Pág. 138.

continuum-de-tiempo: un *continuum* es una extensión, serie o todo, ninguna de sus partes puede distinguirse de partes vecinas excepto por una división arbitraria. Un *continuum-de-tiempo* es una velocidad uniforme de cambio sobre la que se ha llegado a un acuerdo. Pág. 146.

convencionalismo: regla, método o práctica establecida como un estándar o procedimiento. Pág. 311.

corderos en medio de lobos, como: un *cordero* es una oveja joven, y como a los lobos les gusta comer cordero, *"envío como corderos en medio de lobos"* significa enviar a aquellos que son inocentes o pacíficos entre aquellos que son peligrosos y malvados. Pág. vii.

cortocircuito (causar): hacer que (algo) se vuelva inoperable, falle o deje de funcionar (a la manera de un cortocircuito). Un *circuito* es un sistema de componentes y cables eléctricos que forman un paso completo alrededor del cual una corriente eléctrica puede fluir y que tiene una función específica. Un *cortocircuito* es electricidad que sigue una ruta más corta y menos resistente que la ruta principal de los cables y partes que tienen esa función. Esto conduce a un flujo eléctrico excesivo (sin resistencia, la electricidad fluye sin control y crea sobrecargas) y normalmente apaga el equipo con el cual está asociado. Pág. 236.

cósmico: del universo o relacionado con él. Pág. 414.

couéismo: "terapia" desarrollada por el psicoterapeuta francés Émile Coué (1857-1926). En el couéismo se emplea un tipo de auto-hipnosis donde el individuo repite para sí mensajes verbales como: "Todos los días y en todos los sentidos, me siento cada vez mejor". Pág. 165.

crema y nata de la vida y dejan la leche descremada, toman continuamente lo mejor de la: obtener o tener lo mejor de la existencia, dejando atrás las cosas de baja calidad. Literalmente, la *crema* es la parte densa, de color amarillo claro de la leche con la que se hace la mantequilla. Como es más liviana que el resto de la leche, la crema sube lentamente a la superficie y puede separarse (descremarse) de la parte superior dejando atrás los otros componentes de la leche, a la que nos referimos como leche descremada. La crema se considera la parte de más rico sabor y la más deliciosa y de aquí, que se refiera al aspecto excelente de algo. Pág. 139.

criterio: lo que se toma como regla para juzgar, para relacionar o para hacer clasificaciones. Pág. 39.

cuasi-: prefijo que significa "casi". Pág. 322.

cuatro estrellas: de excelente calidad. Esto alude al sistema de calificar la calidad de algo poniendo un número de estrellas al lado del nombre o título, normalmente el más alto es cinco estrellas. Pág. 194.

cuerda hindú, truco de la: truco de magia, de origen oriental, en el cual un mago suspende una cuerda en el aire y entonces una persona sube por ella y aparentemente desaparece. Pág. 312.

cuerpo theta: un thetán no es un punto en este universo en particular, él sólo piensa que lo es. Él tiene un cuerpo theta, un compuesto de todo tipo de cosas: engramas, riscos de masa de esfuerzo, pantallas, etc. Pág. 185.

Curso B de Instrucción de Camden: segundo de dos cursos dados en Camden, Nueva Jersey en 1953. Llegaron a conocerse como el 1er y 2do Cursos Clínicos Avanzados. Pág. 348.

Curso Clínico Avanzado, siete unidades del: los siete Cursos de Auditor Profesional Avanzado que precedieron a *La Creación de la Habilidad Humana* y que culminaron en ella y en su punto central de procesamiento, el Procedimiento Intensivo. LRH impartió desde el primero hasta el séptimo de los Cursos Clínicos entre octubre de 1953 y julio de 1954. Los ACCs instruían a profesionales selectos en los últimos avances de la tecnología y en el ámbito completo de la teoría. Pág. 1.

dato: un *dato* sería cualquier cosa de la que uno se pudiera dar cuenta, bien sea que existiera o fuera creada por él. Pág. 218.

deambular: andar sin ir a ningún sitio en especial. Pág. 63.

decir popular: el habla o escritura que usa la gente en general. Pág. 206.

DED: *DED* significa acción merecida (en inglés: *DEserveD* action), incidente que el preclear le hace a otra dinámica y para el que no tiene motivador, o sea, castiga, daña o estropea algo que no le ha hecho daño jamás. Ahora debe justificar el incidente. Usará cosas que no le ocurrieron a él. Alega que el objeto que él dañó realmente se lo merecía, de ahí la palabra, que es un sarcasmo. Pág. 403.

definición mecánica: se llama *mecánica* porque se define en relación con la distancia y la posición. *Mecánica* en este sentido significa "que interpreta o explica los fenómenos del universo haciendo referencia a fuerzas físicas determinadas causalmente; mecanicista". Un ser puede poner fuera objetos a los cuales ver (o puntos de anclaje) y también poner fuera puntos que los verán, aun cuando el propio ser esté en alguna otra parte. Así, uno puede lograr espacio. "Mecánico" también se aplica a: "Que actúa o funciona como una máquina: automático". Así, una *definición mecánica* sería aquella que definiera en cuanto a espacio o ubicación, como: "El coche que está junto al viejo roble" o "el hombre que vive en la casa grande". Aquí, "el viejo roble" y "la casa grande" son objetos fijos, y los objetos no fijos ("coche" y "hombre") son una especie de punto de vista. Uno ha identificado cosas por su ubicación. Pág. 33.

degenerar: pasar a un estado peor, o perder las cualidades que se tenían. Pág. 26.

del tipo que se hacía en los inicios: relacionado o característico de un periodo cercano al principio de un curso de sucesos. Específicamente, en este sentido, en relación con la auditación de Dianética de 1950 a 1951. Pág. 330.

denominador común: algo que es común o característico de una serie de personas, cosas, situaciones, etc.; característica compartida. Pág. 24.

desconocimiento: los desconocimientos se describen en el Capítulo Cinco, Procedimiento Intensivo, R2-52. Pág. 180.

desdén: lo que se siente cuando no importa o no interesa algo, y se desprecia. Pág. 18.

desfasado: (al referirse a cosas o ideas inmateriales) anticuado u obsoleto. Por lo tanto, que les falta novedad, originalidad o interés. Pág. 276.

de-solidificación: el hecho de dejar de estar solidificado. El prefijo *de-* indica negación. Pág. 297.

desvirtuar: disminuir, deteriorar o degradar; corromper mediante una mezcla. Pág. 12.

Dewey: John Dewey (1859-1952), filósofo, psicólogo y educador americano que consideraba que la ciencia era un método de investigar el comportamiento de las cosas y que ese conocimiento era un medio para controlar el entorno con la esperanza de mejorar la calidad de la vida. Pág. 23.

Dharma: ley moral y religiosa del budismo y del hinduismo, cada uno de los cuales tiene su propio Dharma. En el budismo, el Dharma se refleja en las enseñanzas de Buda, las cuales gobiernan la vida diaria y muestran el camino a la salvación. En el hinduismo, el Dharma establece las reglas sobre los deberes y la conducta ética para todos. Pág. 23.

Dhyana: en el budismo y en el hinduismo, la práctica de lograr la iluminación espiritual mediante la meditación y el yoga (escuela de filosofía hindú que fomenta y prescribe una serie de disciplinas físicas y mentales para lograr la liberación del mundo material y la unión del yo con el Ser Supremo). Pág. 414.

diagnosticar: identificar o caracterizar; es una indicación precisa (de la naturaleza de alguien o algo). Pág. 126.

Diario de Scientology: revista publicada dos veces al mes por la Asociación de Scientologists Hubbard, de 1952 a 1955, la cual contenía artículos técnicos, información de amplio interés para los miembros de la asociación, noticias generales y temas similares. Cada publicación tenía un número de emisión seguido por la letra "G" que quería decir "general" para distribución a todos los scientologists. Pág. 271.

dicotomía: par de opuestos; más y menos; positivo y negativo. Pág. 213.

16-G: publicación número 16 del *Diario de Scientology,* titulada "Esta Es Scientology, La Ciencia de la Certeza". (El *Diario de Scientology* era una revista publicada dos veces al mes por la Asociación de Scientologists Hubbard de 1952 a 1955, la cual contenía artículos técnicos, información de amplio interés para los miembros de la asociación, noticias generales y temas similares. Cada publicación tenía un número seguido por la letra "G" que significaba "general" para distribución a todos los scientologists). Esta Es Scientology, La Ciencia de la Certeza aparece en la sección de Referencias. Pág. 271.

diez estrellas: que tiene una calidad superior a todos los demás; absolutamente excepcional. Alude a un sistema de calificar la calidad de algo poniendo estrellas al lado del nombre o título, normalmente el máximo es de cinco estrellas. Pág. 121.

dimensión: medida de extensión espacial, tal como el largo, el ancho o la altura. Pág. 27.

discípulo: uno de los doce seguidores originales de Jesucristo. Un *discípulo* es uno que acepta las enseñanzas de otro y ayuda a esparcirlas o implementarlas. Pág. vii.

disco: grabación fonográfica; disco de vinilo (normalmente de treinta centímetros de diámetro) con surcos, en donde la música, las voces u otros sonidos se grababan de forma permanente. Pág. 105.

discordante: que muestra discordancia (falta de armonía en los sonidos). Pág. 255.

dispersión: acción de separar y extender algo que está junto. Pág. 295.

divulgar: decir algo para que lo conozca todo el mundo. Pág. 18.

dramatización: duplicación parcial o total de un contenido engrámico por un aberrado en su entorno de tiempo presente. La conducta aberrada es por completo dramatización. Pág. 154.

durante horas: describe algo que se hace durante un periodo de horas y no de minutos o segundos, como en: *"Este es un proceso que se hace durante horas".* Pág. 87.

Él: Dios. La palabra *Él* está en mayúscula en este sentido siguiendo la práctica de poner en mayúscula la palabra *Dios.* Pág. 162.

elección de Causa: la acción por medio de la cual los individuos designan o seleccionan otras cosas como Causa y no a ellos mismos. En el proceso, Elegir Causa, los preclears recorren completamente la maquinaria que elige otras cosas como la Causa y no a la persona misma. El centro de toda su maquinaria se recorrerá completamente. Pág. 232.

electropsicometría: el uso de un *electropsicómetro*, el nombre completo para un E-Metro. (*Electro* significa eléctrico o electricidad, *psico* significa alma, y *metro* significa medir). Pág. 310.

emanación: desprendimiento, salida o emisión de algo, especialmente de sustancias volátiles. Pág. 294.

embrollar: mezclar un conjunto de cosas sin ningún orden. Pág. 251.

Emotingness: condición de mostrar o representar emociones (del inglés *emoting*, mostrar emociones, y *-ness*, sufijo que significa condición o estado de). Pág. 30.

empaparse: absorber algo en la mente o experimentarlo en profundidad. Pág. 275.

empeñado: decidido a tomar un curso de acción; resuelto. Pág. 304.

empresa: actividad o proyecto, especialmente uno que es importante o difícil de realizar y para el que se necesita decisión o esfuerzo. Pág. 96.

endocrino: que tiene que ver con la secreción de sustancias químicas (hormonas) de ciertos órganos y tejidos que viajan a través de la sangre a todas las partes del cuerpo. Después de que una hormona haya llegado al órgano o a los tejidos a que afecta, hace que sucedan ciertas acciones. Las hormonas regulan procesos corporales como el crecimiento, el desarrollo, la reproducción, la respuesta al estrés, etc. Pág. 191.

energía muerta: energía que no está viva, fluyendo, etc. Pág. 183.

engendrar: traer a existencia; crear, generar, causar. Pág. 299.

ensoñación: ilusión o fantasía. Pág. 165.

Envoi: sección final de un libro u obra de teatro, o una sección corta al final de un poema, usada para resumir o como una dedicación. *L'Envoi* es el francés para "el envío". Pág. 249.

Escala de Saber a Sexo: Escala de Comportamiento, basada en la Escala Tonal, que comienza en la parte superior con Saber y va hasta Sexo en la parte más baja. Misterio se añadió al final de esta escala en mayo de 1954, y desde entonces se le conoció como la Escala de Saber a Misterio. Para una descripción de la Escala de Saber a Misterio, véase el Axioma 25 en el Capítulo Cuatro, Un Resumen de Scientology. Pág. 52.

Escala de Saber-Sexo-Misterio: *véase* **Escala de Saber a Sexo**.

Escala Tonal: escala de tonos emocionales que muestra los niveles del comportamiento humano. Estos tonos, desde el más alto hasta el más bajo, son en parte: Entusiasmo, Conservadurismo, Aburrimiento, Antagonismo, Enojo, Hostilidad Encubierta, Miedo, Pesar y Apatía. Pág. 46.

Escuela Profesional: centro de entrenamiento de Scientology localizado en Phoenix, Arizona, que proporcionaba entrenamiento de auditor de Scientology en 1953. Véase *Direcciones* para las ubicaciones actuales. Pág. 321.

esfera dorada: punto de anclaje que componen la estructura del cuerpo, lo cual permite al cuerpo existir. Esta estructura está compuesta de muchas chispas doradas o bolas doradas minúsculas o grandes. Si forman una pauta excelentemente bien dispuesta, y si siguen *la* pauta que crea la ilusión del cuerpo, entonces el cuerpo está en buena forma. Y si están fuera de línea o si están perturbadas, hechas añicos o han desaparecido, entonces el cuerpo está distorsionado en esos puntos donde estas están distorsionadas. Pág. 73.

espaciación: proceso que tiene que ver con la rehabilitación de la creación del espacio. Pág. 323.

esparcido: distribuido sobre una superficie o espacio; como al esparcir mantequilla sobre algo. Pág. 124.

especulación: conclusión, opinión, razón, etc. También, la contemplación o consideración de un tema como también las conclusiones alcanzadas con ellas. Pág. 23.

espiral: periodo de vidas o periodo de existencias o una sola existencia, que tienen una relación íntima entre sí. Pág. 401.

espiral descendente: cuanto más empeora un individuo, más puede empeorar. *Espiral* aquí se refiere a un movimiento descendente progresivo, que produce una situación que se deteriora implacablemente, y se considera que toma la forma de una espiral. El término proviene de la aviación, donde se usa para describir el fenómeno de un avión que desciende y describe una espiral en círculos cada vez menores, como en un accidente o en una acrobacia de un aviador experto, que si no se maneja puede ocasionar la pérdida del control y el choque del avión. Pág. 139.

Estación de Comparecencia: referencia al lugar donde el thetán "comparece" en el periodo de entre-vidas y recibe un implante. Pág. 403.

estímulo-respuesta: cierto estímulo (algo que pone en acción o da energía a una persona o cosa o que produce una reacción en el cuerpo) que automáticamente genera cierta respuesta. Pág. 289.

estrepitoso: que tiene un efecto desagradable o molesto sobre las sensaciones, pensamientos, etc. Pág. 255.

estrógeno: hormona que desarrolla y mantiene las características femeninas en el cuerpo. Pág. 307.

estructura electrónica: la estructura de los puntos de anclaje que demarcan el espacio en donde ocurrirá la ilusión de átomos, de moléculas y la estructura funcional. La *estructura electrónica* es una parte del espacio que demarca los límites de una ilusión funcional. Una ilusión funcional es lo que comúnmente llamamos cuerpo. Pág. 73.

etéreo: como el aire en su carácter (aparentemente) intangible o vacío; sin sustancia, irreal, imaginario. Pág. 275.

etnología: ciencia que analiza y compara las culturas humanas, como en lo relativo a la estructura social, al idioma, la religión, la tecnología y el desarrollo histórico. Pág. 311.

euforia: sensación de bienestar, producida, bien por el estado físico perfecto, bien por alguna satisfacción material o espiritual. Pág. 275.

Excalibur: manuscrito de L. Ronald Hubbard escrito en 1938. Aunque inédito, el cuerpo de información que contenía se ha publicado posteriormente en los materiales de Dianética y Scientology. Pág. 118.

éxtasis: estado espiritual de alto nivel de sentimiento intenso que domina a tal grado a la persona que a veces pierde la consciencia o el autocontrol. Pág. 275.

exteriorización: acción de hacer que un thetán salga fuera del cuerpo. Pág. 1.

extrapolación: acto de resolver algo desconocido, a partir de la evidencia y el razonamiento, basándose en algo que es conocido. Pág. 310.

facsímil: cuadro del universo físico. No es el objeto verdadero, es una grabación en la memoria. Consta de una serie de percepciones agrupadas. *Facsímil* significa algo que es similar a otra cosa. Pág. 66.

facsímil de servicio: situación definitivamente contra-supervivencia contenida en un facsímil que el individuo pone en acción para explicar sus fracasos. Un *facsímil de servicio* puede ser de una enfermedad, una lesión, una incapacidad. El facsímil comienza con una curva emocional descendente y termina con una curva emocional ascendente. Entre ellas hay dolor. Un facsímil de servicio es la pauta que es la "enfermedad psicosomática" crónica. Puede contener toses, fiebre, dolores, erupciones, cualquier manifestación que tenga un carácter contra-supervivencia, mental o físico. Puede ser incluso un esfuerzo de suicidio. Contiene todas y cada una de las percepciones. Tiene muchos facsímiles similares. Tiene muchos candados. El *Homo sapiens* se distingue por poseer y usar facsímiles de servicio. Un facsímil de servicio es aquel facsímil que el preclear usa para disculpar sus fracasos. En otras palabras, se usa para hacer que otros estén equivocados y obtener su cooperación en la supervivencia del preclear. Pág. 215.

Facsímil Uno: nombre que se da a un implante de la línea temporal completa que se encuentra en el banco de todos. Se llama "Facsímil Uno" porque es el primer incidente de la línea temporal completa comprobado, que cuando se le auditó completamente a una gran cantidad de personas, se encontró que erradicaba muchísimos malestares. El Facsímil Uno se describe en *Scientology: Una Historia del Hombre*. Pág. 325.

faquir: hombre del Islam o del hinduismo que se pasa la vida orando y meditando y que practica una auto-negación extrema como parte de su religión. Cierta clase de faquires viven de la caridad haciendo demostraciones de aptitudes en público que en ocasiones se cree que son milagrosas, tales como caminar sobre fuego, realizar hipnotismo, acostarse sobre una cama de clavos y llevar a cabo trucos que requieren movimientos de manos rápidos y astutos. Pág. 376.

fidelidad: cualidad de ser fiel; lealtad firme y sin cambio hacia una persona, organización, principio, etc. Pág. 417.

fijación: calidad o estado de no variar ni cambiar. Pág. 154.

física nuclear: rama de la física que trata sobre el comportamiento, la estructura y los componentes del centro del átomo (llamado núcleo), que constituye casi toda la masa del átomo. Pág. 23.

fobia: fuerte compulsión irrazonable; ansiedad o preocupación persistente acerca de algo. Pág. 376.

Fórmula de la Comunicación: la Fórmula de la Comunicación se define en el Axioma 28, Capítulo Cuatro, Un Resumen de Scientology. Pág. 95.

Fórmula H: técnica que se ocupa del esfuerzo por alcanzar y retirarse, por tomar y soltar de uno mismo, de otros consigo mismos, de uno mismo con otros y de otros con uno mismo y de otros con otros. Por ejemplo, adaptado a tiempo presente, uno le pediría al preclear recorrer el esfuerzo para alcanzar y retirarse de y hacia tiempo presente en términos de fuerza, en términos de admiración y en términos de percepción. Ya que cuando la fuerza, la percepción y la admiración se recorren, resuelven la tenacidad de los engramas. La Fórmula H se desarrolló como resolución básica en términos de emoción y esfuerzo de impulsos dementes, neurosis, obsesiones y compulsiones. La "H" (del inglés *Hope*) quiere decir esperanza. La Fórmula H se describe por completo en el Boletín del Auditor Profesional 9 de septiembre de 1953, "Fórmula H" en los volúmenes de los Boletines Técnicos. Pág. 363.

Freud, Sigmund: (1856-1939) fundador austriaco del psicoanálisis que enfatizaba que los recuerdos ocultos, inconscientes, de naturaleza sexual controlan el comportamiento de una persona. Pág. 309.

fusión: mezcla o unión de dos cosas diferentes. Pág. 146.

Gautama Sakyamuni: (563-483 a. C.) un nombre de *Buda*, filósofo religioso de la India y fundador del budismo. El nombre se compone del nombre de la familia Gautama y el nombre Sakyamuni, "Sabio de los Sakyas", con referencia a la tribu o clan de los Sakyas la cual encabezaba el padre de Buda. Un *sabio* es alguien que exhibe sabiduría y juicio tranquilo. Pág. 414.

GE (Entidad Genética): aquel beingness que no difiere del thetán que ha llevado hacia delante y desarrollado al cuerpo desde sus momentos más tempranos a través de la línea evolutiva en la Tierra y que, a través de experiencia, de necesidad y de selección natural, ha empleado los contra-esfuerzos del entorno para adaptar un organismo de la manera más apropiada para la supervivencia, limitado sólo por las capacidades de la entidad genética. La meta de la entidad genética es la supervivencia en un plano mucho más material. Pág. 41.

generador: máquina que convierte una forma de energía en otra, especialmente la energía mecánica en energía eléctrica. En un generador eléctrico, la base de acero sólido del generador que se ajusta al piso o a una mesa, impone tiempo y espacio a dos terminales. Sin esta imposición de tiempo y espacio, ninguna energía sería posible. Se debe introducir mucho movimiento mecánico en un generador eléctrico porque el generador eléctrico se está descargando entre la dicotomía de Esfuerzo y Materia. Pág. 41.

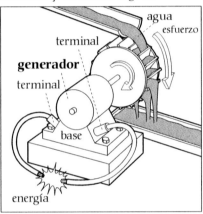

GITA Expandido: proceso que se recorre para remediar la abundancia y la escasez contrarias a la supervivencia. El término *GITA* es la abreviatura de *Procesamiento de Dar y Tomar* (en inglés *Give and Take*). GITA Expandido se describe en el Paso IV del Procedimiento Operativo Estándar 8 en Esta Es Scientology, La Ciencia de la Certeza. Pág. 186.

Gran Tour: Gran Tour se describe completamente en el Capítulo Cinco, Procedimiento Intensivo, R1-9. Pág. 40.

grosería: palabra o frase que se considera moralmente sucia o impura y ofensiva para los estándares de decencia aceptados. Pág. 325.

HAS: abreviatura de *Hubbard Association of Scientologists (Asociación de Scientologists Hubbard)*, la organización que servía como el centro de diseminación central, que garantizaba la excelencia de la tecnología, procesaba al público y era el centro de entrenamiento central para Dianética y Scientology. Véase *Direcciones* para las ubicaciones actuales de las organizaciones. Pág. 353.

havingness: ser dueño, poseer, ser capaz de ordenar, determinar la posición, hacerse cargo de objetos, energías o espacios. La definición esencial de having (tener) es ser capaz de tocar o impregnar o dirigir la disposición de algo (del inglés *having*, tener, y *-ness*, sufijo que significa condición o estado de). Pág. 40.

hindú: miembro de la religión hindú de la India que enfatiza la libertad del mundo material a través de la purificación de los deseos y la eliminación de la identidad personal. Las creencias del hindú incluyen la reencarnación. Pág. 413.

identificación: 1. Determinación de la identidad de alguien; reconocimiento de la persona como lo que es; la acción o proceso de determinar lo que una cosa es. Pág. 30.
2. Orientación y asociación cercana de uno mismo con las cualidades, características, etc., de algo. Pág. 126.
3. (Dicho del pensamiento) la acción de hacer una cosa igual a otra, cuando de hecho no son idénticas. Se descubrió que esa manera de pensar era una función de la mente reactiva, por medio de la cual se reestimulan incidentes dolorosos del pasado (se activan nuevamente debido a cosas o situaciones similares al entorno de tiempo presente), se equiparan completamente con el presente. La mente reactiva no razona, piensa en identidades y puede resumirse en que todo es igual a todo igual a todo, como se describe en su totalidad en *Dianética: La Ciencia Moderna de la Salud Mental*. Pág. 183.

impresión residual: efecto que queda de una experiencia o conocimientos previos. Pág. 136.

impunidad: exención de las consecuencias, penas o castigo. Pág. 313.

inculcar: fijar firmemente un sentimiento o una idea en el ánimo o en la memoria. Pág. 289.

infrarrojo: forma de luz considerada invisible, que tiene una longitud de onda ligeramente más grande que la de la luz roja. (La luz roja tiene la longitud de onda más grande de la luz visible que puede detectar el ojo humano). Los científicos describen una gama o espectro en el cual se divide la luz visible; se le llama espectro de color y es una serie de colores dispuestos a manera de un arco iris en el siguiente orden: violeta, azul, verde, amarillo, anaranjado y rojo. Cada color tiene una longitud de onda diferente; el rojo, siendo el de la onda más larga, pasa a través de todos los colores hasta el violeta (en el extremo opuesto) el cual tiene la longitud de onda más corta. Pág. 384.

inicios, del tipo que se hacía en los: relacionado o característico de un periodo cercano al principio de un curso de sucesos. Específicamente, en este sentido, en relación con la auditación de Dianética de 1950 a 1951. Pág. 330.

intelectualismo: ejercitación o utilización del poder o la facultad de razonar o el pensamiento racional. Pág. 416.

interacción: forma en la que dos o más cosas actúan, influyen y reaccionan repetidamente entre sí. Pág. 213.

interés: atención con una intención para dar o atraer una atención. Pág. 93.

interés creado: aquello que busca mantener o controlar una actividad existente, arreglo o condición de la cual obtiene un beneficio privado. Pág. 275.

interiorizarse: acción de moverse dentro de algo (como el cuerpo). Pág. 73.

interposición: cosa que asume una posición que se interpone o que está situada en medio (de otras cosas). Pág. 30.

íntimo: conectado o asociado muy de cerca. Pág. 285.

inversión: reversión de la posición, orden, secuencia, relación o importancia. Pág. 25.

ítem: objeto en un grupo o colección de cosas; elemento en una lista de cosas. Pág. 98.

Job, libro de: historia en la Biblia acerca de Job, un hombre cuya fe fue puesta a prueba severamente por Satanás, con el permiso de Dios. Job era próspero, feliz y fiel a Dios. Para que Job maldijera a Dios, Satanás destruyó todo lo que le pertenecía a Job, mató a sus hijos, y le cubrió el cuerpo de llagas de la cabeza a los pies. Sin embargo, Job no maldijo a Dios y, como premio Dios lo curó, dándole el doble de lo que tenía antes. Pág. 414.

Jung: Carl Gustav Jung (1875-1961), psicólogo y psiquiatra suizo que fue estudiante de Freud pero que no estuvo de acuerdo con el énfasis que Freud puso en el sexo y desarrolló su propia teoría de un "inconsciente colectivo" que contiene símbolos y memorias universales de un pasado ancestral compartido por toda la humanidad. Jung teorizó que era importante comprender cómo el inconsciente personal se integra con el inconsciente colectivo. Pág. 316.

Kant: Emmanuel Kant (1724-1804), filósofo alemán que intentó dar respuesta a preguntas tales como si Dios existe, si el alma sigue viviendo después de la muerte y si la gente actuaba libremente o si las leyes del mundo determinaban sus acciones. Pág. 23.

knowingness: estado o calidad de conocer (del inglés *knowing*, saber, y *-ness*, sufijo que significa condición o estado de). Pág. 24.

Krishna: importante dios hindú que apareció como una encarnación (ser viviente que personifica a una deidad o espíritu) de Visnú, uno de los tres dioses principales de la religión hindú. En un texto sagrado hindú que describía a Krishna, se afirma que el propósito de la vida humana era la auto-realización (y vida eterna) lo cual es bueno. Sin embargo, mientras el alma está encerrada dentro de un cuerpo (que pasará a través del nacimiento, el crecimiento, la etapa adulta y la enfermedad), la vida humana es mala. Así, uno debe tomar lo bueno con lo malo. Pág. 140.

laberinto de espejos: sistema de senderos cubiertos con espejos, construido para la diversión y diseñado para confundir a las personas que tratan de buscar el camino de salida. Pág. 284.

Ladd, Alan: (1913-1964) actor popular americano que protagonizó muchas películas de acción y de vaqueros de la década de 1940 a principios de la década de 1960. Pág. 205.

lamasería: monasterio de los *lamas*, sacerdotes o monjes de una rama del budismo que se practica en ciertas áreas de China. Pág. 23.

Lao-tzu: filósofo chino del siglo VI a. C. y fundador del *Taoísmo*, una filosofía china que aboga por una vida simple y sigue una política de no interferencia con el curso natural de las cosas. Pág. 23.

lego: se refiere a una persona, que carece de formación o de conocimientos. Pág. 285.

L'Envoi: sección final de un libro u obra de teatro, o una sección corta al final de un poema, que se usa para resumir o como una dedicación. L' significa "el" en francés y *envoi* significa "un envío". Pág. 249.

libertinaje: ceder en forma extrema o excesiva a los deseos o apetitos, especialmente en cuanto al placer sensual. Pág. 275.

libido, teoría de la: teoría originada por el fundador austriaco del psicoanálisis, Sigmund Freud (1856-1939), que dice que la energía o los impulsos que motivan el comportamiento tienen un origen sexual. Pág. 311.

Libro de Job: historia en la Biblia acerca de Job, un hombre cuya fe fue puesta a prueba severamente por Satanás, con el permiso de Dios. Job era próspero, feliz y fiel a Dios. Para que Job maldijera a Dios, Satanás destruyó todo lo que le pertenecía a Job, mató a sus hijos, y le cubrió el cuerpo de llagas de la cabeza a los pies. Sin embargo, Job no maldijo a Dios y, como premio Dios lo curó, dándole el doble de lo que tenía antes. Pág. 414.

libro mayor, lado (theta) del: se refiere a uno de los dos lados de un *libro mayor*, un libro donde se registran sumas de dinero o bienes. Los créditos, que muestran las ganancias, se escriben en un lado, y los débitos, que muestran las pérdidas o las deudas, se registran en el lado opuesto. Se usa en sentido figurado. Pág. 231.

línea de visión: línea imaginaria desde el ojo del observador al objeto que se percibe. Pág. 104.

Línea Directa: proceso que pone a la persona en mejor comunicación con su mente y con el mundo. Se llama así porque al preclear se le dirige, como con un cable de teléfono, directamente hasta un recuerdo del pasado. Se abre la comunicación entre el pasado y el presente. La persona a la que se está procesando está en tiempo presente y en contacto con el tiempo presente y se le hacen preguntas que le devuelven ciertos recuerdos. Pág. 163.

Línea Directa de Punto de Vista: Línea Directa de Punto de Vista se describe en el Capítulo Cinco, Procedimiento Intensivo, R2-25. Pág. 43.

Línea Directa Elemental: proceso básico que consta de: *"Algo que estarías dispuesto a recordar"* y *"Algo que estarías dispuesto a olvidar"*, y ARC Línea Directa como se da en la penúltima lista de *Autoanálisis*. Pág. 46.

línea temporal: línea del tiempo durante el que una persona ha vivido. Pág. 136.

Lluvia: título de diversas adaptaciones teatrales y cinematográficas de "Miss Thompson", relato corto escrito por el escritor inglés W. Somerset Maugham (1874-1965) que trata de un misionero escocés que durante la estación lluviosa en una isla de los Mares del Sur intenta convertir a una prostituta a la religión. Pág. 206.

longitud de onda: *longitud de onda* es la distancia relativa de nodo a nodo (cresta) en cualquier flujo de energía. En el universo MEST, la longitud de onda se mide normalmente en centímetros o metros. Cuanto mayor sea el número, más pequeña es la longitud de onda considerada en la escala de gradiente de longitudes de onda. Cuanto más pequeño sea el número, más alta será la longitud de onda considerada en la escala de gradiente. Un nodo, como se usa aquí, se refiere a la cresta (la parte más elevada) de la onda. Pág. 27.

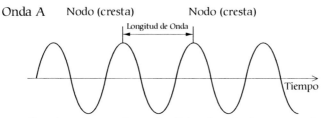

Onda A   Nodo (cresta)   Nodo (cresta)

Longitud de Onda

Tiempo

Cuanto más pequeña sea la distancia entre las crestas de una onda, mayor será la longitud de onda, considerada en la escala de gradiente de longitudes de onda.

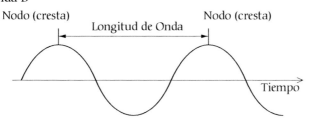

Onda B

Nodo (cresta)   Nodo (cresta)

Longitud de Onda

Tiempo

Cuanto más larga sea la distancia entre las crestas de una onda, menor será la longitud de onda considerada en la escala de gradiente de longitudes de onda.

Lucrecio: (aprox. 98-55 a. C.) poeta, filósofo y escritor romano, autor del poema instructivo inconcluso en seis libros, *De la Naturaleza de las Cosas*, el cual exponía un bosquejo de una ciencia completa del universo. Lucrecio creía que todo, incluyendo el alma, estaba compuesto de átomos controlados por leyes naturales. Pág. 416.

Maitreya: en el budismo, el *futuro Buda* que volverá a nacer en un periodo de deterioro para renovar la doctrina del fundador del budismo, Buda. Pág. 417.

máquina: con el fin de tener más atención para controlar otras cosas, uno instala en automático las cosas que ya está controlando. Habiéndolo hecho así, les ha dado un determinismo propio. Y habiéndoles dado su propio determinismo ellas por lo tanto pueden atacarlo si él cesa de controlarlas. De modo que tenemos las *máquinas* de un thetán.

Estas máquinas funcionan únicamente mientras estén al control del individuo y luego comienzan a trabajar contra él. Pág. 75.

máquina de preocupación: el fenómeno por medio del cual las personas que predominantemente tienen negrura tratan de evitar que algo malo suceda. Están tratando de descrear una condición antes de que ocurra. Dedican todo su tiempo a descrear condiciones no existentes. Y esta es una definición de preocupación. Es una máquina de preocupación que descrea antes de crear. Pág. 232.

marco: el conjunto de ideas, hechos o circunstancias dentro del cual algo existe o con el cual uno piensa o actúa. Pág. 25.

Marx: Karl Marx (1818–1883), filósofo político alemán cuyas obras formaron la base del *comunismo* del siglo XX. El comunismo es la teoría o sistema político en el cual toda la riqueza y propiedad es posesión de todos los miembros de una sociedad sin clases, y un sólo partido con poder absoluto dirige los sistemas económicos y políticos del estado. Pág. 227.

masa turbulenta: la anatomía del misterio consiste, en este orden, de: no predecible, confusión y caos, cubiertos porque no se pueden tolerar. La anatomía de un misterio es como sigue: tenemos un individuo que tiene dos o más partículas en movimiento y dice que "no puede predecirlas". Y habiendo dicho que no puede predecirlas, por lo tanto, las concibe como una confusión. Y habiéndolas concebido como una confusión, pone una cortina en frente de ellas y dice: "Eso es un misterio. Eso es ahora incognoscible". Las masas turbulentas son la confusión que precede al misterio. Pág. 62.

mecanicista: perteneciente a las *mecánicas,* lo que significa los detalles del procedimiento u operación (de algo). Cuando se aplica a teorías *mecanicistas,* significa explicar los fenómenos por medio de asumir acción mecánica; la explicación de cómo funciona algo. Pág. 285.

mecánico: 1. Que se relaciona con objetos materiales o condiciones o fuerzas físicas o los abarca, como en: *"El ARC total produciría el desvanecimiento de todas las condiciones mecánicas de la existencia".* **2.** De la palabra *mecánica* que significa los detalles de procedimiento u operación (de algo). Cuando se aplica a teorías, *mecánico* significa explicar los fenómenos por medio de asumir acción mecánica; la explicación de cómo funciona algo, como en: *"Pero por encima de este otorgar vida está el asunto mecánico del punto-de-orientación y del símbolo".* Pág. 29.

mecanismo: el agente o los medios por los que se logra un efecto o se lleva a cabo un propósito, se compara con la estructura o el sistema de partes en un artefacto mecánico para llevar a cabo una función o hacer algo. Pág. 424.

melindrosamente: de manera débil o ineficaz, como al recorrer un proceso superficialmente. Pág. 170.

Mente Infinita: la mente de el Todo, que está presente en todas partes y es independiente del tiempo y el espacio; la fuente y fundamento de la existencia que posee todo poder, sabiduría y excelencia posibles. La Mente Infinita es individualista. Toda la Humanidad no depende de la Mente Infinita ni comparte una porción de ella. Pág. 170.

método científico: principios y procesos de descubrimiento y demostración que se consideran característicos o necesarios para la investigación científica. Pág. 275.

misticismo: creencia de que es posible alcanzar el conocimiento de las verdades espirituales y de Dios a través de la contemplación o del pensamiento profundo y cuidadoso. Pág. 285.

místico: persona que afirma lograr, o que cree en la posibilidad de lograr la comprensión de misterios que trascienden el conocimiento común del ser humano; por ejemplo, por medio de la comunicación directa con la divinidad o mediante intuición instantánea en un estado de éxtasis espiritual. Pág. 93.

mítico: relacionado o perteneciente a una cosa o persona imaginaria o ficticia. Pág. 207.

modus operandi: forma de hacer o lograr algo; método de operar o funcionar. Pág. 81.

monótono: común; habitual y poco emocionante; que carece de variedad; aburrido. Pág. 139.

motivador primario: fuerza principal que impulsa o mueve a la acción. *Primario* en este sentido significa primero en grado o rango en comparación con otras cosas. Aquí *motivador* es algo que inicia, o es un estímulo para la acción o el comportamiento. Pág. 310.

nadita, no dice: manera informal de decir "nada", que significa ausencia total de cualquier cosa. Pág. 235.

náusea: malestar que se siente en el estómago cuando se quiere vomitar. Pág. 89.

necromancia: práctica de intentar comunicarse con los espíritus de los muertos para predecir o influenciar el futuro. Pág. 312.

-ness: sufijo (parte que se agrega al final de una palabra) que se usa en inglés al formar sustantivos que expresan un estado, calidad o condición. Pág. 7.

Nietzsche: Friedrich Wilhelm Nietzsche (1844-1900), filósofo y poeta alemán que afirmaba que los valores tradicionales habían perdido su fuerza en las vidas de los individuos y que una persona podía reforzar la vida y crear nuevos valores para reemplazar a los tradicionales. Pág. 23.

Nirvana: meta de los hindúes. Las creencias hindúes son que "La Realidad es Una" y que la salvación última y la liberación del interminable ciclo de nacimiento a muerte se logra cuando uno se adhiere a "la realidad divina única" o es absorbido por ella con la pérdida total de la existencia individual. Pág. 146.

nivel de aceptación: lo que el propio preclear acepta, lo que acepta la gente a su alrededor, en forma de mock-up, lo que otros aceptarán de otros, e incluye también, lo que otros han querido que él acepte y lo que él ha querido que otros acepten. Pág. 122.

nivel de rechazo: lo que el preclear puede rechazar. Pág. 122.

nothingness: condición de nada, una ausencia de cantidades y ubicaciones. Una completa ausencia de cantidades y ubicación sería un nothingness absoluto (del inglés *nothing*, nada, y *-ness*, sufijo que significa condición o estado de). Pág. 31.

not-knowingness: lo contrario de Knowingness (del inglés *not knowing*, no saber, y *-ness*, sufijo que significa condición o estado de). Pág. 378.

objetiva, en forma: de una forma que se dirige al entorno y no al thinkingness de la persona. Pág. 142.

obsesivamente: excesivamente, en especial de forma extrema. Pág. 125.

Occidente: el Oeste, los países de Europa y las Américas. Pág. 23.

8-C: forma abreviada de *Procedimiento de Apertura de 8-C* el cual se describe por completo en el Capítulo Cinco, Procedimiento Intensivo, R2-16. La "C" de 8-C significa "clínico". Pág. 42.

8 Corto: forma abreviada de *Procedimiento Operativo Estándar 8*. El 8 Corto se describe por completo en la sección de Referencias, Esta Es Scientology, La Ciencia de la Certeza. Pág. 341.

ocho estrellas: de calidad extremadamente alta. Esto alude al sistema de calificar la calidad de algo poniendo un número de estrellas al lado del nombre o título, normalmente el más alto es cinco estrellas. Pág. 229.

onda: ruta de flujo o pauta de flujo. Cuando cualquier objeto vibra, su movimiento causa que un flujo de energía se mueva hacia fuera y se aleje de su fuente de vibración. Este flujo de energía es una onda. Por ejemplo, al tirar una piedra en un estanque, se envían ondas hacia fuera desde el punto donde la piedra hizo contacto con el agua. Pág. 197.

orden cósmico: el concepto taoísta de que hay una pauta y un poder subyacentes al universo (luz y oscuridad, día y noche, verano e invierno, calor y frío) que representa todo lo que es correcto, normal o adecuado en el universo y que el individuo sólo debería buscar conformarse con este todo ordenado y armonioso. Pág. 414.

Oriente: los países del Este de Asia, especialmente China y Japón. Pág. 23.

otorgar beingness: admitir la existencia de algo o alguien; dar vida a algo o alguien. *Otorgar* significa dar, entregar, etc. *Beingness* significa la condición de existir en una forma. Pág. 7.

Otro-determinismo: condición en la que las acciones de uno se ven determinadas por alguien o algo diferente a uno mismo; asignación de causa en algún otro lugar. Otro-determinismo es otra-causa. Pág. 25.

PABs: siglas de *Boletines del Auditor Profesional* (del inglés *Professional Auditor's Bulletins*), serie de publicaciones escritas por L. Ronald Hubbard entre el 10 de mayo de 1953 y el 15 de mayo de 1959. El contenido de estos boletines era técnico y promocional. Disponibles en los volúmenes de Boletines Técnicos. Pág. 140.

Palito de Cóctel: el Procesamiento del Palito de Cóctel es para un preclear que sólo se sienta ahí y le da vueltas y vueltas y no va a ningún lado. Ante todo, quizás el preclear cree, cuando más, que había una persona en el mundo que realmente quería que él viviera y quizás cree que esa persona ya se fue y que su (propia) oportunidad de supervivencia es cero. El *palito de cóctel* es una referencia humorística a un palito que se usa para mezclar bebidas. El proceso consiste de tres partes: 1) "Dame un incidente en tu pasado que no te molestaría poseer" o "Algo en tu pasado que no te molestaría poseer". 2) "¿Para quién estás existiendo (sin importar lo que sea)?", tal como "¿Para quién comes?". "¿Para quién duermes?". "¿Para quién te cansas?". "¿Para quién estás enfermo?", y así sucesivamente. Ese individuo no tiene tal cosa como su propio problema: es totalmente el problema de otros, así que sin importar lo que haga, lo está haciendo "para" alguien. 3) El individuo está tratando de sobrevivir pero está usando sucumbir como un mecanismo de supervivencia. Le preguntamos "Bien, ¿quién quieres que sobreviva?", "¿quién has querido que sobreviva?", "¿qué has tratado de hacer que sobreviva?", "¿quién ha querido que tú sobrevivas?". Una descripción completa del Procesamiento de Palito de Cóctel se puede encontrar en las conferencias del 14 de junio de 1954, "Conferencia General, Parte II" y en la del 14 de junio de 1954, "Supervivencia" disponibles en el 6° ACC Americano. Pág. 98.

Pan-determinismo: habilidad para regular las consideraciones de dos o más identidades, ya sea que se opongan o no. Pág. 145.

pantalla de fuerza: grandes campos de fuerza pesada; que de hecho no son nada más que ondas de emanación como las que emanan de los faros de un coche. Si cambias la longitud de onda de un faro de un coche y la aceleras lo suficiente y golpeas a alguien con ella lo tumbarías. Eso es un campo electrónico. Eso es una pantalla de fuerza. Pág. 66.

parábola: relato sencillo que ilustra o enseña verdades o lecciones morales. Pág. 416.

paradoja: algo que (aparentemente) tiene cualidades contradictorias o incoherentes. Pág. 350.

paridad: estado o condición de tener el mismo poder, valor o rango; igualdad. Pág. 171.

penicilina: droga que mata las bacterias y se usa para tratar una amplia gama de infecciones. Pág. 286.

penúltima lista: penúltima lista del libro *Autoanálisis*, que le pide al preclear que recuerde una ocasión que le parezca verdaderamente real, una ocasión en que sintió verdadera afinidad por alguien, una ocasión en que alguien estuvo en buena comunicación con él, etc. Pág. 309.

perceptible: que es posible estimar, medir o percibir; suficientemente grande o importante para ser notado. Pág. 39.

percéptico: mensaje sensorial percibido y grabado, como la sensación orgánica, el olor, el sabor, el tacto, el audio, la visión, etc. Pág. 52.

periferia: espacio, región o área que rodea algo; el límite exterior; la parte externa de algo que se considera como un círculo. Pág. 101.

personificación: persona que se considera que representa o es ejemplo de una cualidad, idea o algo similar. Pág. 414.

Platón: (427-347 a. C.) filósofo griego que argumentaba que la razón por la cual no se desarrolla una sociedad ideal es porque los hombres son codiciosos, ambiciosos, competitivos y celosos. Pág. 313.

precedencia: circunstancia de preceder, es decir, estar u ocurrir antes, o tener más importancia. Pág. 25.

preguntas desvanecedoras: preguntas que no tienen respuesta posible, debido a las características de la mente. Una de las cuales es *"Dame un tiempo desconocido"*. Tan pronto como el preclear empieza a responder una pregunta así, por supuesto, le hace As-is a cierta cantidad de desconocimiento y tendrá conocimiento del tiempo. Existen relativamente pocas de estas preguntas. Pág. 214.

Prelógica: las *Prelógicas* son las cinco Lógicas que preceden a Las Lógicas como fueron escritas en *Procedimiento Avanzado y Axiomas*. Las Prelógicas tienen que ver sólo con este hecho: theta ubica objetos en el espacio y en el tiempo y crea espacio y tiempo en el cual localizar cosas. Pág. 355.

Procedimiento de Apertura de 8-C: el Procedimiento de Apertura de 8-C se describe por completo en el Capítulo Cinco, Procedimiento Intensivo, R2-16. La "C" en 8-C significa "clínico". Pág. 42.

Procedimiento de Apertura por Duplicación: el Procedimiento de Apertura por Duplicación se describe por completo en el Capítulo Cinco, Procedimiento Intensivo, R2-17. Pág. 42.

Procedimiento de Curso Avanzado: serie codificada de procedimientos de auditación desarrollados en los primeros cinco Cursos Clínicos Avanzados. De ahí, el nombre de *Procedimiento de Curso Avanzado*. Pág. 397.

Procedimiento 30: consiste en el Procedimiento de Apertura por Duplicación (R2-17), Problemas y Soluciones (R2-20) y Otorgar Beingness (R2-21), recorridos uno tras otro. Se le denomina "30" porque 30 es una clave que se usa en la radio para significar "fin, acabado, terminado, hecho". Y acaba con un montón de casos. También se le llama "30" porque tiene 3 partes para un thetán, que es el "0". Pág. 87.

Procesamiento Creativo: procesamiento que se basa en hacer que el preclear haga, con energía de su propia creación, diversas formas, objetos, distancias y espacios a los que llamamos *mock-ups*.

El Procesamiento Creativo se describe por completo en *Scientology 8-8008*. Pág. 148.

Procesamiento de Cambio de Espacio: el Procesamiento de Cambio de Espacio se describe por completo en el Capítulo Cinco, Procedimiento Intensivo, R1–9. Pág. 67.

Procesamiento de Descripción: el Procesamiento de Descripción se describe en el Capítulo Cinco, Procedimiento Intensivo, R2–34. Pág. 43.

Procesamiento de Nivel de Aceptación: *Procesamiento de Nivel de Aceptación* es ese procesamiento que descubre el nivel más bajo de aceptación del individuo y descubre ahí su principal avidez, y nutre esa avidez con mock-ups hasta que se sacie (satisfaga completamente). Uno hace que el preclear *haga mock-up, de ítems para que él los acepte, no importa qué tan negro o qué tan crudo*, entonces haz que *otros, en sus mock-ups, hagan mock-up de cosas que puedan aceptar, y que otros hagan mock-up de cosas que otros puedan aceptar.* En el Procesamiento de Nivel de Aceptación este brácket se extiende también a tener al preclear haciendo *mock-up de cosas que otros puedan aceptar y otros haciendo mock-up de cosas que él pueda aceptar.* Así tenemos un brácket de cinco etapas. Pág. 140.

profeta: aquel que habla por inspiración divina o como intérprete, y a través del que se expresa la voluntad de un dios. Pág. vii.

provecho: ventaja, beneficio; ganancia o progreso que se logra. Pág. 96.

provechoso: de uso, beneficio o ventaja. Pág. 226.

proyectar: lanzar o dirigir hacia afuera o a distancia; empujar hacia fuera. Pág. 278.

Psicoanálisis, Terminable e Interminable: referencia a "Análisis, Terminable e Interminable", un artículo escrito por Sigmund Freud (1856–1939) en el que Freud escribe sobre el psicoanálisis con pesimismo y describe cómo su resultado nunca llega al ideal, designándolo como una profesión imposible. En el artículo, analiza historiales de caso y pacientes que acabaron su terapia pero más tarde sufrieron una recaída. Pág. 311.

psicoterapia: 1. De *psique* (alma) y *terapia* (curar), un medio para mejorar la condición mental y espiritual de un individuo, como en: "*La psicoterapia más antigua que se conoce consistía en hacer que el paciente se riera*". Pág. 113.
2. El supuesto tratamiento de desórdenes mentales, como en psicoanálisis. Pág. 351.

punto de dimensión: cualquier punto en un espacio o en los límites del espacio. Pág. 277.

punto-de-orientación: punto en relación con el cual otros puntos tienen una ubicación. Es también el punto a partir del cual se crea el espacio que contiene las ubicaciones. Pág. 95.

punto de vista remoto: aquello que una persona pone fuera remotamente para mirar a través de ello; un sistema de lookingness remoto. Es una clase especializada de punto de vista. Al lugar desde el cual el individuo en sí está observando se le llama punto de vista. *Punto de vista* significa algo que el individuo pone fuera para observar y el punto desde el cual el individuo observa. Pág. 136.

puntos de anclaje: aquellos puntos que marcan los límites más lejanos del espacio o sus esquinas se llaman *puntos de anclaje* en Scientology. Un punto de anclaje es un tipo especializado de punto de dimensión. Pág. 40.

Q y A, hacer: Q y A son las siglas del inglés: *"Question and Answer"* (pregunta y respuesta). La respuesta a la pregunta o la pregunta a la respuesta son ambas lo mismo, porque esto es identificación. Pág. 5.

raíz de todo el mal: fuente de todo el mal. De las líneas en la Biblia que afirman: "Ya que el amor al dinero es la raíz de todo el mal". Pág. 310.

randomity: movimiento impredecible. Es una proporción: el movimiento predecible en proporción a la cantidad de movimiento impredecible que tiene el individuo. Le gusta tener alrededor de un 50 por ciento de movimiento predecible y alrededor de un 50 por ciento de movimiento impredecible. Pág. 146.

rarefacción, condensación: referencia a un flujo de energía como un flujo eléctrico u ondas de sonido. Cuando esa energía viaja por un cable, no son partículas que se muevan a lo largo de un pasaje (como el agua a través de una tubería) sino una pauta rítmica de compresión (condensación) y expansión (rarefacción) de ondas. Lo que porta la onda son moléculas que chocan con moléculas vecinas. De hecho, las moléculas no viajan por la ruta, sólo se mueve la energía. La repetición de estos ciclos de condensaciones y rarefacciones recibe el nombre de vibración y la cantidad de vibraciones que ocurre en cada unidad de tiempo recibe el nombre de frecuencia. Véase la siguiente ilustración. Pág. 295.

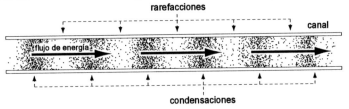

rechazar: no aceptar o no admitir, deshacerse de. De ahí: *"Haz que arroje cosas en 'mock-ups' hasta que encuentres algo que puede 'rechazar'"*, se refiere al hecho de que algunos individuos están intentando compulsivamente rechazar, y es necesario manejar su nivel de rechazo antes de que se pueda abordar su nivel de aceptación. Se debe trabajar con el individuo hasta que pueda rechazar cosas en avalancha y solamente entonces será capaz de aceptar cosas. Pág. 378.

Reclutamiento Corporal: fenómeno en el que una parte del cuerpo se convierte en el punto-de-orientación de un thetán en relación con la existencia. Es aquello que es realmente seguro. La razón principal por la cual tu preclear no se puede encontrar a sí mismo es que está en algún lugar atroz en el cuerpo. De ahí: *"'Reclutamiento Corporal' del thetán por alguna parte del cuerpo"*. Pág. 123.

reestimulación: condición en que se percibe en el entorno del organismo algo similar al contenido de la mente reactiva o de alguna parte de ella. Pág. 138.

reino de Dios: el reino espiritual de Dios como rey supremo. Pág. vii.

relegar: el acto de asignarle a algo una posición, lugar o condición específica que implica que es insignificante. Pág. 389.

Remedio de Havingness: proceso que hace al individuo capaz de aceptar o rechazar cualquier cosa. Al preclear se le pide ya sea que haga mock-up de algo y lo tire o que haga mock-up de algo y lo jale hacia sí. Pág. 41.

residual: que está presente o existente, con frecuencia con el sentido de ser una cantidad sobrante al final de una serie de acciones, condiciones, etc. Pág. 136.

retardo de comunicación: lapso de tiempo que transcurre desde que se hace una pregunta hasta la respuesta real y precisa a esa pregunta. El retardo de comunicación es una manifestación de la comunicación en-dos-direcciones. Tanto si el intervalo se llena con conversación o con silencio, la definición de retardo de comunicación aún sigue siendo válida. Pág. 6.

Rig-Veda: conjunto de himnos; el más antiguo e importante de los cuatro libros de los *Vedas*, antiguas escrituras sagradas que contienen la primera expresión escrita de la relación del Hombre con el universo y el ciclo-de-acción de la vida: nacimiento, vida y muerte. *Rig* viene del hindú antiguo y significa alabanza y *veda* significa conocimiento. Pág. 413.

risco: un *risco* es fundamentalmente, energía suspendida en el espacio. Ocurre a causa de flujos, dispersiones o riscos que se impactan uno contra el otro con suficiente solidez para causar un estado perdurable de energía. Una dispersión que viene por la derecha y una dispersión que viene por la izquierda, se impactan en el espacio con suficiente volumen y crean un risco que entonces existe aún después de que el flujo mismo haya cesado. La duración de los riscos es muy larga. Pág. 133.

ruta comercial: ruta entre Europa y Asia que seguían los mercaderes en barcos y por tierra, que se cerró alrededor del año 1,000 d. C. Pág. 416.

ruta secundaria: curso, camino o ruta que es indirecta. Se usa en sentido figurado. Pág. 165.

sabio: persona de profunda sabiduría. Pág. 414.

Sama-Veda: uno de los cuatro libros de los *Vedas*, antiguas escrituras sagradas que contienen la primera expresión escrita de la relación del Hombre con el universo y el ciclo-de-acción de la vida: nacimiento, vida y muerte. *Sama* viene del hindú antiguo y significa cántico y *veda* significa conocimiento. Pág. 413.

San Lucas: San Lucas, tercer libro del Nuevo Testamento de la Biblia: Evangelio según San Lucas. Un *Evangelio* es uno de los primeros cuatro libros del Nuevo Testamento, que describen la vida, muerte y la resurrección de Jesús y que dejan constancia de sus enseñanzas. San Lucas fue uno de los primeros seguidores cristianos de Jesucristo. Pág. 23.

sánscrito: antigua lengua de los brahmanes (miembros de la casta [ascendencia o familia] sacerdotal, primera de las castas hindúes). Pág. 445.

santurrón: que muestra una moralidad exagerada para impresionar a otros. Pág. 163.

satanista: quien sigue o adora a Satanás (el Diablo). En la tradición cristiana, Satanás era el líder de los ángeles que se rebelaron contra Dios y que fueron expulsados del cielo. Se considera que él y sus seguidores son la fuente del mal en la Tierra. Pág. 162.

Schopenhauer: Arthur Schopenhauer (1788-1860), filósofo alemán que creía que el deseo de vivir es la realidad fundamental y que este deseo, por ser una lucha constante, no se puede satisfacer, y sólo causa sufrimiento. Pág. 23.

Seis Caminos a Nada: serie de pasos para procesar el nothingness que incluye el encontrar y mirar a través de barreras, espacio negro y nothingness. Los pasos se repiten en seis direcciones: adelante, atrás, a la derecha, a la izquierda, arriba y abajo. Por ejemplo: "Ahora en frente de ti encuentra la primera barrera. Ahora mira a través de eso y encuentra la siguiente barrera y mira a través de eso y encuentra la siguiente barrera. Ahora encuentra un espacio negro. Ahora encuentra un nothingness. Y siéntate cómodamente y conoce". Seis Caminos a Nada se describe en la conferencia de LRH del 17 de mayo de 1954 "Procesos Simples" en el 6° ACC Americano. Pág. 361.

semántica general: manera filosófica de abordar el lenguaje, desarrollada por Alfred Korzybski (1879-1950), la cual buscaba una base científica para una comprensión clara de la diferencia entre las palabras y la realidad y las formas en que las palabras en sí pueden influenciar y limitar la habilidad del Hombre para pensar. Korzybski creía que los hombres identifican de manera irreflexiva las palabras con los objetos que representan y que tenían reacciones no óptimas a las palabras que se basaban en experiencias pasadas. Pág. 203.

semblante: expresión del rostro. Pág. 163.

señal: algo que sugiere o representa la presencia o existencia de algo más, tal como una condición, hecho, etc., como en: *"Y luego no volvieron a postular el estático, sino tuvieron ensoñaciones sobre la mentira o la señal".* Pág. 165.

Separateness: condición de estar separado (del inglés *separate*, separar, y *-ness*, sufijo que significa condición o estado de). Pág. 185.

Serie de Conferencias de Filadelfia: serie de conferencias impartida por LRH, de las cuales 62 se impartieron en diciembre de 1952 en Filadelfia, Pensilvania, con otras catorce conferencias suplementarias que se impartieron en Londres en enero de 1953, hacen un total de setenta y seis conferencias. Se conocen como *Curso de Doctorado de*

Filadelfia, estas conferencias son el mayor cuerpo de trabajo sobre la anatomía, el comportamiento y los potenciales del espíritu Humano. Pág. 171.

sexo fácil: relaciones sexuales que se obtienen fácilmente debido al entorno, tipos de gente, actitud, posición de autoridad, etc. Pág. 163.

siete unidades del Curso Clínico Avanzado: los siete Cursos de Auditor Profesional Avanzado que precedieron a *La Creación de la Habilidad Humana* y que culminaron en ella y en su punto central de procesamiento, el Procedimiento Intensivo. LRH impartió desde el primero hasta el séptimo de los Cursos Clínicos entre octubre de 1953 y julio de 1954. Los ACCs instruían a profesionales selectos en los últimos avances de la tecnología y en el ámbito completo de la teoría. Pág. 1.

sífilis: enfermedad infecciosa, normalmente de transmisión sexual, que en su etapa final puede atacar al cerebro, la espina dorsal y otras partes del cuerpo, causando ceguera, sordera, enfermedad mental, ataques cardiacos, parálisis y deformidades óseas. Pág. 215.

Sigmund Freud: (1856-1939) fundador austriaco del psicoanálisis que enfatizaba que los recuerdos ocultos, inconscientes, de naturaleza sexual controlan el comportamiento de una persona. Pág. 309.

significaciones más profundas: las significaciones más profundas las busca una persona que nunca ve algo como realmente es. Constantemente busca significaciones o influencias ocultas que yacen más allá de lo que él está mirando. Pág. 130.

simbionte: cualquier cosa que forma o mantiene una relación interdependiente o mutuamente beneficiosa con otro. Pág. 169.

singular: de calidad inusual; extraordinariamente bueno; excepcional. Pág. 144.

solvente universal: aquello que tiene el poder de disolver cualquier cosa, de modo que cause que cualquier problema, situación, etc., se resuelva, desaparezca o se desvanezca. El *solvente universal* era una sustancia que los alquimistas buscaban y que supuestamente era capaz de disolver todas las sustancias, en especial los metales, y hacía que cualquier metal se volviera oro y, a su vez, era capaz de dar inmortalidad a los seres humanos. Un alquimista es alguien que estudiaba la *alquimia*, un predecesor de la química que se practicaba en la Edad Media. *Universal* en este sentido significa que se aplica, funciona o es válida en todos los casos. Pág. 300.

somethingness: condición de algo (del inglés *something*, algo, y *-ness*, sufijo que significa condición o estado de). Pág. 31.

SOP 8: Procedimiento Operativo Estándar. SOP 8 se describe por completo en la sección de Referencias, Esta Es Scientology, La Ciencia de la Certeza. Pág. 186.

SOP 8-C: el Procedimiento Operativo Estándar de 8-C se describe por completo en la sección de Referencias, SOP 8-C: La Rehabilitación del Espíritu Humano. La "C" en 8-C significa "clínico". Pág. 130.

SOP 8-D: el Procedimiento Operativo Estándar 8-D se publicó el 15 de abril de 1954 y es una versión de SOP 8. La "D" indica que sigue en secuencia a SOP 8-C. El Procedimiento Operativo Estándar de 8-D se describe por completo en la sección de Referencias, SOP 8-D. Pág. 43.

SOP 8-O: técnica que ejercita por completo las capacidades del thetán en una escala de gradiente, de manera que él pueda ver, oír, hablar, emitir electricidad, lanzar postulados, controlar cuerpos distintos al suyo y hacer otras cosas que están muy dentro de sus capacidades. La "O" significa Thetán Operante. SOP 8-O se describe por completo en la sección de Referencias, SOP 8-O. Pág. 348.

sórdido: lo que se considera impuro, indecente o escandaloso. Tiene cualidades desagradables relacionadas con un estilo de vida degradado. Pág. 314.

Spencer, Herbert: (1820-1903) filósofo inglés conocido por su intento de aplicar las doctrinas de la evolución a la filosofía y a la ética. Pág. 23.

Spinoza: Baruch Spinoza (1632-1677), filósofo holandés que creía que "Dios o la Naturaleza" eran la única sustancia y todo lo que existía. Él creía que Dios y la Naturaleza eran lo mismo. Todos los objetos y pensamientos son formas y manifestaciones de Dios. Pág. 416.

Starr, Meredith: (1891-1971) escritor, poeta y psicoterapeuta inglés quien residió en Chipre, se involucró en el misticismo, con varios métodos "nuevos" de psicología y fue un devoto seguidor de Meher Baba (1894-1969), místico y maestro espiritual de la India. Pág. 316.

subjetivo: referencia a los procesos subjetivos, los procesos que abordan íntimamente el mundo interno del preclear. Pág. 84.

supervivencia superior: cualquier cosa que triunfa; es decir, que demuestra que tiene más fuerza, más poder, más supervivencia que el preclear. Pág. 398.

suposición: acto mental de creer o asumir que algo es de una forma, o idea que es el resultado de creer o asumir, en especial algo opuesto a ideas que se basan en evidencia firme. Pág. 25.

Tabla de Actitudes: tabla que presenta el estado ideal de ser y las actitudes y reacciones de la persona en la vida. La Tabla de Actitudes se encuentra en el libro *Manual para Preclears*. Pág. 164.

Tabla de Evaluación Humana: tabla contenida en el libro *La Ciencia de la Supervivencia*, que ofrece una descripción completa de la Escala Tonal. Incluye los componentes y las características de la mente humana, cada uno trazado en la Escala Tonal, proporcionando una predicción completa del comportamiento de un individuo y un índice de su potencial de supervivencia desde lo más bajo a lo más alto. El libro *La Ciencia de la Supervivencia* está escrito en torno a la Tabla Hubbard de Evaluación Humana con un capítulo dedicado a describir cada sección de la tabla. Pág. 30.

tabla periódica: tabla de *elementos*, las sustancias más básicas de la Tierra como oro, plomo, calcio y oxígeno que no pueden dividirse con medios químicos en sustancias más simples. La tabla tiene columnas verticales con elementos de propiedades similares y columnas horizontales en las que se observan incrementos de peso. Pág. 295.

Tao: referencia al Tao Teh King, doctrina y filosofía escrita en verso por Lao-tzu (604-531 a. C.). Tao significa literalmente "El Camino" y es la base del *Taoísmo*, es una filosofía china que aboga por una vida simple y por una política de no interferencia con el curso natural de las cosas. Pág. 23.

taparrabos: prenda hecha de material que se coloca alrededor del glúteo o cadera, a menudo como única prenda de vestir usada por pueblos primitivos. Pág. 416.

técnica ilimitada: las técnicas ilimitadas se describen por completo en Procedimiento Operativo Estándar 8, Apéndice del SOP 8 No. 1. Pág. 309.

teletipo: instrumento similar a una máquina de escribir que se usa en una forma de comunicación de larga distancia. El golpeteo de las teclas produce impulsos eléctricos que viajan a través de cables y se imprimen en el extremo receptor. Pág. 75.

teoría de la libido: teoría originada por el fundador austriaco del psicoanálisis, Sigmund Freud (1856-1939), que dice que la energía o los impulsos que motivan el comportamiento tienen un origen sexual. Pág. 311.

Theta Clear: este es un término relativo, no absoluto. Significa que la persona, esta unidad de pensamiento, está libre de su cuerpo, sus engramas, sus facsímiles, pero puede manejar y controlar un cuerpo con seguridad. Pág. 322.

Thetán Operante: estado de ser en el que la persona no necesita un cuerpo para comunicarse ni funcionar. Las metas y habilidades de Thetán Operante se describen por completo en SOP 8-O, Las Metas del Thetán Operante. Pág. 321.

thinkingness: el estado o cualidad de pensar, o un ejemplo de pensar (del inglés *thinking*, pensar, y *-ness*, sufijo que significa condición o estado de). Pág. 30.

Thompson, Comandante: Joseph Cheesman Thompson (1874-1943), comandante y cirujano en la Marina de Estados Unidos, que estudió análisis freudiano con Sigmund Freud en Viena con el propósito de introducir la teoría y la práctica del psicoanálisis en la Marina de Estados Unidos. Pág. 309.

tiempo, a su debido: en el orden de sucesos apropiado o natural; después de un periodo apropiado. Pág. 303.

toman continuamente lo mejor de la crema y nata de la vida y dejan la leche descremada: obtener o tener lo mejor de la existencia, dejando atrás las cosas de baja calidad. Literalmente, la *crema* es la parte densa, de color amarillo claro de la leche con la que se hace la mantequilla. Como es más liviana que el resto de la leche, la crema sube lentamente a la superficie y puede separarse (descremarse) de la parte superior dejando atrás los otros componentes de la leche, a la que nos referimos como leche descremada. La crema se considera la parte de más rico sabor y la más deliciosa y de aquí, que se refiera al aspecto excelente de algo. Pág. 139.

30: el "30" de *Procedimiento 30*. Se le denomina "30" porque 30 es una clave que se usa en la radio. Significa "fin, acabado, terminado, hecho". Y acaba con un montón de casos. También se le llama "30" porque tiene 3 partes para un thetán, que es el "0". *Véase también* **Procedimiento 30.** Pág. 87.

30 Sucio: referencia al *Procedimiento 30*. (Véase **Procedimiento 30**). Dado que es muy difícil recorrerle este proceso a personas que están por debajo de Aburrimiento en la Escala Tonal, y dado que en sus comienzos a menudo se usó con gente con la que no debería haberse usado, a veces se le llamaba, coloquialmente "30 Sucio". Pág. 263.

truco de la cuerda hindú: truco de magia, de origen oriental, en el cual un mago suspende una cuerda en el aire y entonces una persona sube por ella y aparentemente desaparece. Pág. 312.

truco maestro: término acuñado de *maestro* que significa muy capacitado o hábil y *truco* que significa un acto que implica o requiere destreza y efectividad. Un *truco maestro* en este sentido es una idea o ejecución de algo de forma muy hábil y competente. Pág. 203.

tubo: *tubo de vacío*, dispositivo que antes se usaba ampliamente en la electrónica para controlar las corrientes eléctricas. Se le llama tubo de vacío porque es un tubo o bulbo de vidrio sellado del cual se eliminó casi todo el aire para mejorar el flujo eléctrico. Pág. 75.

turbulento: referido especialmente a una acción o a una situación, que resultan agitadas o desordenadas. Pág. 62.

Turner, Lana: (1920-1995) actriz rubia americana que se convirtió en ejemplo famoso del atractivo de Hollywood. Pág. 205.

unidad: un solo grupo. Por lo general se considera como una parte completa de algo más grande, como una parte autónoma de un programa educacional. *Véase también* **siete unidades del Curso Clínico Avanzado.** Pág. 1.

universo: un *universo* se define como un "sistema completo de cosas creadas". Puede haber, y hay, muchos universos, y pueden ser de muchas clases. Para nuestros propósitos aquí, nos interesan dos universos en particular. El primero de ellos es el *universo* MEST, esa realidad acordada de materia, energía, espacio y tiempo que usamos como puntos de anclaje y a través del cual nos comunicamos. El otro es nuestro *universo personal* que también es un asunto de energía y espacio. Estos dos universos son enteramente distintos y se puede decir que la principal confusión y aberración del individuo proviene de haberlos confundido. Pág. 1.

Universo Hogar: universo que el thetán y algunos otros, o él solo, construyeron. Pág. 401.

unmock: deshacer o anular. Pág. 75.

valor: capacidad de actuar con coraje o determinación al enfrentarse a grandes peligros, específicamente en batalla; coraje heroico; valentía. Pág. 139.

variable impredecible: factor en una situación o problema que se comporta en una forma incontrolable, extraña o impredecible. La palabra *variable* se usa más comúnmente en las matemáticas y en la ciencia donde representa algo desconocido o impredecible. Una variable frecuentemente contrasta con una constante que se conoce y que no cambia. Pág. 286.

Veda: los Himnos Védicos, el registro más antiguo de escritos filosóficos. Son la literatura sagrada más antigua de los hindúes (nativos de la India) que comprende más de cien libros aún en existencia. Hablan acerca de la evolución, de la llegada del Hombre a este universo y de la curva de la vida, que es nacimiento, crecimiento, degeneración y decadencia. La palabra *veda* significa conocimiento. Pág. 23.

24-G: el número 24 del *Diario de Scientology,* titulado: "SOP 8-C: La Rehabilitación del Espíritu Humano". (El *Diario de Scientology* era una revista publicada dos veces al mes por la Asociación de Scientologists Hubbard de 1952 a 1955 la cual traía artículos técnicos, información de amplio interés para los miembros de la asociación, noticias generales y temas similares. Cada publicación tenía un número de emisión seguido por la letra "G" que quería decir "general" para distribución a todos los scientologists). SOP 8-C: La Rehabilitación del Espíritu Humano se encuentra en la sección de Referencias. Pág. 271.

Velocidad: parte componente de la comunicación, que incluye la velocidad del impulso o la partícula. La *velocidad* es el grado de rapidez con la cual algo sucede o se mueve. Pág. 31.

vicisitud: vuelta, cambio y altibajo repentino o inesperado de la vida, las actividades o el entorno que uno encuentra a menudo. Pág. 275.

voluta: algo con forma de espiral: curva que da vueltas alrededor del centro alejándose de él o acercándose a él continuamente. En sentido figurado, cualquier proceso de pensamiento, o ideas, que se asemeje a la forma de una espiral. Pág. 275.

wu-wei: (significado literal de no acción en chino) en la filosofía china del taoísmo, el principio de ceder ante otros como la respuesta más efectiva a los problemas de la existencia humana. *Wu-wei* es el comportamiento natural, no agresivo (pero no pasivo) que compele a otros (a través de la vergüenza, si no por otra razón) a desistir voluntariamente de la violencia o de la conducta abiertamente agresiva. Por tanto, se considera que *wu-wei* es el secreto de la felicidad humana, ya que a través de la "no acción" todas las cosas pueden lograrse. Pág. 414.

Yajur-Veda: uno de los cuatro libros de los *Vedas,* el antiguo cuerpo de escrituras sagradas que constituyen el primer registro escrito de la relación del Hombre con el universo y el interminable ciclo de nacimiento, vida y muerte. El Yajur-Veda es un libro de texto de los sacrificios. *Yajur* viene del hindú antiguo y significa sacrificios, y *veda* significa conocimiento. Pág. 413.

Índice Temático

A

aberración, 389
  base de, 183
  fuente de, 215
  imponer la verdad como
    Otro-determinismo, 184
abundancia
  remedio de la escasez o, 281
acción
  Escala Tonal, 298
Aceptar, 174
Aceptar-Rechazar
  lo que uno no puede aceptar
    no le puede hacer As-is,
    227
  R2-63, 227–228
actitud
  escala de, 30
acto hostil, 401
  definición, 225
acto no motivado
  definición, 225
actor, 205
  frente a público, 205
Actos Hostiles y Motivadores
  R2-62, 225–226
acuerdo
  realidad y, 295
Acuses de Recibo, 243
admiración, 279, 300–301, 329
  compañeros sexuales, 307
  descripción, 300

  lo que no se admira tiende a
    persistir, 303
  mejor partícula de todas,
    281
  niños y, 304
  partícula especial, 300
  partículas, 302
  por coacción, 301
  Segunda Dinámica y, 294
  solvente universal, 300
  Thetán Operante y, 328
**aférrate a las dos esquinas
superiores de atrás**
  R1-6, 60
Afinidad, 295, 295
  Código de Honor y, 12
  componente de
    Comprensión, 29
  definición, 30
  descripción, 295
  deterioro, 52
  diversas emociones y, 295
  escala de actitud, 30
  véase también **ARC**
**Afinidad, Realidad y
Comunicación**, *véase* **ARC**
Agente 666, 206
Agitador, 402
aguja atorada, 408

alcanzar y retirarse, 277, 306–308

    acción más básica del thetán, 363

    compañeros sexuales y, 308

    compulsión a, 309

    debo alcanzar y no puedo alcanzar, 337

    debo retirarme y no debo retirarme, 337

    dos fundamentos en la acción de theta, 337

    grandes productores, 338

    preclear que no responde a, 338

    rehabilitar a un individuo, 317

    sexo y, 314

    somático y, 316

alergia, 324

alergia a la leche, 324

aliados, 333

    interés de ellos, 215

alma

    Pan-determinismo y, 170

alma personal, 170

Alteración

    R2-65, 230–231

Alter-isness, 28–34

    As-isness de, 138

    cambiar de opinión sin hacer, 229

    definición, 28

    problema y, 34

    proceso, 126

ama de casa

    incapaz, ejemplo de una, 128

anatomía del "quizás", 331

andrógeno, 307

animales

    enfermo, manejo, 317

    procesamiento, 119

ansiedad, 232

    observación pobre, 290

    por un juego, 245

Antes de la Tierra, 402

Antes del universo MEST, 402

Antiguo Testamento, 415

Apatía

    insoportable y agonizante, 128

    proceso que hace brotar Pesar o, 214

aplauso, 304

    admiración y, 303

aprobación

    nunca necesites, 12

ARC, 29, 281, 295

    comprensión y, 234

    Escala Tonal y, 234

    reducción de, 307

    total, 29

    véase también **Triángulo ARC**

ARC Línea Directa, 39, 327

    pasos de, 53

    retardo de comunicación perceptible en ella, 42

    véase también **Línea Directa**

ARC Línea Directa de Punto de Vista, 111

    R2-25, 111

área Entre-Vidas, 402

arte, 279

artista
  certeza en cuanto a la
    creación, 286
Asignación de Atributos
  R2-32, 130–132
As-isness, 28–33, 136, 184
  aceptar y, 227
  As-isness básico de la
    existencia, 139
  definición, 28
  duplicado perfecto y, 134
  Esfuerzos y sustancias
    desconocidas en el banco,
    193
  persistencia y, 31
  proceso, remediar
    havingness, 143
  rechazo a tener, 147
astrología, 285
Asunción, 402
atención, 31, 101–106, 158
  eatingness (condición de
    comer), punto más bajo
    de, 371
  encerrada o atrapada en el
    pasado, 101
  en el entorno, fuera de su
    cuerpo, 378
  exteriorizada y, 377
  fijación de, 154
  forzados a prestarla, 301
  métodos de exigirla, 300
  obligado a prestar, 301
  psicótico y corta duración
    de, 328
  puntos de vista y, 300
  remedio a la escasez de, 101
Atención mediante la vista
  sus órdenes, 106

Atención por Duplicación
  aplicarse a cualquier
    percepción sensorial, 105
  Atención mediante la vista,
    106
  R2-23, 104–106
Atharva-Veda, 413
atontamiento, 68
atorado en la línea temporal,
  210
    condición de inmovilidad y,
      178
atributo
  definición, 131
audiencia
  tomar posesión de ella, 304
auditación
  meta, rechazo y, 113
  véase también
    procesamiento
auditor, 5, 230
  auditación exitosa lo
    mejora, 230
  demasiados, 47
  instrucciones al preclear,
    366
  meta, 52, 364
    para mejorar la
      Supervivencia del
      preclear, 216
    primera, 147
  objetivo del, 389
  resistir el, 366
  volviéndose más o menos
    flojo para auditar, 138
Auditor de Grupo
  otorgar beingness, 255
Auditor de Libro, 394
auditor profesional, 313

Auditor que hace Q y A
definición, 5
Autenticidad
definición, 30
Autoanálisis, 327, 342
8 Corto, 341, 342
penúltima lista, 309, 314,
327, 341, 397, 408
auto-auditación, 230
R2-67 y, 233
R2-74 y la cura para la
auto-auditación obsesiva,
241
Auto-determinismo, 11, 12,
152, 186, 289, 358, 359, 414
"Auto-determinismo", 153
Código de Honor y, 11
Dianética y, 145
fijar la atención y, 154
meta limitada, 168
obsesivo, 147
Otro-determinismo y, 97
para remediar la obsesión o
compulsión, 124, 130
proporcional a, 365
R2-36, 145–147
relacionado con, 359
auto-determinismo
para remediar la obsesión o
compulsión, 124
auto-invalidación
Homo sapiens y, 75
automatismo, 172
avalanchas
activar, 378
ávido de justificadores, 225
Axioma 28, 31, 51, 95
Axioma 35, 184

Axioma 38
estupidez y, 193
axiomas
evaluación y cambiar al
preclear en el espacio,
366
Axiomas de Scientology, 26–35
Axiomas de SOP 8-C, 355–362
ayuda, 119
enfermedad psicosomática,
119
Ayuda Fallida, 403

B

banco
dejar Esfuerzos y
sustancias desconocidas
en, 193
véase también **mente
reactiva**
banco de engramas, 139, 169,
393
fuerza y, 173
banco de facsímiles, 267
Bardo de Stratford-on-Avon,
205
barrera, 25, 31, 251, 349
consta de, 51
definición, 361
para el knowingness, 218
problemas de, se resuelven,
361
Bebé de Alquitrán, 235
**becomingness (condición de
llegar a ser)**, 281
mente y, 298
Bedlam
certeza y, 289

beingness, 30, 98, 355
    adoptar un punto de vista,
        277
    al mando de su propio, 287
    disminución, 318
    espacio y, 355
    llegar a ser y, 281
    mente y, 298
    otorgar
        al preclear, 7
        del Auditor de Grupo al
          grupo, 255
        véase también **Otorgar**
          Beingness
    SOP 8-C y, 348
Belleza, 32
    As-isness, 139
    postula la actual, 165
belleza, 279
    estático y, 166
bien/bueno
    aquello que coopera, 222
    fenómenos de Tercera
        Dinámica, 222
    mal y fijación primaria,
        222
    Pan-determinismo y, 169
bochorno
    risa y, 113
Bodhi
    definición, 414
boil-off
    en R2-22, 102
bondad, 32
"botón" para el clearing
    no existe uno único, 326
botones, 164, 167
Boxeador, 402

brackets, 173, 315, 332, 363
    descripción, 309, 332
Buda, Gautama, 23, 414–415
    discursos de, 23
budismo, 414
    religión del, 415
budismo zen, 289
Buscadores Occidentales de
    Sabiduría, 416

C

Caja-de-Sorpresas, 401
cambiar, 230
    consideraciones, 189, 202
    de auditores, 6
    de opinión, 311
    fallado al efectuar un, 230
    fracasar en, 231
    ideas hacia arriba, 191
    manifestación primaria del
        tiempo, 27
    postulados, 389, 390
    procesos y el preclear, 5
    último esfuerzo, 169
Cambiar de Opinión
    R2-50, 189–190
Cambio de Espacio
    (Procesamiento), 66–68, 394,
    400
    exteriorizado, 393
    Gran Tour, 394
    lista que se debe recorrer,
        401
    meta de, 393
    R2-18 y, 88
Camden, 354
campo negro, 142
campo oscuro, 125

candados
reducción de, 329

canibalismo, 312

cantar
aversión a, 148

capacidad
de hacer postulados y de percibir, 27
de ser, de hacer, de vivir, 317
valencias, 128

carece de importancia, 291

casa de la infancia, 96

caso
abierto de par en par, 200
casos "difíciles", 234
de bajo nivel, 168
definición del Caso V, 327
de pasos inferiores, 310
dificultad con la mayoría de ellos, 84
negrura de, 33
nivel IV, 314
no-exteriorizados, 392
ocluido, 200
Paso IV, V o inferior, 310
psicótico, 328
enfermo, neurótico y, 47
resistivo, 368
tolerancia de espacio y dificultad de tenerla, 392
único criterio en Procedimiento Intensivo, 39
véase también **preclear**

caso abierto de par en par, 200

caso de bajo nivel, 168

caso de no-responsabilidad, 232

caso negro, 378

casos de los pasos inferiores, 310

Caso V
definición, 327

castigo
maldad y, 222

Causa, 31, 52, 277
deseo de producir un efecto, 332
efecto de la propia, 304
elección de, 232
fuente potencial de flujo, 359
negrura y, 338
Pan-determinismo y, 169
renuencia a ser, 362
un efecto, 293

causas previas, 392

Causa y Efecto, 304
certeza y, 332
órdenes básicas, 119
proceso, 118

Centro Clínico HAS, 353

certeza, 283–291, 331
auto-determinada, 289
certeza negativa opuesta, 334
claridad de observación, 286
concluyente de la observación, 302
conocimiento y, 281
cordura y, 286
de comunicación, 1
del impacto, 289
fácilmente obtenida, 286
gente en los niveles bajos de consciencia y, 289

incrementar poder para observar con ella, 295

inculcada por medio de golpes, 289

ruta a ella, 317–319

certeza de consciencia, 290

certeza de falta de consciencia, 290

certeza fácilmente obtenida, 286

choque, 286

Ciclo-de-Acción, 28, 194, 289, 413

básico, 350

del universo MEST Crear-Sobrevivir-Destruir, 213

ciclo DEI, 217

fobia por tener, 376

ciclo de la duración de la vida

mente reactiva siguiendo su ciclo, 293

ciencia

definición, 318

escasez de universos, 318

ciencia del conocimiento, 283

Ciencia de los Asuntos Humanos, 23

ciencia de saber cómo saber, 23, 276

cierre sónico, 188

V Negro

caso de no-responsabilidad, 232

circuito

circuito de irrealidad, 86

incertidumbres y, 315

su mecanismo, 326

clarividencia, 146

Clears, 285

Código de Honor, 11–13

acción auto-determinada, 11

lujo en su uso, 11

Código del Auditor, 5–7, 47, 321

código moral de Scientology, 7

importancia de las secciones 12 y 13, 5

Procesamiento de Grupo y, 255

SOP 8 y, 321

Código de un Scientologist, 17–19

código ético

de Scientology, 13

no puede imponerse, 11

código moral, 7, 11

Coeficiente de Inteligencia

Incomprensibilidad y, 234

cohesión, 295

cojo

proceso para, 142

Colinas Occidentales de China, 23

comenzar-cambiar-y-parar, 306

partes componentes del control, 168

véase también **control**

comer, 301, 308, 391

"comer para saber", 217

cuerpo desea ser un efecto, 310

eatingness (condición de
comer), punto más bajo
de atención, 371
inversiones y, 153

comida
no tener suficiente, 47

comodidad
al comunicar, 52
al ver, 63
y experimentar, 112
con respecto al universo
físico, 1

compasión
con el cuerpo, 378
con el preclear, 6
nunca necesites, 12

comportamiento
proceso clave para alterarlo,
177

comportamiento humano
postulados del thetán y, 35
sus factores mecánicos, 392

Comprensión, 234
compuesta de, 29
Not-isness y, 29
que algo puede ser
incomprensible, 234

compulsiones, 337
a alcanzar y retirarse, 309
"hacer nada" o "hacer
algo", 395
haz que lo haga de forma
auto-determinada, 130
por saber, 378
regla esencial, 124
ubicación compulsiva
precede al pensar
compulsivo, 356

computación
computación del caso, 326
"nunca debe volver a
suceder", 378
resolver, 341

**computación de "nunca debe
volver a suceder"**, 378

Comunicación
cambios en el preclear, 364,
371
certeza de, 1
Código de Honor y, 12
cómodo al, 52
componente de
Comprensión, 29
condición de
forma, 392
no-forma, 392
definición, 31, 51
depende de la, 362
descripción, 295
dos-direcciones, *véase*
**comunicación
en-dos-direcciones**, 31
duplicación y, 359, 361
fórmula de
véase **Fórmula de la
Comunicación**
gráfica de, 391
impulsiva u obsesiva, 392
meta del procesamiento y,
26
orden básica de
Comunicación, 244
para alcanzar la perfección
teórica, 52
para mejorar, 52
partes componentes de, 31,
51, 52
perfecta, 137

por lo tanto hay, 278
primera y más básica
  definición, 136
razón de, 294
sus factores mecánicos, 392
velocidad, 96, 121
véase también **ARC**
comunicación
  en-dos-direcciones, 31, 39, 46,
  51
  dónde en la Escala Tonal, 46
  establecerla, 52
  mantenerla con el
    preclear, 7
Comunicaciones Originadas,
  243
Comunicación Oculta
  R2-60, 217–221
Concebir Algo Interesante, 195
  R2-39, 152–158
  recorrer durante suficiente
    tiempo, 158
Concebir un Estático, 181, 201
  R2-40, 162–164
conceptos
  recorrerlos, 377
conclusiones
  de la observación, 292
condiciones
  atorado en una, 231
  de la existencia, 28
  procedimiento que activa
    una condición la
    desactivará, 47
condición hipnótica, 101, 104
condición primaria de
  cualquier universo, 28
Conferencias del Curso
  Profesional, 413

Confucio, 414
confusión, 152
  "muy interesantes", 267
Congreso Internacional de
  Phoenix, 348
conocimiento, 276, 283, 287
  certeza y, 281, 283
  observación, 283
  su historia, 413
consciencia, 287, 319
  ascendente o descendente, y
    espirales, 295
  aumentar en su nivel, 317
  gente en niveles más altos
    frente a los que están en
    los más bajos, 289
  orden para expandirla, 377
  Triángulo de Certeza de
    Consciencia, 288
  volverse más fija, 298
consideraciones, 27, 34, 173,
  277, 279
  Belleza y Fealdad, 32
  cambiar, 202
  comunicación y, 31, 136
  fuente del espacio, la
    energía, el tiempo y las
    formas, 25
  havingness y, 212
  meta de procesamiento y,
    26
  Pan-determinismo, 168
  proceso para mejorarlas,
    137
  son superiores a los factores
    mecánicos, 24
  thetán y, 189
Constructor de Cuerpos, 402
continuums-de-tiempo, 146

control, 147, 306
  Auto-determinismo y, 168
  descripción, 152
  factores, 194
  incertidumbres y, 318
  partes componentes, 168
conversación baladí
  definición, 140
copia, 133
  cuerpo, 73
  definición, 133
  escenas del universo físico,
    R1-15, 77
  familiariza al preclear con
    la palabra, 58
  R1-5 y, 58
Copiar
  R1-5, 40, 58
Copiar el Universo Físico
  R1-15, 41, 77
cordura, 287
  ayuda para recuperarla,
    118
  certeza, 283, 286
    camino a, 286
  idea básica de, 183
  índice directo de, 376
  peligrosidad del entorno y,
    118
  R2-16 hasta que esté
    completamente cuerdo,
    85
couéismo, 165
creación, 318
  certeza y, 286
  de un efecto, propósito más
    elevado en el universo, 27
  se logra mediante, 28
Crear, 350

**Crear-Reparar
  (Cambiar)-Deteriorar
  (Cambiar)-Destruir**, 194
Crear-Sobrevivir-Destruir, 28,
  213
cristianismo, 23, 416
Cristo, 146
cuadros creativos, 300
cuadros de energía
  mock-ups, 302
cualidades
  definición, 166
Cuarta Dinámica, 294
Cubo de Hielo, 402
Cubrimiento, 401
cuerpo
  crear forma en los
    puntos-Efecto, 392
  debajo del nivel de ser un,
    126
  decaimiento de, 307
  esparcido por todo el, 125
  estructura electrónica, 73
  mock-up del propio, 323
  "muy interesante", 267
  observándolo y
    energizándolo, 378
  pubertad y dificultad con,
    309
  puntos de anclaje del, 74
  razón por la que el preclear
    está en, 377
  reparación de, 215
  sexo y, 307
  thetán y, 125
    cuando él está tan
      convencido de que es
      uno, 351
Cuerpo en Prenda, 402

Cuerpos Sanos, 187, 342, 343
cuerpo theta, 185
curaciones, 146
Curiosidad
    ciclo de DEI y, 217
    debajo de 40.0, 301
Curso Avanzado: Hoja de Datos, 389–395
Curso B de Instrucción de Camden, 348
Curso Clínico Avanzado, 1, 394

D

Debe y No Debe Suceder, 175
    procesos para recorrer con, 195
    R2-44, 178
Debo Alcanzar, 337
Debo Retirarme, 337
decisión
    selecciona tu propia, 13
    ser, 277
DED, 403
DEDEX, 403
definiciones
    acto hostil, 225
    acto no motivado, 225
    Afinidad, 30
    Alter-isness, 28
    As-isness, 28
    atributo, 131
    Auditor que hace Q y A, 5
    autenticidad, 30
    barrera, 361
    Bodhi, 414
    Caso V, 327
    ciencia, 318
    comunicación, 31, 51

conversación baladí, 140
copia, 133
duplicación perfecta, 137
duplicado perfecto, 29, 133
espacio, 27, 95, 277, 357, 363, 389
"esparcido por todo el universo", 124
Estático, 32, 164–166
Estático de Vida, 27
estupidez, 33
        mecánica, 33
facsímil, 336
interés, 158
Isness, 28
justificador, 225
mentira, 32
Mesías, 415
mock-up, 155, 363
motivador, 225
negrura, 338
Not-isness, 28
Pan-determinismo, 168
Para-Scientology, 284
pérdida, 306
preclear, 363
punto de dimensión, 277
punto-de-orientación, 95
punto de vista, 305
puntos de anclaje, 359
realidad, 28, 30
religión, 417
retardo de comunicación, 52
Scientology, 23
símbolo, 95, 360
SOP 8-C, 347
Theta Clear, 348
thetán, 291

Thetán Operante, 348

tiempo, 280

verdad, 33

vía, 165

"viaje astral", 351

degradación

falta de havingness y sentimiento de, 68

demencia, 337

deber alcanzar, no poder alcanzar, 314

denominador común

más alto, de la existencia en sí, 24

Desconocimientos

R2-46 y, 181

R2-52, 181, 193

desconocimientos

método para deshacerse de los que están en el banco, 180

descubrir cosas que sean seguras de mirar

R1-8, 62–64

deseo

capacidad y buena disposición para duplicar, 362

Escala de Saber a Misterio y, 160, 187

Escala Tonal y, 301

flujos, 196

GITA Expandido, 323

oponentes, 204

véase también **Escala DEI**

desperdiciar, 314

Cuerpos Sanos, 342

descripción, 323

desventajas, 174

Escala DEI y, 187

GITA Expandido, 323

luchar, 174, 187

oponentes, 174, 204

palabras, 203

desperdiciar, aceptar y desear, 203, 204, 323

Desplomador, 403

destino

requiere Comunicación, 294

destrucción

se logra mediante, 29

Destruir, 350

detener

percepción y, 251

determinismo

juego y, 245

supervivencia y, 168

Dewey, 23

Dharma, 23, 414

Dharmapada, 415

Dhyana, 414

Dianética, 133, 193, 284, 285, 395, 417

Auto-determinismo y, 145

ciencia de precisión, 214

el mayor descubrimiento en ella, 213

fenómeno del Acto Hostil-Motivador, 225

lógica de, 216

proceso para la reparación de cuerpos, 215

uso obsesivo de los primeros procesos de ella, 395

¡Dianética 55!, 243, 245

dicotomía, 213

diferenciación

idea básica de la cordura, 183

Diferenciación de Cuerpos

R2-47, 182

Diferenciación de Tiempo Presente, 326, 327, 328

resuelve somáticos crónicos y mejora el tono, 327

dimensión, 299

Dinámica Pan-determinada, 145

dinámicas, 294

esferas concéntricas, 154

individual y la Tercera Dinámica, 173

invertidas, 154

se desglosa en muchas partes, 213

universos y, 293

Dios, 162

está en todas partes, 96

existencia de, 285

Distancia

Causa, Distancia, Efecto, 391

Comunicación y, 31

parte componente de la, 51

distancia

afinidad y, 30

factor en la Comunicación, 52

tolerancia de, 110

doingness, 355

energía y, 356

dolor, 281, 319

adquisición de admiración por medio de, 302

cualquier sensación mejor que ninguna sensación, 188

sensación de pérdida, 306

Donde No Está

R1-7, 40, 61

dramatización, 154

drogas, 286

Duplicación, 31, 234

acción básica de la existencia, 361

comunicación, 359, 361

duplicación perfecta

definición, 137

véase también **Duplicación Perfecta**

Fórmula de la Comunicación y, 51

principios operativos de la vida, 361

procesos, 137

véase también **procesos de Duplicación**

véase también **duplicado perfecto**

duplicación, 293

Duplicación Perfecta

antes de R2-34, 141

curar con una mirada, 136

derrotar un engrama, 133

Dianética y, 133

órdenes, 135

R2-33, 133–136

Duplicación por Atención, 264

duplicado perfecto, 28, 392

definición, 29, 133

duplicar
copia y, 133
dos clases, 133
renuencia a, 362
un preclear que no puede, 130
véase también **duplicación perfecta**

E

Eatingness (Condición de Comer), 30, 161
Escala de Saber a Sexo (Misterio), 63, 161
mirar y experimentar, 112
educación
cualidades de la educación eficaz, 202
Educación, La, 403
Efecto, 31, 52, 277, 293
ambición por ser uno, 297
arriba en la escala y por lo cual uno actúa, 303
creación de un, 27
cualquiera, mejor que ninguno, 281
de la propia causa, 304
deseo de producir, 332
negrura y, 338
no sabiéndolo y, 378
observar, 294
recepción potencial de flujo, 359
renuencia a ser, 362
Effortingness (Condición de Esfuerzo), 30, 161
Escala de Saber a Sexo (Misterio), 63
mirar y experimentar, 112

ejercicios, 150, 311, 393
El Bien y El Mal
R2-61, 222–224
electrochoque, 328
electropsicometría, 310
Elegir Causa
R2-66, 232
el mayor bien
Scientology y, 18
"El Puente Entre Scientology y la Civilización", conferencia, 413
"el único", 98, 184
Emanador, El, 402
E-Metro, 390, 398
paso en SOP 8-D, 408
Emoción
Escala de Saber a Sexo (Misterio), 63
emoción, 281, 295
contemplar con aplomo, 63
"expresar emoción para saber", 217
poner la emoción en algo, sentir una diferente, 378
emoción equivocada, 185
Emotingness (Condición de Expresar Emoción), 30, 161
mirar y experimentar, 112
encontrar lugares en los que no se está
R1-7, 61
energía, 278
Afinidad, 295
consta de, 27
doingness y, 356
"energía muerta", 183
flujo de, 299
ideas fijas en ella, 376

mente analítica, 298
procede de, 357, 359
producida por la mente
analítica, 306
"Sólo la energía te lo puede
decir", 218
universo de dos terminales,
299
"energía muerta", 183
enfermedad
tratamiento de, 348
véase también
**psicosomática
(enfermedad)**
engramas, 101, 285, 393, 395
Auto-determinismo y, 154
casos psicóticos y, 328
Duplicación Perfecta, 133
importancia y, 200
reducción de, 329
enloquecer
tres cosas que las causan,
47
en otra parte
Inhibición de atención, 301
entorno
exteriorizada y con su
atención puesta en, 377
peligroso para, 118
Escala de Acción, 289
escala de actitud, 30
escala de comportamiento,
391
Escala de Consciencia, 289
elevar, 302
escala de gradiente
certeza y, 287, 303
de exteriorización, 124

de fealdad y peligrosidad,
322
exteriorización y, 126
inversión y, 125
mock-ups en una, 72
**Escala de Gradiente de
Exteriorización**, 124
Escala DEI, 188, 217
descripción, 186
R2-49, 186–188
Escala de Saber a Misterio,
153, 202
Asignación de Atributos y,
132
en R2-60, 221
Escala DEI y, 187
individuo está en alguna
parte de, 30
interés y, 160
Escala de Saber a Sexo, 52, 62,
63
descripción, 391
**Escala de Sustitutivos
Adquiridos a Causa de las
Pérdidas**, 210–211
**Escala de Tolerancia de Puntos
de Vista**, 391
Escala por Debajo de Cero, 334
Escala Tonal, 63, 234, 295–298,
312, 315, 391
ARC y, 234
escala de
Desear-Imponer-Inhibir y,
186
espirales y, 295
maldad por debajo de 2.0 en
la, 213
observador está muy abajo
en la, 312

parte más alta, descripción, 296

parte más baja de ella, descripción, 297

procesos y, 46

véase también **Escala DEI**

Escala Tonal de ARC, 46

véase también **Escala Tonal**

escasez, 280

así se produce, 280

de atención, 101

de juegos, 246

de oponentes, 184, 207

de papeles, 206

de puntos de vista, 322

de universos, 318

GITA Expandido y, 324

escritor

admiración y, 304

Escuela Profesional, 321

esferas concéntricas, 154

esferas doradas, 73

esfuerzo, 281, 391

Dianética y, 193

"esfuerzo para saber", 217

estupidez a menos que se comprenda, 206

percibir cómodamente, 63

Espaciación, 357

descripción, 323

espacio

beingness y, 355

definición, 27, 95, 277, 349, 357, 363, 389

dos cosas que ocupan al mismo tiempo, mismo, 134

es no comprensión, 234

existe a causa de, 358

gente haciendo espacio para el preclear, 147

ilusión de, 150

Ocupar el Mismo Espacio, R1-10, 69–70

palabras y, 148

punto de vista de dimensión, 299

resolución de falta de, 333

sé el espacio detrás…, alrededor… y en, 377

thetán ubicado en, 57

tolerancia de, 391, 392

"esparcido por todo el cuerpo", 125

"esparcido por todo el universo", 146, 154, 169, 183

definición, 124

Espiral Acumulativa, 210

espiral ascendente, 295

espiral descendente, 225, 226, 295, 392

anatomía de, 139

descripción, 377

espirales, 295, 401

espíritu

humano, 277

humano, rehabilitación del, 347

unidad con consciencia de consciencia, 291

espíritu de la mujer, 409

espíritu del hombre, 409

Estación de Comparecencia, 403

Estación de Implantes, 403

estados de ser

resumen de, 35

Estático, 29
    capaz de, 27
    co-existencia del, 30
    cualidades, 166
    definición, 32, 166
    descripción del verdadero
        estático, 124
    no se le puede hacer As-is,
        164
    problema y, 34
    Verdad Básica, 32
    Verdad Máxima, 166
Estático de Vida
    definición, 27
estímulo-respuesta
    comportamiento, 289
    mecanismo, 319
"Estoy por allá", 125
estrógeno, 307
estupidez, 215
    definición, 33
    definición mecánica, 33
    esfuerzo y, 206
    solidez y, 203
eternidad
    knowingness de, 275
evaluación
    cambiando al preclear en el
        espacio, 366
    concepto de punto de vista
        de la mente reactiva, 305
    preclear, 6
evaluado excesivamente, 307
Excalibur, 118
Exigencia de Atención
    ciclo de, 301
existencia
    acción básica de, 361
    condiciones de, 28

    denominadores comunes de
        más alto nivel de, 24
    Principio Dinámico de la
        Existencia, 213, 216
experiencia, 293
Expresar emoción, 391
Extender la Atención, 102, 114,
    145
    R2-22, 101–103, 155
exteriorización, 1, 348, 351,
    353, 393
    atención y, 377
    cambiar de opinión y, 189
    casos de los pasos
        inferiores, 310
    con otros fines, 322
    Cuando esté exteriorizado y
        lo sepa a consciencia, 323
    de objetos reales del
        universo físico, 110
    descripción, 351
    dificultad con, 126, 353
    en caso de una segura, 370
    Escala de Gradiente de
        Exteriorización, 124
    meta principal al
        procesarlo, 376
    Pan-determinismo más
        elevado y, 153
    preclear difícil de
        exteriorizar, 152
    preclear exteriorizado y lo
        sepa, 323
    Procesamiento de Beingness
        y, 126
    reclutamiento y, 123
    remedio que la da como
        resultado, 150

siempre "aquí" nunca
"allá", 125
variabilidad, 125
Exteriorización por Atención, 101
Exteriorización por Distancia, 43
al preclear le pareció irreal, 120
R2-24, 107–110
Exteriorización por Escenario, 326, 342

F

fácilmente obtenida, certeza, 286
facsímil, 66, 336–338
definición, 336
Duplicación y, 342
pensar a base de ellos, 200
pérdida y, 210
sólido, 198
facsímil de servicio, 215, 326
Facsímil Uno, 402
factor de realidad
Triángulo ARC y, 52
Factores, Los, 277–282, 321
espíritu humano, universo material y, 277
SOP 8 y, 321
factores mecánicos, 35
atención y, 158
consideraciones son superiores, 24
frente a consideraciones, 24
preclear embrollado por ellos, 251

producto de las consideraciones acordadas, 24
thetán y, 189
fealdad, 32, 139, 279
escala de gradiente de, 322
felicidad
lucha y, 184
fenómeno del Acto Hostil-Motivador, 225
filosofía
fijación primaria de, 222
física nuclear, 23
Flujos, 195
R2-54, 196–197
flujos
inhibir, imponer y desear, 196
interiorización y, 376
realidad y dirección de, 295
universo compuesto de, 197
Fórmula de la Comunicación, 31, 51
comprensión del tiempo y, 96
Otorgar Beingness y, 95
Supervivencia y, 96
universos rehabilitados y, 1
Fórmula H, 363
fósforo
R2-22, 102
fracaso
el mayor candado en el Alter-isness, 230
fuente de, en SOP 8-C, 364
inexplicable, 286
seguro si tus padres los hacían, 239
Freud, 309–311, 416

fuerza, 171
    cambiar de opinión acerca de ella, 173
    dominar por la, 300
    facsímil y, 338
    juego y, 173
    Thetán Operante y, 328
    víctima de ella, 171
futuro, 355
    Supervivencia = interés +, 215

G

ganancia negativa
    reducción de engramas y candados, 329
    SOP 8 y, 321
ganancia positiva, 329
    SOP 8 y, 321
GE (entidad genética)
    puntos de anclaje y, 73
generadores, centrales eléctricas, 72
gente en niveles más altos de consciencia frente a los que están en niveles más bajos, 289
Girador, 402
GITA Expandido, 186, 314, 323–326, 338
    qué remedia, 324
gota de agua
    en océano de datos, 275
gráfica de comunicación, 391
Gran Tour, 67, 394, 400–403
    R1-9, 40, 65–68
griegos, 416

Gritar
    R2-37, 148–149
grupo
    8 Corto en, 317, 341
    Código de Honor y, 12
    SOP 8, Pasos III, V, VI, VII y, 330
Grupo C, 363
guerra, 207

H

hábitos, 124
habla, 197
Hacer Algo para el Futuro
    R2-73, 240
HAS, 354
havingness, 67, 159, 212, 355, 395
    cómo producir, 358
    complementar, 58
    cuando recorras cualquier proceso de As-isness, 143
    en el Procedimiento del Curso Avanzado, 393
    fobia acerca de, 376
    juego y, 172, 245
    Localizar Puntos en el Espacio y, 89
    maquinaria y, 75
    problemas con respecto a, R1-11, 93
    Problemas y Soluciones en, 71
    punto de entrada a, 158
    puntos de anclaje y, 73
    remedio a intervalos, 64

remedio de, 75
    con motivadores, 226
    cuando tengas duda, 47
    del cuerpo, 73
    engramas y, 395
    la risa y, 114
    R1-12 y, 72
    remedio en
        R2-39, 155
        R2-43, 175
        R2-56, 204
        SOP 8-C, 358
    tema de la pérdida, 210
    tiempo y, 357
    véase también **Remedio de Havingness**
hebreos, 415
Hermosura
    As-isness y, 139
hijos, 294
hipnotismo, 286
    recorrer completamente, 264
Hombre
    barreras que él mismo ha creado, 25
    consideraciones y mecánicas, 24
    enfermo, rechazo amoroso, 163
    esclavizado por barreras, 25
    estará tan bien como sea auto-determinado, 352
    existiendo en estado parcialmente hipnotizado, 352
    peligrosidad del entorno y la cordura, 118

hombres
    mayores, se vuelven como mujeres, 307
Homo sapiens
    thetán ubicado es más que, 57

I

identificación, 30
    base de la aberración, 183
    parte más baja de la Escala Tonal, 297
iluminación, 415
imaginación
    reaviva, 129
implosión
    parte más baja de la Escala Tonal, 297
imponer
    capacidad y buena disposición para duplicar, 362
    descender tan bajo como 1.5, 301
    Escala de Saber a Misterio, 160
    flujos, 196
    véase también **Escala DEI**
Importancia, 195
    R2-55, 198–203
importancia, 291
impulso
    Comunicación y, 31, 51, 392
incapacidad
    el núcleo, 129
incertidumbre, 331
    fracaso inexplicable y, 286

mente reactiva y, 292, 303
observación pobre, 290
Para-Scientology, 284
quizás, 290

Incomprensibilidad
R2-68, 234

inconsciencia
certeza y, 290

Incorporador, 402

incorrecto, lo
en cuanto a flujo, 359

India
Jesús de Nazaret y, 416
misterios de la, 275

individualización
desde el Knowingness
bajando, 30
proceso clave que la ataca,
183

influencias ocultas, 301

inhibir
de 1.1 hacia abajo, 301
Escala de Saber a Misterio
y, 160
flujos, 196
habilidad y buena
disposición para duplicar,
362
haciendo ruido, 148
véase también **Escala DEI**

inmortalidad, 214, 303, 415
del Hombre, 285

integridad, 12

intención
atención y, 158
menos flexibles en cuanto a
acción, 298
parte componente de la
Comunicación y, 31, 51

interés, 152–158
ampliación de, 154
definición, 158
"el cuerpo y la confusión
eran muy interesantes",
267
idea básica de la
interiorización, 152
interesado frente a
interesante, 156–160
obsesivo, 159
supervivencia y, 214

interiorización, 185, 391
aberración de resistirla, 376
idea básica de, 152
miedo de tocar y, 229

Interiorización en Universos,
391

**Interiorización-
Exteriorización**, 393
ejercicios, 400

Interposiciones, 30, 31, 51

invalidación, 6, 75
Hombre y, 25

inversión, 153
de las dinámicas, ejemplo,
154
inversión de, 125
trabajar y jugar, 206

investigación
de los fundamentos de la
vida, 275

irrealidad
consecuencia y apariencia
de, 31

Isness, 29, 30
apariencia, 30
definición, 28
persistencia y, 32

J

Jesús de Nazaret, 416
juego, 35
    ambición más elevada,
        "tener un juego", 204
    consiste de, 172
    ítem que es importante y,
        199
    llamado Universo Físico,
        349
    luchar contra una
        oposición, 172
    oponente y, 171, 204
    participación en el, 282
    thetán adoptará riesgos,
        171
    universo es uno, 171
    universo MEST, 245, 361
Juegos
    R2-77, 245–247
jugador
    juego y, 245
jugar
    rehabilita el sentido de, 236
    trabajar y, 206
Jung, 316
justificador
    definición, 225

K

Kant, 23
Knowingness, 161
    mirar y experimentar, 112
    R2-75, 242
knowingness, 217, 234, 242,
    391
    antes de ser, 327

certeza y, 283
Escala de Saber a Sexo
    (Misterio), 63
espacio y, 349
individualización bajando
    desde, 30
juego por debajo del nivel
    de, 245
meta de, 218
Otro-determinismo y, 218
reducción de, 349
se condensa, 217
SOP 8-C y, 348
todo es una condensación
    de, 242
total, 29
    consiste de, 29
Vedas, 413
Krishna, 140

L

Ladd, Alan, 205
ladrón
    ejemplo del uso del
        Pan-determinismo, 145
lamaserías, 23
lamentar, 12
Lao-tzu, 23, 414
lema
    ¡Paz! ¡Paz! ¡Paz!, 173
    de cualquier partícula por
        debajo de lookingness,
        218
    de este universo, 172
    "haz que se resistan", 227
L'Envoi
    Procedimiento Intensivo,
        249, 251
ley de los universos, 134, 137

libertad, 23, 25, 276
    ámbito de interés, 154
    depende de, 25
    estar interesado, 156
    meta de SOP 8, 322
    no puede borrarse, 164
    Scientology y, 227

Libro de Job, 414

Libro Uno
    palabras, tremendo énfasis, 203

Línea Directa, 111, 163, 212, 226, 230, 327, 377
    condición que contradiga
        ejemplos, 163
        regla, 164
    véase también **ARC Línea Directa**

Línea Directa de Punto de Vista, 111
    R2-25, 111
    su meta, 62
    teoría básica tras de ella, 62

Línea Directa Elemental
    dónde en la Escala Tonal, 46

líneas de comunicación
    encubiertas, 125
    métodos de cortarlas, 301

línea temporal completa, 284

Lluvia, 206

localicen algunos puntos
    Procesamiento de Grupo, 256

Localizando Puntos en la Sala, 42

Localizar Puntos en el Espacio, 42, 88, 390
    dónde en la Escala Tonal, 46
    R2-18, 88

Localizar Puntos en la Sala
    R2-19, 90

Lógicas, 26

Lookingness (Condición de Mirar), 30, 161
    Escala de Saber a Sexo (Misterio), 63
    mirar y experimentar, 112

Luchar
    contra sí mismos, 173
    desperdiciar, 174, 187
    en conjunto con
        Debe y No Debe Suceder, 175
        Pan-determinismo, 175
    Escala Tonal y, 169
    Procesamiento de Juegos, 204
    procesos para recorrer con, 195
    R2-43, 171–177

Luchas de Miradas Fulminantes, 403

Lucrecio, 416

luz, 278

M

Maitreya, 417

mal auditor
    juzgar por, 5

Maldad, 32
    Pan-determinismo y, 169

maldad, 415
    bien y fijación primaria, 222
    fenómeno de Tercera Dinámica, 222
    lo que se castiga, 222

persistencia y postulado primario, 162

por debajo de 2.0 en la Escala Tonal, 213

porqué la maldad permanece, 139

Mantener Puntos de Anclaje

R2-38, 150–151

"máquina de preocupación", 232

máquinas, 75, 124

R1-14 y máquinas del thetán, 75

thetán, 172

Máquinas del Thetán

R1-14, 41, 75

Marx, 227

masa, 95, 145

comunicación y, 52

duplicado perfecto y, 133

facsímiles sólidos y, 198

importancia y, 200

no comprensión y, 234

Masa, Significado, Movilidad, 95, 145

véase también **símbolo**

mascota

proceso para recuperar la cordura, 118

matrimonio

haciéndose añicos, 205

Mecedor, 402

mente

dos tipos generales, 291

reactiva frente a analítica, 292

su importancia y no importancia de, 200

véase también **Cambiar de Opinión**

mente analítica, 291–300, 310, 313–319

crea artísticamente, 319

darle fuerza a la mente reactiva, 298

energía producida por ella, 306

Escala Tonal y, 296

frente a mente reactiva, 298

influencia oculta, 301

liberar de la sujeción del cuerpo, 310

procesándola, 311–313

rehabilitación de ella, 312

se puede procesar directamente, 311

Mente Infinita, 170

mente reactiva, 203, 291–300, 305–308, 312, 318

creación de, 200

descripción, 292

eficacia de las palabras en ella, 203

evaluación de punto de vista, 305

frente a mente analítica, 298

incertidumbre y, 303

no puede cambiar sus opiniones, 311

quizá, 310

tratar de causar un efecto, 293

véase también **banco de engramas**

mentira
definición, 32
problema y, 34
segundo postulado, 32
persiste, 162
tiempo y, 165
mentira básica, 33
Mesías
definición, 415
MEST
incomprensibilidad y, 234
interesante, 157
problema y, 34
meta, 216
auditor, 52, 147
primera que debe lograrse
por, 364
de la religión, 417
de llamar la atención, 301
fiel a tus propias, 13
Línea Directa de Punto de
Vista, 62
Procedimiento Intensivo, 1
procesamiento, 26, 145
miedo escénico, 255
mímica
psicótico y, 328
mirando fijamente
As-isness y, 136
Mirar, 391
"mirar para saber", 217
Mirar sin Riesgo
R1-8, 40, 62
mirar y experimentar, 112
Misterio, 30
anatomía de, 113, 152
confusión concentrada, 113
Escala de Saber a Sexo
(Misterio), 63, 161, 217

mirar y experimentar, 112
véase también **Escala de
Saber a Misterio**
misticismo, 312
místico
problemas y, 93
mock-up
cuadros de energía, 302
definición, 155, 363
escala de gradiente, 72
frente a procesamiento del
universo físico, 84
propio cuerpo, 323
R2-24 y, 110
mock-up de generadores
R1-12, 72
modo de vida
antiguo podría
comprenderse, 24
nuevo creado, 24
Moisés, 416
Mordisqueo, 402
motivador, 401
definición, 225
movilidad, 145
movimiento, 279
características de, 306
fundamentos, 278
tolerancia de, 114
muerte
así se produce, 281
descripción, 317
mecanismo en ella, 152
parte más baja de la Escala
Tonal, 297
repentina, escaparse tres
veces de una, 118
seguro si tus padres lo
hacían, 239

mujeres

mayores, se vuelven como hombres, 307

N

Nada-Algo

R2-28, 120

necromancia, 312

Negro y Blanco, 329

negrura, 210

Caso V, 327

cuerpo cubierto de, 308

definición, 338

de los casos, 33

deseo de ser un Efecto y la incapacidad de ser Causa, 338

impone un flujo, 197

orden de auditación y, 378

parte más baja de la Escala Tonal, 297

persistencia de, 203

Procesamiento de Descripción y, 142

neurosis, 317

neurótico

Procedimiento de Apertura de 8-C y, 85, 251

único proceso para, 47

Nietzsche, 23, 416

niño

evaluación frente a percepción, 305

hacer que se admiren cosas y, 304

proceso para recuperar la cordura, 118

trayectoria e interés, 159

Nirvana, 146

nivel de aceptación, 122, 140, 156, 237

Nivel de Expectación

R2-70, 237

nivel de rechazo

nivel de aceptación y, 122

niveles bajos de consciencia, 289

niveles más altos de consciencia, 289

no-Comunicación

de qué consta, 31, 51

no-havingness, 71

No Puedo Alcanzar, 337

No Puedo Retirar, 337

nothingness (condición de nada), 31, 51, 290, 392

certeza, 291

crear frente a efecto total, 287

fijando y dejando de fijar la atención en, 361

miedo a no ser, 314

R1-6 y, 60

R2-28 y, 120

Not-isness, 28, 31

definición, 28

persistencia y, 32

Not-Knowingness, 30

desensibilizará, 378

O

obesidad, 215

objetivos (procesos)

Procesamiento de Grupo y, 255

Objetos

R2-67, 233

objetos
    constan de, 27
    frente a puntos, 392
    Por Favor Pasa el Objeto,
      R2-69, 235
observación, 283
    certeza y, 286, 302
    directa, 292
    en función de tres
      universos, 291
    su sustitución, 289
observador cualificado, 287
obsesión
    "hace nada" o "hace algo",
      395
    haz que lo haga de una
      forma
      auto-determinada, 124
    por tener algo, 376
Obsesión, La, 401
océanos de datos, 275
8-C
    véase **Procedimiento de**
      Apertura de 8-C
8 Corto, 309, 314, 317, 341–343
oclusión, 39
    remediar, 310
    universos y, 392
Octava Dinámica, 154, 294
Ocultar, 212
    control y, 169
Oculto, 217
Ocupando el Mismo Espacio
    R1-10, 40, 120
Ocupar el Mismo Espacio, 69
odio
    depende para su fuerza de
      un amor anterior, 162

olvidar
    depende de la capacidad de
      alcanzar y retirarse, 337
opinión
    cambiar de, 311
    véase también **Cambiar de**
      Opinión
oponente
    desperdicio, 174
    escasez de, 184, 207
    juegos y, 172
    paridad con él, 171
    parte esencial de los juegos,
      204
orden
    caso que falseará o alterará,
      83
    duplicación de, 267
orientación, 355
oscuridad, 307
Otorgar Beingness, 42
    descripción, 95
    "el único" y, 98
    punto-de-orientación, 95
    R2-21, 95–98
    reparar y, 194
    símbolo y, 95
Otras Personas, 160
    Concebir un Estático y, 181
    R2-46, 180
    véase también **R2-46**
Otro-determinismo, 184
    aberración y, 184
    al Auto-determinismo, 97
    a medida que disminuye el
      Auto-determinismo, 154
    asignación de atributos,
      131
    bueno y, 222

de espacio, energía, tiempo
y forma, 25
fijación de atención, 154
otro knowingness, 218

P

PABs, 140
palabras
usadas para hacer espacio,
148
"Palito de Cóctel", 98
Pan-determinismo, 145,
145–147, 152, 154, 157, 168
definición, 168
ejemplo del ladrón, 145
meta del procesamiento,
145
procesos para recorrer con,
195
punto regulador en el
procesamiento, 169
R2-42, 168–170, 171
razón del por qué respalda
la existencia, 169
pantalla de fuerza, 66
papeles, 205
Para-Scientology, 283, 285, 312
definición, 284
paro
formado de vías, 165
partícula de energía
knowingness condensado,
218
partículas
admiración, 302, 328, 329
barreras y, 31, 51
Comunicación y, 392
continuums-de-tiempo de,
146

duplicado perfecto, 133
emoción y esfuerzo, 218
energía consta de estas
postuladas, 27
interés, 153, 156
tiempo y, 350
Partidor, 401
pasado, 355
mentir acerca de, 121
Paso I
procesos de SOPs
anteriores, 69
paz, 171, 173
ninguna debajo del nivel en
que uno no puede luchar,
171
niveles elevados de la Escala
Tonal, 171
peligrosidad
del entorno, resolución, 118
rehabilitación de ella, 317
pensamiento, 281
infeliz acerca de ser
únicamente un, 76
véase también
pensamiento analítico
pensamiento analítico
descripción, 292
Pensar, 30, 391
para saber, 217
saber antes de poder ser u
observar, 292
penúltima lista (*Autoanálisis*),
309, 314, 327, 397, 408
8 Corto, 309, 341
percepción, 287, 311
cambios en, recorre un
procedimiento mientras,
47

conseguirla por, 298

depende de la, 362

evaluación y, 304

Incomprensibilidad la incrementa, 234

se detenga y, 251

Pérdida

R2-58, 210–212

pérdida, 210–212, 306

consideración y, 212

definición, 306

Degradación, Fallas de la Memoria, Negrura, 210

de un punto de vista, 307

persistencia, 29, 30, 31, 32, 33, 35, 138, 147, 350

admiración y, 279

de energía o espacio, 230

lo que no se admira, 303

segundo postulado y, 162–163

personalidad

consideraciones acerca de la Supervivencia y, 213

Pesar

proceso que hace brotar Apatía o, 214

placer, 281

adquirida mediante el interés, 214

Platón, 313

poder

nunca minimices tu, 12

Verdad Máxima y, 164

Ponte Un Metro Detrás de Tu Cabeza, 322

R1-4, 40, 57

Ponte un metro detrás de tu silla, 356–357, 407

Procedimiento de Apertura, 370

Por Favor Pasa el Objeto

R2-69, 235–236

posesión, 212

ciclo de DEI, 217

posesiones importantes

exteriorización y, 212

Posición por Seguridad (SOP 8-D)

R2-30, 123

postulado, 389, 390

comportamiento humano y, 35

efectividad de, 376

Estático y, 27

meta del procesamiento y, 26

primario, 162

segundo, 162

y hacer una máquina, 75

postulado primario, 32, 162, 163

precauciones

sigue el Código del Auditor, 47

preclear, 5

aparenta recorrer órdenes subjetivas, 84

auto-auditación, 230

buscando significaciones más profundas, 130

cambiar sus postulados, 389–390

condición de inmovilidad y, 178

con dificultad
    psicosomática, 251
     véase también **caso**
con un campo negro, 142
cooperación, 366
cuando no puede
    exteriorizarse, 123
     ser nada, 99
cuando tiene un campo
    oscuro, 125
definición, 363
de quién obedecería
    órdenes, 390
dificultad básica, 99
disposición a recibir
    instrucciones, 364
educación y, 202
en muy malas condiciones,
    plan, 195
"Estoy por allá", 125
inhibición de hacer ruido,
    148
interés y, 159
invertido, 125
juego de, 137
jugar y trabajar, 206
localizarse, 97
neurótico, 47
pensando que un thetán lo
    está dirigiendo, 125
procesos subjetivos y, 251
psicótico, 47
que es difícil de
    exteriorizar, 152, 353
que está teniendo
    dificultades, 251
que ha sufrido muchas
    pérdidas, 100
que no esté haciendo
    ningún progreso, 99

que no puede duplicar, 130
serio, 117
si es un místico, 93
si experimenta boil-off, 400
si se embota, 400
si se interesa en las ciencias
    ocultas, 93
sistema endocrino y, 191
únicas cosas que lo
    enloquecen, 47
unidad de producción de
    energía y espacio, 348
y símbolo de un símbolo,
    96
predecir, 98
    capacidad para saber, 113
    necesidad de, 147
    no lograr, 152
    proceso, 114
preguntas "desvanecedoras",
    214
Prelógica, 355, 357
prenatales, 285, 311
Préstamo, 402
préstamo, 293
Primera Dinámica, 294
    Auto-determinismo y, 168
    completa, 145
**Principio Dinámico de la
    Existencia**
    ¡Sobrevive!, procesamiento
     de, 213, 216
problema
    Alter-isness y, 34
    anatomía de, 113
    havingness en cuanto a
     ellos, 93
    interesado frente a
     interesante, 157

mentira y, 34

para sí mismo, 226

remedio completo de, 93

resolución de, 35

theta, MEST y, 34

problema de tiempo presente, 39

hablar sobre, 53

se resuelve mejor, 122

"problema irresoluble", 34

problemas dentales, 148

Problemas y Soluciones

antes de procesos más difíciles, 198

combinado con Procesamiento de Descripción, 142

R2-71 y, 238

Uso de

R2-20, 92

segundo paso del Procedimiento 30, 92

Problemas y Soluciones en Havingness

R1-11, 40, 71, 92

procedimiento

codificado, 397

que activa una condición la desactivará, 47

Procedimiento 30

primer paso, 87

segundo paso, 92

tercer paso, 97

y Otorgar Beingness (R2-21), 97

Procedimiento de Apertura, 355, 366, 367, 368, 390, 392, 397

adaptado a un grupo, 255

arma poderosa, 394

a un caso en apatía, 399

cuando el preclear es poco cooperativo, 366

patrón del auditor, 368–371

Ponte un metro detrás de tu silla, 370

R2-16 y, 190

tema del Curso B de Instrucción de Camden, 348

uso de, 353

Procedimiento de Apertura de 8-C, 42, 141

antes de R2-34, 141

cantidad insuficiente, 84

caso introduciendo significaciones profundas en todo, 130

comenzar con, 198

concebir un Estático y, 164

dónde en la Escala Tonal, 46

modus operandi, 81

muchas horas en un psicótico, neurótico o con dificultad psicosomática, 251

órdenes, 82–83

pasos de, 81

por qué funciona, 214, 251

preclear batallando con, 144

preclear en muy malas condiciones, 195

único proceso para el neurótico y el psicótico R2-16, 47, 81–84 y la realidad del preclear, 104

véase también
Procedimiento de Apertura

Procedimiento de Apertura por Duplicación, 42

antes R2-34, 141

cuándo se comienza, 86

dónde en la Escala Tonal, 46

introduciendo significaciones profundas en todo, 130

órdenes, 86

preclear en muy malas condiciones, 195

primer paso del Procedimiento 30, 87

Procesamiento de Grupo y, 262

R2-17, 86–87

sigue de Procedimiento de Apertura de 8-C, 198

Procedimiento del Curso Avanzado, 397–400, 407

metas, 389

Procedimiento Intensivo

Bosquejo, 39–47

evolucionó a partir de la teoría cuando estaba de acuerdo con la funcionalidad, 1

L'Envoi, 251

meta de, 1

Órdenes de Auditación, 51–53

Ruta 1, 57

Ruta 2, 81

sesiones comienzan con los primeros tres pasos, 39

sólo se consideran dos tipos de casos, 39

único criterio en, 39

Procedimiento Operativo Estándar 8

auditor prueba al preclear en cada paso, 322

meta, 321

Procesamiento

R2-74 (auto-auditación), 241

procesamiento

auditor de los viejos tiempos y R2-34, 138

de oponentes, 204

dificultad básica en, 99

el camino de salida es el camino a través de ello, 227

emergencia, 394

entre 10:00 P.M. Y 8:00 A.M., 47

Escala de Gradiente de Certeza, 303

exitoso, 230

hacer que el preclear cambie de idea, 389

meta de, 26, 145

Pan-determinismo punto regulador en todo este, 169

regla general de, 32

remendar, 394

sistemas de comunicaciones, 335

técnicas, 313–316

tratando de retirar comunicaciones, 337

tres suposiciones en, 25

universo físico frente a mock-ups, 84

usa el más simple, 47

Procesamiento Creativo

hacer mock-ups, 148

Procesamiento de Beingness, 147, 398

herramienta excelente de exteriorización, 126

órdenes, 126

preclear en Apatía en el, 399

proceso de Alter-isness, 126

R2-31, 124–129

reaviva la imaginación, 129

recupera valencias, 128

Procesamiento de Certeza, 331–339

preclear que no responde a, 338

resuelve las fijaciones de atención, 336

técnica básica global, 335

Procesamiento de Comunicación

R2-76, 243

Procesamiento de Dar y Tomar, 323

véase también **GITA Expandido**

Procesamiento de Descripción, 123, 204

Duplicación Perfecta y, 135

gritar y, 149

Procesamiento de Grupo y, 266

proceso más potente, 138

R2-34, 138–143

R2-70, 237

variación de, 123

Procesamiento de Escala Ascendente

R2-51, 191

Procesamiento de Grupo, 255–267

algunos procesos estándar, 255

Clears, 267

Exteriorización por Distancia, 107

Gritar, R2-37, 148

localiza algunos puntos, 256

miedo escénico, 255

procesos objetivos, 255

Procesamiento de Interés, 160

Procesamiento de Juegos, 199

R2-56, 204–208

su nivel inferior, 204

Procesamiento de Nivel de Aceptación, 140

Procesamiento de Posesión, 409

Procesamiento de Seguridad

R2-72, 239

Procesamiento de Significación, 130

Procesamiento de Universos, 392, 393–394, 395, 398, 398–400, 409

la orden clave, 390

preclear en Apatía en el, 399

proceso de cinco estrellas

R2-42, 168

R2-55, 198

R2-66, 232

proceso de cuatro estrellas, 197
  R2-53, 194
  R2-54, 196
proceso de diez estrellas
  R2-29, 121
  R2-63, 227
  R2-75, 242
Procesos
  R2-57, 209
  R2-74, 241
procesos, 24
  emergencia, 394
  objetivos, 255
  para grupos, 255–267
  que hacen aparecer un
    somático, lo desactivarán,
    141
  subjetivos, 84, 251
  ya no producen cambio, 5,
    7
procesos de Atención
  y condición hipnótica, 101
procesos de Duplicación
  8 Corto, 342
  recorre completamente el
    hipnotismo, 264
procesos de emergencia, 394
Procesos de Ubicación
  R2-35, 144
procesos subjetivos, 84
  definición, 251
propiedad
  ciclo DEI y, 217
  control y Poseer, 169
  puntos de dimensión, 280
**propósito más elevado en el
universo**, 27

Protección, 212
  ciclo de DEI y, 217
  control y, 169
***Psicoanálisis, Terminable e
Interminable***, 311
psicosomática (enfermedad),
  47, 97, 315
  ayuda, 119
  dificultad, 251
  fuente de, 215
  incertidumbre y, 287
  interés residual y, 159
  procesos para, 142
  que comenzó como un
    achaque fingido, 304
  una de las maneras más
    rápidas para deshacerse
    de una, 180
psicótico
  corta duración de atención,
    328
  plan para, 195
  Procedimiento de Apertura
    de 8-C y, 85, 251
  SOP 8, Paso VII, 328
  único proceso para, 47
pubertad
  dificultades con el cuerpo
    comienzan con ella, 310
público, 205
  frente a ser actor, 205
punto-Causa
  comunicación y, 359, 391
punto-de-orientación, 95, 215
  antiguo, 97
  casa de la infancia, 96
  definición, 95

individuo que no puede
serlo, 98

interés, 159

Punto de Vista
R2-25, 111

punto de vista, 277–282,
298–299, 391

conocer, desde muchos
lugares, 304

cualquier cosa es mejor que
ninguna, 281

definición, 305

descripción, 278

exigir atención continua,
300

intercambio entre ellos, 278

mente reactiva y, 305

nunca puede perecer, 280

pérdida de uno, 307

psicótico y el del pasado,
328

requerir Comunicación,
294

punto-Efecto, 392
su duplicación, 391

punto-Fuente, 31, 51, 95, 99,
137

punto-Receptor, 31, 51, 95, 99,
137, 359, 392

puntos de anclaje, 150, 323,
358

definición, 359

esferas doradas, 73

espacio y, 358

GE y, 73

haz esto durante al menos
dos minutos, 60

ocho, 67

puntos de vista y, 280

Puntos de Anclaje de la GE
R1-13, 41, 73

Puntos de Anclaje Posteriores
R1-6, 40, 60

puntos de dimensión, 277–281

acción de, 277

alcanzar y retirarse, 306

definición de, 277

propósito de, 277

Q

química
tabla periódica de, 295

Quinta Dinámica, 294

quizás, 310

anatomía del, 331

incertidumbre y, 290

se mantiene en suspenso en
el tiempo, 334

su centro directo, 336

Q y A

auditor que hace Q y A
definición, 5

descripción, 255

Procesamiento de Grupo y,
255

R

R2-42

junto con R2-43 y R2-44,
175

R2-45, 179

R2-46, 182, 184, 185

R2-47, R2-48 y, 180, 197

véase también **Otras
Personas**

randomity, 146, 172

Realidad, 295, 349

anatomía de, 30

componente de
Comprensión, 29

definición, 28

descripción, 295

Extender la Atención y, 103

mentes en acuerdo, 24

nunca comprometas, 12

recuerda algo
verdaderamente real, 327

véase también **ARC**

Rebotador, 402

rechazo

risa y, 113

seguro si tus padres los
hacían, 239

Reclutamiento Corporal

y R2-30, 123

recordar

¿Puedes recordar una
ocasión en que…, 53

algo real, 327, 341

capacidad de alcanzar y
retirarse y, 337

reestimulación

secuencia Motivador-Acto
Hostil y, 225

regla general de auditación, 32

rehabilitación, 1

thetán frente a cuerpo, 321

reír

incluye tanto la sorpresa
como el rechazo, 113

Procesamiento de Grupo y,
260

remedio de la capacidad de
reír, 113–117

sin razón, 115, 117

religión, 417

concepto de Dios, 96

definición, 417

**Remedio Completo de
Havingness de Energía**

R1-12, 41, 72

Remedio de Havingness, 42,
67, 88, 122, 164

dónde en la Escala Tonal, 46

para superar la pérdida, 212

R2-59 y, 219

véase también **Remedio
Completo de
Havingness de
Energía**

Remedio de la Risa

R2-26, 113–117

Remolino, 402

Reparar

procesos para recorrer con,
195

R2-53, 194–195

resistir, 227

auditor, el, 366

universo físico y, 365

**Resolver la Peligrosidad del
Entorno**

R2-27, 118–119

responsabilidad

cambiarla de lugar, 232

degenerar en
irresponsabilidad, 304

respuesta

certeza no
auto-determinada y, 289

Respuestas, 243

R2-71, 238

resultados en un preclear

Código del Auditor, y, 5

Resumen de Scientology, 23–35

retardo de comunicación, 39, 42, 47, 79, 397
    agotar, 129
    cómo determinarlo, 53
    definición, 52
    físico, 81
    Procesamiento de Grupo y, 255
    reducido, 6, 137

Rig-Veda, 413

risa
    incluye tanto la sorpresa como el rechazo, 113
    Procesamiento de Grupo y, 260
    remedio de la capacidad de reírse, 113–117
    sin razón, 115

riscos
    descripción, 153
    Duplicación Perfecta, 133
    facsímiles sólidos y, 198
    interés y, 214

ruido
    dificultad del caso e inhibición de hacer ruido, 148
    miedo a hacer, 149

ruptura de ARC, 306

Ruta 1, 45
    bosquejo, 40
    cuándo se emplea, 39
    procesos, 40–41, 57–77
    retardo de comunicación no perceptible, 39

Ruta 2, 42–45
    bosquejo, 42

    cuándo se emplea, 39
    cuándo se usa, 79
    después R1-15, 77
    procesos, 81–247
    retardo de comunicación perceptible, 39

S

Saber, 391

saber cómo saber, 276

sabiduría, 415
    Buscadores Occidentales de, 416
    liberación del alma por medio de esta, 417
    Scientology y, 413

Sakyamuni
    véase también **Buda, Gautama**

salud
    de qué depende, 138

Sama-Veda, 413

San Lucas, vii, 23

Satanás, 162

Schopenhauer, 23, 416

scientologist
    alguien que comprende la vida, 26
    Código de un, 17, 19

Scientology
    ciencia del conocimiento, 283
    Ciencia de los Asuntos Humanos, 23
    ciencia de saber cómo saber, 23, 347
    definición, 23
    descripción, 351

Dianética y, 285

dos divisiones, filosófica y técnica, 24

religión, 417

resumen de, 23–35

serie fundamental de suposiciones, 25

sus antecedentes, 413

uso de, 18

Scientology 8-8008, 164, 217, 363

Procedimiento Operativo Estándar 8, 321

"Scientology, Sus Antecedentes Generales" (Bosquejo de las Conferencias del Curso Profesional), 413

secuencia acto no motivado-justificador, 225

secuencia motivador-acto hostil, 225

Segunda Dinámica, 294, 310

segundo postulado, 32, 162, 163, 165, 200

Seis Caminos a Nada, 361

semántica general, 203

sensación

canibalismo y, 312

mente analítica frente a mente reactiva, 310

Thetán Operante y, 329

Separateness (Condición de estar Separado), 193

R2-48, 183–185

Séptima Dinámica, 294

Serie de Conferencias de Filadelfia, 171

serio

Remedio de la Risa y auditor, 116

sesión

paso más importante, 52

Sexingness (Condición de Sexo), 30, 161, 391

Escala de Saber a Sexo (Misterio), 63

mirar y experimentar, 112

sexo, 161, 301

actividad sexual para saber, 217

alcanzar y retirarse. 307

botón detrás del, 332

cuerpo desea ser un efecto, 310

impotencia y, 310

inversiones y, 153

partículas de admiración condensadas, 302

repugnancia y esclavitud, 227

Sexta Dinámica, 294, 334

significaciones, 130, 391

más profundas, 130

símbolos y, 391

significado, 95, 145

significados más profundos, 392

símbolo, 161, 215, 391

convertirse en un, 95

definición, 95, 360

Escala de Saber a Sexo (Misterio), 63, 161

interés y, 159

Masa, Significado, Movilidad y, 145

mirar y experimentar, 112

preclear y, 96

símbolos para saber, 217

simplicidad
  idea básica de cualquier
    proceso, 287
sistema de comunicaciones,
  302, 316, 335
  certeza y, 298
  sumamente especializados,
    285
sistema endocrino, 191
Sobrevive, 350
  aplicación en cuanto a las
    dinámicas, 213
  dicotomía es Sucumbir, 213
  Principio Dinámico de la
    Existencia, 213
sociedad
  control y, 351
  intencionalmente
    transformada en ficción,
    205
solidez, 278
  estupidez y, 203
  importancia y, 198, 199
solución
  dar por sentado que sólo es
    posible una única
    solución para todos los
    problemas, 93
  Dianética y, 335
  resolver el problema, 166
Solución Máxima
  el Estático, 166
solvente universal, 300
somático
  activar, lo desactivará
    orden, 243
      proceso, 141
  alcanzar y retirarse, 316

somático crónico, 180, 331
  Comunicación Oculta y,
    219
  y localizar puntos, 91
**somethingness (condición de
  algo)**, 31, 51, 290
  certeza, 291
  fijando y dejando de fijar la
    atención en, 361
  R2-28 y, 120
SOP 8, 321–328
  Apéndice No. 1, 329
  Apéndice No. 2, 331–339
  capacidad para crear
    espacio, energía y objetos,
    311
  caso por debajo de Paso IV o
    V, 310
  cúspide de consciencia, 308
  descripción, 321
  en presencia de una tercera
    persona, 321
  entrenamiento del auditor
    y, 321
  limitada e ilimitada, 330
  lograr la exteriorización en
    casos de los pasos
    inferiores, 310
  meta, 321, 322
  necesidad del auditor, 313
  Paso I, 322
  Paso II, 323
  Paso III, Espaciación, 314,
    323
  Paso IV, GITA Expandido,
    186, 323–326
  Paso V, Diferenciación de
    Tiempo Presente,
    Exteriorización por
    medio del Paisaje, 326

Paso VI, ARC Línea Directa, 327

Paso VII, casos psicóticos, 328

remediar la oclusión, 310

SOP 8-C y, 347

SOP 8-C, 347–368, 400

al comienzo, 366

arma poderosa, 394

beingness, havingness y doingness, 363

cuando el preclear es poco cooperativo, 366

definición, 347

desarrollo de, 347

eficaz con la enfermedad psicosomática, 347

en el Procedimiento del Curso Avanzado, 394, 398

énfasis, 353

exactitud del punto, resultados y, 369

Fórmulas y Pasos, 355–368

fuente más normal de fracaso, 364

mejora percepción, 351

meta de, 347

Pasos I al VIII, 355–362, 368

primeros tres pasos son pasos de exteriorización, 353

Procedimiento de Apertura, 355, 366

véase también
**Procedimiento de Apertura;
Procedimiento de Apertura de 8-C**

produce Theta Clear, 348

si el preclear no se exterioriza, 354

tema del Curso B de Instrucción de Camden, 348

teoría más elevada, 349

uso de, 353

SOP 8-C, La Rehabilitación del Espíritu Humano, 347

SOP 8-D, 123, 407–409

meta de este proceso, 409

meta primaria, 407

Procedimiento de Apertura, 407, 408

R2-30, 123

SOP 8-O, 348

ejemplo de auditación, 377–385

Spencer, Herbert, 23, 416

Spinoza, 416

Starr, Meredith, 316

Sucumbir, 213

Supervivencia

R2-59, 213–216

supervivencia, 279, 293

determinismo y, 168

Otorgar Beingness y, 96

recompensa de placer, 214

se logra mediante, 28

sexo y, 302

supervivencia superior, 398

suposiciones en procesamiento, 25

Symbolizingness (Condición de Simbolizar), 30

mirar y experimentar, 112

T

Tabla de Actitudes, 164, 166, 335

    botones, 167, 191

Tabla de Evaluación Humana, 30, 153

    y escasez de atención, 101

Tabla de Procesos, 46

tabla periódica de la química, 295

Tao, 23

Tao Teh King, 414

técnica de amplio alcance, 334, 335

técnica ilimitada, 309, 314, 329, 330

    extremadamente potente, 314

técnica limitada, 314, 329, 330

técnicas

    dos tipos, 329

telepatía, 146

temor

    dañar a otro en una causa justa, 12

teoría de la libido, 311

Tercera Dinámica, 145, 294

    Auto-determinismo y, 168

    individual y, 173

Terminales Correspondientes, 308–311, 332, 336

    en brackets, 310, 313, 314, 316, 338

Terminales Dobles, 308–311, 316, 329

    descripción, 315

theta

    cuerpo común de theta, 183

    el solucionador, 35

    interesado, 157

    problema y, 34

    símbolo matemático, 348

Theta Clear, 353, 414

    auditar al, ejemplo, 375–385

    Bodhi, 414

    definición, 348

    obtención de, 322

    SOP 8 y, 322

thetán

    adopta riesgos a fin de tener un juego, 171

    ciclos-de-acción, 350

    comprensión y, 234

    consideraciones y, 189

    cree que es un cuerpo, 351

        remedio, 150

    cualidad principal, 157

    cualquier cosa mejor que nada, 357

    "cuerpo común de theta", 183

    cuerpo y, 125

    definición, 291

    descripción, 349

    estrechar la vista a dos ojos, 150

    factores mecánicos y, 189

    haciendo algo de forma obsesiva, 124, 130

    inmortal, 214

    interés y, 156

    invertido, 185

    la degeneración primaria de, 362

máquinas, 75, 172

no dejarlo sin masa, 76

no es posible dañarlo, 225

no puede hacer otra cosa que Sobrevivir, 214

"not-knowingness" y, 378

paradoja, 350

proceso básico, 189

puntos-Efecto y, 392

rehabilitación de, 359

separado de todos los demás thetanes, 183

ubicado en un espacio, 57

unidad de producción de energía y espacio, 348

universo y escala de gradiente, 124

Thetán Operante, 321, 328

capacidades, 329

definición, 348

ideas fijas y no fijas, 376

más alto que Theta Clear, 348

metas de, SOP 8-O, 375

obtención de, 322

SOP 8 y, 321, 322

Thinkingness (Condición de Pensar), 30, 161, 292

Escala de Saber a Sexo (Misterio), 63, 161

mirar y experimentar, 112

"pensar para saber", 217

saber antes de poder ser u observar, 292

tiempo

Alter-isness, Not-isness y, 28

Comunicación y, 31

definición, 280

descripción, 27, 350

Fórmula de la Comunicación y, 96

fuente primaria de falsedad, 34

havingness y, 357

interacción de los universos, 293

por qué persiste, 165

primera mentira, 165

su clave básica, 178

y R2-16, R2-17, 141

tiempo, lugar, forma y evento, 33

tiempo presente, 355

escapes de la muerte repentina y, 118

único juego verdadero, 245

Tocar

R2-64, 229

tolerancia

al mirar y experimentar, 112

auditor, 70

con respecto al universo físico, 1

de espacio, 392

escala de tolerancia de, 391

nothingnesses y somethingnesses, 120

ocupar el mismo espacio, 70

preclear, 70

tiempo, R2-29, 121

Tolerancia al Tiempo

R2-29, 121

Tolerancia de Espacio, 391

tono

atorado en, 231

Tono 0.0
  inconsciencia total y, 296
Tono 40, 296
trabajar
  jugar y, 206
Trampa para Moscas, 403
Trampa Theta, 128, 402
trance hipnótico, 150
Treinta
  véase **Procedimiento 30**
"30 Sucio", 263
"tres emes", 145
tres universos, 280, 284, 287, 293, 319
  admiración y su juego, 300
  equilibrio y certeza, 318
  fijación en uno de ellos, 318
  interdependencia de, 307
Triángulo
  Afinidad, Realidad y Comunicación, 295
  Certeza de Consciencia, 288
  Espacio-Ser, Energía-Hacer, Tiempo-Tener, 363
Triángulo ARC, 52
  tres universos y, 288, 295
  véase también **ARC**
Triángulo de Espacio-Ser, Energía-Hacer, Tiempo-Tener, 363
tristeza, 68
"truco maestro", 203
Turner, Lana, 205

U

Una Historia del Hombre, 66

unidad con consciencia de consciencia
  mente analítica y, 291
universo, 146, 317
  certeza y, 286
  condición primaria de cualquier, 28
  de dos terminales, 299
  de los demás, 287, 319
  el universo del otro, 284
  esparcido por todo el, 124
  fijación en uno de ellos, 318
  físico, *véase* **universo físico**
  juego y, 171
  lema de, 172
  ley de, 134, 137
  MEST, *véase* **universo MEST**
  observación en función de esos tres, 291
  oclusión y, 392
  organizado para inmovilizar a un thetán, 171
  postulados y, 389
  problema de espacios, 386, 389
  problemas con, 389
  propio, *véase* **universo propio**
  propósito más elevado en, 27
  thetán y
    escala de gradiente, 124
  tres
    en número, 280
    ocho dinámicas y, 293
    véase también **universo propio; tres universos**

universo de dos terminales, 299

universo de los demás, 287, 319

universo del otro, 293

universo físico, 280, 288, 293, 349

barreras y, 25

desplegado, 69

diseñado para resistir y vencer aquello que se le resista, 365

maldición de este mundo, irresponsabilidad, 318

procesos acerca de, 84

triángulo de los tres universos y, 317

universo de dos terminales, 299

Universo Hogar, 401

universo material, 287

véase también **universo físico**

universo MEST

Duplicación Perfecta y, 137

juego y, 245

paz y, 171

universo MEST, 319

punto de entrada, 66

único crimen, 362

universo propio, 288, 293, 319

barreras y, 251

oscuridad y, 307

Uso de Problemas y Soluciones, 195

R2-20, 92–94

segundo paso del Procedimiento 30, 92

V

valencia ganadora, 154, 398, 399

mecanismo, 128

valencias

lotes de capacidades, 128

thetán está intentando evitar, 128

Vedas, 23, 413

significa knowingness, 413

Velocidad, 96, 121

del impulso, 51

o partícula, 31

parte componente de la Comunicación, 31, 51

velocidad

incremento de, 52

verdad, 32

consideración exacta, 33

definición, 33

Scientology y, 24

tiempo, lugar, forma y evento, 33

Verdad Básica, 32, 33, 184

Verdad Máxima, 33, 162

Estático y, 32, 166

regla, 164

Vía

procesamiento de Procesos, 209

R2-41, 165–167

vía

definición, 165

maldición de la existencia, 165

"viaje astral"

definición, 351

vicisitudes, 275

victoria

atorado en, 177

vida

crear, 95

dotarle al entorno de esta, 377

Estático y, 27

fragmentación de, 146

interacciones de la Supervivencia, 213

juego y, 35

por lo tanto hay, 278

vidas pasadas, 285

visión, 150

W

wu-wei, 414

Y

Yajur-Veda, 413

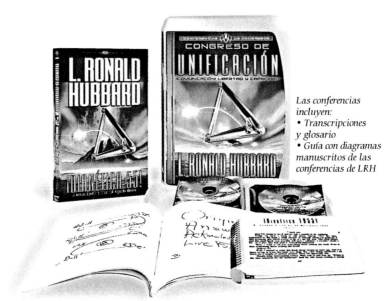